Samuel E. Waldron
Endzeit? Eigentlich ganz einfach!

SAMUEL E. WALDRON

Endzeit?
Eigentlich ganz einfach!

Verständliche biblische Lehre

statt komplizierter Systeme

Verwendete Bibelübersetzungen:
Wenn nicht anders angegeben, folgen die Bibelzitate der Elberfelder Über-
setzung, revidierte Fassung. Copyright © 1994, 2007 R. Brockhaus Verlag,
Witten. Andere verwendete Übersetzungen und ihre Abkürzungen:

EIN   Einheitsübersetzung der Heiligen Schrift. Copyright © 1980
        Katholische Bibelanstalt GmbH, Stuttgart.
LUT   Lutherbibel 1984. Copyright © 1985 Deutsche Bibelgesellschaft,
        Stuttgart.
MEN   Die Heilige Schrift, übersetzt von Hermann Menge. Stuttgart:
        Württembergische Bibelanstalt, 1940.
SCH   Schlachter Version 2000. Copyright © 2000 Genfer Bibelgesellschaft.
ZÜR   Zürcher Bibel, 2. Auflage. Copyright © 2007, 2008 Verlag der Zür-
        cher Bibel beim Theologischen Verlag Zürich AG.

Samuel E. Waldron, Jahrgang 1951, ist Professor für Systematische Theologie
am Midwest Center for Theological Studies in Owensboro, Kentucky, wo er
auch als Pastor der Heritage Baptist Church dient. Außerdem ist er Ehemann
und Vater von vier Kindern. Er hat zahlreiche Bücher verfasst, u.a. eine aus-
führliche Erklärung zum Baptistischen Glaubensbekenntnis von 1689, die
auch auf Deutsch erhältlich ist.

3. Auflage 2023

© Calvary Press; Greenville 2003
Originaltitel: *The End Times Made Simple. How Could Everyone Be So Wrong
About Biblical Prophecy?*

© der deutschen Übersetzung
Betanien Verlag 2013
Imkerweg 38 · 32832 Augustdorf
www.betanien.de · info@betanien.de
Übersetzung: Joachim Schmitsdorf
Lektorat: Hans-Werner Deppe
Cover: Sara Pieper
Foto: Brian Jackson @ Fotolia.com
Satz: Betanien Verlag
Druck: Druckhaus Nord, Neustadt a. d. Aisch

ISBN 978-3-935558-43-3

Inhalt

Eschatologie gehört zum Evangelium

Im vorliegenden Buch geht es um christliche Prophetie. Man bezeichnet diese auch mit dem Fachbegriff *Eschatologie*, was »Lehre von den letzten Dingen« bedeutet. Es geht hier also um das, was viele »biblische Prophetie« nennen. Dies ist kein theoretisches Buch. Ich habe es aus mehreren Gründen geschrieben, von denen ich zutiefst überzeugt bin:

- Eschatologie ist äußerst wichtig;
- die Eschatologie der Bibel ist im Grunde ganz einfach; und
- die heute populären Ansichten über Prophetie sind zutiefst unbiblisch.

Nachdem ich seit mehr als zwei Jahrzehnten im Dienst als Gemeindehirte stehe und schon mein ganzes Leben lang bibeltreue Gemeinden besuche, bin ich dadurch zu der Überzeugung gelangt, dass heute zwei Einstellungen über Eschatologie vorherrschen. Wir wollen diese beiden Einstellungen durch zwei frei erfundene, aber sehr lebensnahe Christen verkörpern: durch den »faszinierten Fred« und die »pragmatische Pam«. Der faszinierte Fred steht für alle faszinierten Fans der Prophetie; die pragmatische Pam repräsentiert jene, die die Eschatologie scheuen wie gebrannte Kinder das Feuer. Der faszinierte Fred hat jedes einzelne Buch von Tim LaHayes Endzeit-Romanserie »Finale« gelesen, angefangen beim ersten Band *Finale – Die letzten Tage der Erde*. Alles, was in Nahost und im Rest der Welt geschieht, beobachtet er rastlos und aufgeregt, ob es nicht ein Zeichen für den Anbruch der letzten Tage und der Drangsalszeit sein könnte. Die pragmatische Pam hingegen ist mehr praxisorientiert und kann in dieser Faszination keinen großen Nutzen für den christlichen Lebenswandel sehen. Ihre Einstellung ist: »Vergiss die Prophetie! Sag mir lieber etwas Praktisches über das Leben in Alltag, Familie und Beruf!« Pam ist sozusagen »All-Millennialist«: Am Ende wird alles gut. Warum also soll man sich Sorgen machen?

Evangelium ohne Eschatologie?

Ich bin überzeugt, dass sowohl Fred als auch Pam dasselbe grundlegende lehrmäßige Problem haben. Es besteht darin, dass man das Evangelium Christi in den heute populären Ansichten über Prophetie praktisch vollständig von der Eschatologie trennt. Man meint – und das habe ich schon wörtlich so gehört: »Wir predigen das Evangelium, um Menschen zu retten. Wenn sie erst einmal gerettet sind und dann an tieferer Unterweisung im christlichen Glauben interessiert sein sollten, dann können wir sie immer noch über Prophetie belehren.« – Eine solche Ansicht trennt ganz offenkundig das Evangelium von der Eschatologie. Es ist daher kein Wunder, dass solche weit verbreiteten Vorstellungen einerseits *faszinierte Freds* hervorbringen und andererseits *pragmatische Pams*.

Tatsache ist jedoch, dass die populäre Eschatologie, die heute weithin in evangelikalen Gemeinden gelehrt wird, wirklich relativ wenig mit dem Evangelium Christi zu tun hat. In meiner ursprünglichen Heimatgemeinde war Prophetie ein häufiges Thema. An die dortige Lehre erinnere ich mich noch genau – sie lässt sich sinngemäß folgendermaßen zusammenfassen:

Das Gemeindezeitalter, in dem wir leben, ist ein großer Einschub in der biblischen Prophetie – ein geheimnisvoller Zeitraum, den die Propheten der Bibel nicht vorhergesehen haben. Diese Phase endet mit der Entrückung der Gemeinde, wenn Christus vor der Drangsalszeit unsichtbar in der Luft wiederkommt. Da dieses Kommen nahe bevorsteht, ja praktisch sofort geschehen kann, gehen ihm keinerlei prophezeiten Ereignisse mehr voraus. Erst nach dieser heimlichen Entrückung fängt die prophetische Uhr wieder an zu ticken. Mit der heimlichen Entrückung der Gemeinde beginnen sich die bedeutenden biblischen Prophezeiungen zu erfüllen: das Erscheinen des Antichristen und seines Weltreichs, der Wiederaufbau des Tempels in Jerusalem, eine siebenjährige Drangsalszeit, die Erscheinung Christi in Herrlichkeit und seine tausendjährige Herrschaft auf Erden – aber all dies betrifft dann nur Gottes anderes, irdisches Volk, die Juden, nicht aber sein himmlisches Volk, die Gemeinde.

Ich kann mich noch daran erinnern, wie enttäuscht ich war, in einer derart leeren oder unwichtigen Periode zu leben, was biblische Prophetie angeht.

Nun war ich nicht der einzige, der dieses System gelernt hatte. Es beherrschte damals alle evangelikalen Gemeinden. Auch heute noch erfreut es sich trotz zahlreicher Kritiker großer Popularität. Von Bestseller-Romanen bis hin zu Filmen voller erstaunlicher Spezialeffekte bleibt es weiter die gängige Vorstellung unter heutigen evangelikalen Christen.

Tatsächlich hat ein solches Endzeitmodell kaum etwas mit dem Evangelium Christi gemein. Es überrascht nicht, dass Christen darauf entweder mit Faszination oder mit Irritation reagieren. Wenn die Gemeinde ein geheimnisvoller Einschub in der Weltgeschichte ist und die prophetische Uhr erst dann wieder zu ticken beginnt, wenn die Gemeinde sicher in himmlische Gefilde entrückt ist, und wenn es bei der biblischen Prophetie tatsächlich allein um Gottes Plan für die Juden geht, dann können Christen darauf nur so reagieren, dass sie entweder der Faszination des Spekulativen erliegen oder andererseits davon irritiert sind, was diese Lehre für die Lebenspraxis bedeuten soll.

Des Kaisers neue Kleider

Dieses Buch bietet eine einfache, aber systematische Darstellung christlicher Eschatologie. Ich werde darin zeigen, dass das erwähnte populäre System falsch ist und jeder biblischen Grundlage entbehrt. Diese Behauptung dürfte viele Leser schockieren und ihnen unglaublich erscheinen. Aber kennen Sie das Märchen »Des Kaisers neue Kleider«? Ein kleiner Junge wagte, die Tatsache auszurufen, die alle anderen nicht wahrgenommen hatten, und er bekundete laut, dass der Kaiser keine neuen Kleider trug, sondern in Wahrheit nackt war! Wenn Sie mir geduldig folgen und beachten, was die Bibel sagt, dürften auch Sie die richtige Wahrnehmung über »des Kaisers neue Kleider« annehmen.

Ich hoffe, durch dieses Buch Christen mit einer biblischen Garnitur eschatologischer »Kleider« auszustatten, die etwas Besseres sind als die »Kleider« des nackten Kaisers. Bei dieser Garnitur prophetischer »Kleider« handelt es sich nicht um eine Lehre, die über das Evangelium hinausgeht oder diesem künstlich übergestülpt wird. Bei der christlichen Heilsbotschaft geht es durchaus rundweg um Eschatologie, und bei der Eschatologie geht es durchgängig um die christliche Heilsbotschaft.

Kurz gesagt: Jesus nennt das Ziel der Eschatologie die »Wiedergeburt« (Mt 19,28). Petrus nennt es die »Wiederherstellung aller Dinge« (Apg 3,21). Paulus sagt darüber, dass »die Schöpfung von der Knechtschaft der Vergänglichkeit frei gemacht werden wird« (Röm 8,21). Eschatologie hat damit zu tun, dass Schöpfung und Menschheit in den Zustand versetzt werden, den Gott ursprünglich vorgesehen hatte. Eschatologie hat auch damit zu tun, dass dieser Welt und den unerlösten Sündern Gottes Gericht bevorsteht, und damit, dass Satans zerstörerische Absichten zunichte gemacht werden und dass Gott seinen Heilsplan siegreich vollendet. Bei der Eschatologie geht daher alles um das Evangelium, das verkündigt: Gottes Ziel ist es, »durch ihn (Christus) alles mit sich zu versöhnen – indem er Frieden gemacht hat durch das Blut seines Kreuzes« (Kol 1,20). Bei der biblischen Prophetie geht es somit um nichts anderes als um das Evangelium Christi – um sein Kreuz und seine siegreiche Auferstehung und Wiederkunft und die Ausbreitung seines Reiches.

Das wäre es doch, oder? Eine einfache Evangeliums-Eschatologie! Ist vielleicht die gängige Meinung falsch und hat der Kaiser wirklich keine Kleider an? Geht es bei der Prophetie wirklich in erster Linie um Christus, sein Kreuz und seine Gemeinde? Seien wir wie der kleine Junge aus dem Märchen: mit geöffneten Augen dafür, wie es sich wirklich verhält – und prüfen wir selbst, was die Bibel sagt!

Wie konnten wir uns nur alle so sehr irren?

Bevor wir uns nun an die Aufgabe machen können, die Bibel zu untersuchen, müssen wir erst fragen: Wie konnte es überhaupt dazu kommen, dass so viele ernsthafte Christen in Fragen der Eschatologie so sehr daneben liegen?

Zunächst muss ich jedoch noch etwas klarstellen: Ich glaube, dass viele, die die besagte fragliche Ansicht über Prophetie teilen, echte Christen sind. Ich stelle nicht den Glauben derer in Frage, die eine andere Meinung als ich haben. Vielen der kritisierten Autoren verdanke ich eine ganze Menge. Dass sie Christen sind, bedeutet jedoch nicht, dass sie Recht hätten oder dass unsere Differenzen unwichtig wären. Manche haben ein gutes Herz, aber was in ihrem Kopf steckt, kann dennoch gefährlich sein.

Wenn ich beweisen will, dass die landläufige Meinung falsch ist, muss ich sehr gründlich vorgehen und muss die klare Lehre des Wortes Gottes darlegen. Zuvor jedoch muss ich einen vorherrschenden Irrtum widerlegen, der die landläufige Meinung gefördert hat und der der biblischen Lehre widerspricht. Dieser Irrtum ist mittlerweile seit vielen Jahrzehnten unter Christen populär. Deshalb scheint er für viele die althergebrachte Ansicht zu sein und alles andere eine neue Sichtweise. Daher müssen wir uns ein wenig mit Kirchengeschichte befassen, um zu prüfen, ob die heute gängige Sicht der Prophetie richtig ist. Wir werden die Geschichte der Eschatologie untersuchen und die Frage beantworten, mit der diese Einleitung überschrieben ist: *Wie konnten wir uns nur alle so sehr irren?*

Die erste Antwort

Die erste Antwort lautet: *Die heute gängige Meinung ist tatsächlich nur eine von vier Meinungen, die Christen in Vergangenheit und Gegenwart vertreten haben.*

Die Ansicht über Prophetie, die heute allgemein populär ist, hat einen Namen. Man nennt sie *Dispensationalismus*, oder noch genauer: *dispensationalistischer Prämillennialismus*.

Dispensationalistischer Prämillennialismus

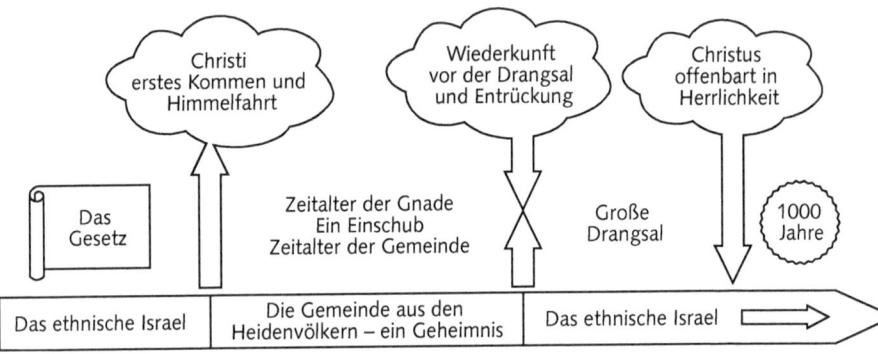

Der dispensationalistische Prämillennialismus ist (wie der Name schon sagt) eine Form des Prämillennialismus. Der Prämillennialismus ist die Ansicht, Christus käme *vor* (lateinisch: *prae*) dem Millennium wieder, also vor den 1000 Jahren, von denen Offenbarung 20,1-10 spricht. »Millennium« ist lateinisch und bedeutet einfach »tausend Jahre« (lat. *mille* = tausend, *annus* = Jahr). Die tausend Jahre von Offenbarung 20 sind eine Zeit, in der Christus regiert und Satan gebunden ist. Prämillennialisten verstehen dies so, dass Christus nach seiner Wiederkunft in leiblicher Gegenwart buchstäbliche 1000 Jahre lang auf Erden regieren werde.

Der *Dispensationalistismus* ist diejenige Spielart des Prämillennialismus, die betont, dass die Weltgeschichte sich in verschiedene »Haushaltungen« unterteile (»Dispensationen«, vom lateinischen *dispensatio*, d. h. »Verwaltung«). Natürlich meinen auch alle anderen Christen, dass die Heilsgeschichte auf die eine oder andere Weise verschiedene Zeitphasen umfasst – unabhängig davon, welche Eschatologie man vertritt. Genauer gesagt ist der Dispensationalismus die Lehre, dass Gott während dieser verschiedenen Zeitalter ein jeweils anderes Programm verfolge. Wie in der obigen Abbildung dargestellt führe Gott demnach einerseits seinen Plan für das jüdische Volk aus und andererseits seinen Plan für die Heiden und die Gemeinde.

Eng verwandt mit – oder besser gesagt basierend auf – diesem dispensationalistischen Geschichtsverständnis ist die Lehre der heimlichen Entrückung vor der Wiederkunft Christi. Demnach käme Christus in zwei Phasen wieder. Die erste Phase geschehe im Geheimen und werde die Gemeinde noch vor der Großen Drangsal von der Erde wegnehmen. Die zweite Wiederkunft geschähe in öffentlicher Herrlichkeit, werde die Herrschaft des Antichristen beenden und die tausendjährige Weltherrschaft des Christus mit dem jüdischen Volk einläuten.

Hierbei ist wichtig, dass das Wesen des Dispensationalismus darin besteht, konsequent zwischen Israel und der Gemeinde zu trennen. In genau diesem Punkt unterscheidet sich der Dispensationalismus von der Auffassung, die als nächstes beschrieben wird, dem *Historischen* oder *Bundestheologischen Prämillennialismus*.

Historischer Prämillennialismus

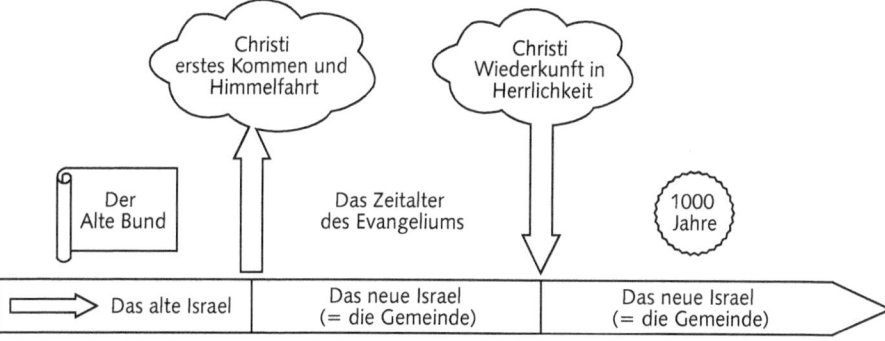

Diese Ansicht hat mit dem Dispensationalismus gemein, dass Christus vor dem Millennium von Offenbarung 20,1-10 wiederkommen soll. Die Bezeichnung *Historischer* Prämillennialismus ist sehr anspruchsvoll: Damit beansprucht man, dass dies derselbe *historische* Prämillennialismus sei wie in der frühen Kirchengeschichte. Das impliziert auch, dass der Dispensationalismus nicht dasselbe wie der frühkirchliche Prämillennialismus ist, worauf wir später noch eingehen werden.

Diese Meinung nennt man zuweilen auch »Bundestheologischen Prämillennialismus«. Der Ausdruck »*Bundestheologisch*« bringt diese Form des Prämillennialismus in Verbindung mit der Bundestheologie. Man betont damit, dass diese Art des Prämillennialismus Israel nicht derart von der Gemeinde trennt, wie der Dispensationalismus es tut. Vielmehr betrachtet man demnach die Gemeinde als das neue Israel Gottes und verwirft die dispensationalistische strikte Trennung Israels von der Gemeinde. Folglich verwirft diese Form des Prämillennialismus mit dieser Trennung auch die Lehre der heimlichen Entrückung, die darauf aufbaut.[1] Beachte hierzu die nachfolgende tabellarische Gegenüberstellung der Unterschiede:

Die Unterschiede zwischen Historischem Prämillennialismus und Dispensationalistisischem Prämillennialismus

	Historischer Prämillennialismus	Dispensationalistischer Prämillennialismus
Die Gemeinde und Israel	Die Gemeinde ist das wahre und neue Israel	Die Gemeinde ist etwas völlig anderes als Israel.
Die Wiederkunft Christi	Eine einzige Wiederkunft nach der Drangsal	Wiederkunft in zwei Phasen mit heimlicher Entrückung vor der Drangsal

Amillennialismus bedeutet buchstäblich »kein Millennium«. In einem gewissen Sinn ist diese Bezeichnung zutreffend, in einem anderen aber nicht. Sie ist insofern zutreffend, als dass man unter dem Millennium gewöhnlich ein herrliches goldenes Zeitalter auf Erden

---

1 Der Genauigkeit halber muss noch erwähnt werden: Manche, die sich als Dispensationalisten bekennen, vertreten nicht die Vorentrückungslehre. Von den historischen Prämillennialisten vertritt in der Regel niemand die Vorentrückung, da sie nicht strikt zwischen Israel und Gemeinde trennen. Meiner Meinung nach (und genau das bringen die Grafiken zum Ausdruck) ist die Vorentrückungslehre das Hauptmerkmal des Dispensationalismus schlechthin.

versteht, das vor der Ewigkeit komme. Es sei voller materiellem Segen; in ihm werde das Böse unterdrückt und die Gerechtigkeit triumphiere. Es stimmt, dass Amillennialisten an kein Millennium in diesem Sinn glauben. Als bibelgläubige Christen glauben Amillennialisten jedoch an die in Offenbarung 20,1-10 gelehrten »1000 Jahre« und sehen darin das Zeitalter des Evangeliums und der Gemeinde: die Zeit zwischen dem ersten und dem zweiten Kommen Christi. Sie lehren folglich, dass Christus wiederkommt, nachdem dieses Millennium abgeschlossen ist. Bei seiner Wiederkunft finden das Jüngste Gericht und die Auferstehung der Toten statt; anschließend beginnt die Ewigkeit.

Amillennialismus

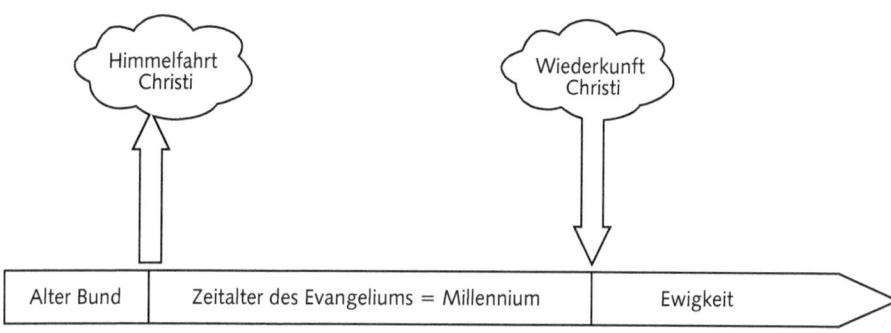

Postmillennialismus

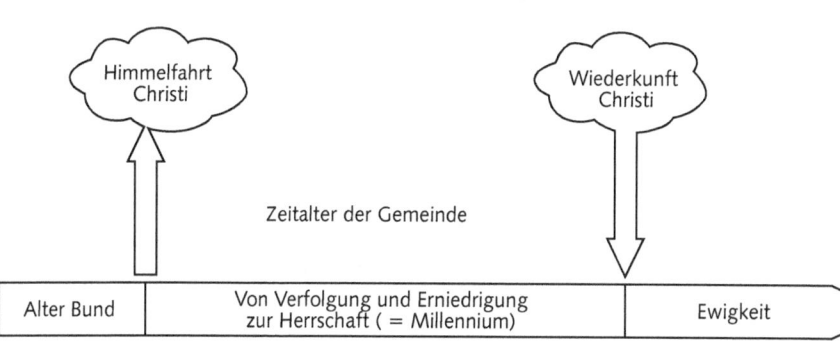

Der Postmillennialismus lehrt, wie der Name schon sagt, dass Christus *nach* dem Millennium wiederkommt (»post« ist lateinisch für »nach«). Anders als im Amillennialismus glaubt man im Postmillennialismus ausdrücklich an ein herrliches goldenes Zeitalter geistlichen und materiellen Segens auf Erden, bevor die Ewigkeit anbricht. Und im Gegensatz zum Prämillennialismus glaubt man, dieses herrliche goldene Zeitalter werde durch geistliche Mittel *vor* der Wiederkunft Christi aufgerichtet.

Das sind die vier Ansichten über Eschatologie, die Christen in Vergangenheit und Gegenwart vertreten haben. Man kann sie auf unterschiedliche Weise ordnen: entweder unter dem Gesichtspunkt, wie sie die Wiederkunft Christi auf das Millennium beziehen (hierin sind A- und Postmillennialismus gleich):

Prämillennialistisch Christus kommt vor dem Millennium wieder	Postmillennialistisch Christus kommt nach dem Millennium wieder
• Dispensationalismus • Historischer Prämillennialismus	• Amillennialismus • Postmillennialismus

Man kann diese Positionen auch danach ordnen, wie sie die Wiederkunft Christi auf eine künftige Drangsal beziehen:

Wiederkunft vor der Drangsal Prätribulationistisch, »Pre-Trib«	Wiederkunft nach der Drangsal Posttribulationistisch, »Post-Trib«
• Dispensationalismus	• Historischer Prämillennialismus • Amillennialismus • Postmillennialismus

Oder man kann diese Positionen danach ordnen, wie sie das Verhältnis von Israel und der Gemeinde sehen:

Dispensationalistisch Die Gemeinde ist ein anderes Volk Gottes als Israel	Historisch Die Gemeinde ist das neue Israel
• Dispensationalismus	• Historischer Prämillennialismus • Amillennialismus • Postmillennialismus

Schließlich kann man diese Meinungen noch danach ordnen, was sie über ein »goldenes Zeitalter auf Erden« (auch 1000-jähriges Reich oder Chiliasmus genannt) vor der Ewigkeit lehren:

Irdisches goldenes Zeitalter chiliastisch / millennialistisch	Kein irdisches goldenes Zeitalter nicht chiliastisch / nicht millennialistisch
• Dispensationalismus • Historischer Prämillennialismus • Postmillennialismus	• Amillennialismus

Dieser kurze Überblick soll vor allem zeigen, dass der Dispensationalismus nicht die einzige Position unter bibelgläubigen Christen ist. Manche meinen: »Wenn die landläufige Position falsch ist, dann hat die Christenheit bisher falsch gelegen.« Doch das setzt etwas voraus, was schlicht ein Irrtum ist. Unter bibelgläubigen Christen gibt es alle oben genannten Sichtweisen.

Mit Ausnahme des Dispensationalismus wurde jede der oben beschriebenen Sichtweisen in den vergangenen Jahrhunderten von weiten Teilen der Christenheit vertreten. Sicher ist der Dispensationalismus heute vorherrschend, aber jede der anderen Positionen hatte ihre Zeit in der Kirchengeschichte. Der historische Prämillennialismus war eine Zeitlang in der frühen Kirche recht vorherrschend. Auch im 19. Jahrhundert war er beliebt. Der Amillennialismus war von der Zeit des Augustinus († 430) bis zum 16. Jahrhundert und in der Frühphase der Reformation die in der Kirche vorherrschende Lehrmeinung. Augustinus, Luther und Calvin waren Amillennialisten. Der Postmillennialismus war im 17. und 18. Jahrhundert weit verbreitet; ihn vertraten bedeutende Gläubige jener Zeit wie Jonathan Edwards. Was will ich damit sagen? Der Dispensationalismus ist für Christen nicht alternativlos!

Die zweite Antwort

Die zweite Antwort lautet: *Tatsächlich ist der Dispensationalismus eine recht junge Entwicklung in der Kirchengeschichte.*

Viele haben den Eindruck, dass der heute weit verbreitete Dispensationalismus auch die herkömmliche Ansicht der christlichen Kirche sei. Dieser Eindruck ist ein bedauerlicher Irrtum, der auf einem bemerkenswert kurzsichtigen Verständnis der Kirchengeschichte gründet. Dispensationalisten haben über den Prämillennialismus der frühen Kirche außerordentliche Behauptungen aufgestellt. So erklärt etwa der bekannte Dispensationalist Charles Feinberg: »Die gesamte frühe Kirche der ersten drei Jahrhunderte war bis auf den letzten Mann prämillennialistisch.«[2] Es gibt allerdings drei Probleme mit Feinbergs Behauptung:

Erstens: Selbst wenn seine Behauptung wahr wäre, würde ihm das kaum etwas nutzen. Wie schon oben bemerkt bestehen zwischen Dispensationalismus und historischem Prämillennialismus bedeutende Unterschiede. Tatsächlich hat der historische Prämillennialismus in mancherlei Hinsicht mehr mit dem Amillennialismus und Postmillennialismus gemein als mit dem Dispensationalismus. Es ist unstrittig, dass der Prämillennialismus der Frühkirche nicht *dispensationalistischer*, sondern *historischer* Art war.

Den Beweis dafür findet man bei dem Kirchenvater, der in seinen Schriften den Prämillennialismus als erster vertritt, bei Justin dem Märtyrer. Justins Schriften datieren um etwa 160. Er war eindeutig Prämillennialist. In seinem *Dialog mit dem Juden Trypho* schreibt er:

> Ich aber und die Christen, soweit sie in allem rechtgläubig sind, wissen, dass es eine Auferstehung des Fleisches gibt, und dass tausend Jahre kommen werden in dem aufgebauten, geschmückten und vergrößerten Jerusalem, wovon die Propheten Ezechiel und Isaias und die übrigen sprechen.[3]

Für das Argument von Charles Feinberg ist Justins Prämillenialismus ein enormes Problem, da Justin gerade in diesem Werk ausdrücklich und wiederholt ein wesentliches Merkmal des Dispensationalismus rundweg ablehnt: die Trennung von Israel und der Gemeinde. Eines

---

2 Charles Feinberg, *Premillennialism or Amillennialism* (Grand Rapids: Zondervan, 1936), S. 27; vgl. auch ebd. S. 202.

3 Kap. 80,5; vgl. Kap. 76-81. Alle Zitate der Kirchenväter folgen der *Bibliothek der Kirchenväter* (München: Kösel, 1932), Text nach der elektronischen BKV, Hgg. Gregor Emmenegger u. Uwe Holtmann, http://www.unifr.ch/bkv.

der Hauptthemen in seinem *Dialog mit dem Juden Trypho* ist, dass die Christen Gottes wahres Israel sind. Die folgende Aussage aus Kapitel 11 steht hierbei für viele:

> Das wahre, geistige Israel nämlich und die Nachkommen Judas, Jakobs, Isaaks und Abrahams ... sind wir, die wir durch diesen gekreuzigten Christus zu Gott geführt wurden ...

Viele weitere solcher Aussagen trifft Justin in den Kapiteln 11, 120, 123, 125 und 135.

Keiner der frühen Prämillennialisten glaubt oder vertritt auch nur im Geringsten das, was das entscheidende Merkmal des Dispensationalismus ausmacht: dass Israel und die Gemeinde zwei völlig zu trennende paar Schuhe seien.

Zweitens: Dr. Feinbergs Behauptung, die frühe Kirche sei bis auf den letzten Mann prämillennialistisch gewesen, ist schlicht falsch. Dies wissen wir aufgrund einer ganzen Reihe von Fakten.

Aus den zwei wohl frühesten Belegstellen des Prämillennialismus wird deutlich, dass zumindest manche frühen Christen keine Prämillennialisten waren. Die erste dieser Belegstellen wurde bereits zitiert. In demselben oben zitierten Kapitel, in dem Justin der Märtyrer seinen prämillennialistischen Standpunkt unterstreicht, nimmt ihn der Jude Trypho über seinen Glauben ins Kreuzverhör, dass Jerusalem während des Millenniums wieder aufgebaut werde. Trypho fragt ihn, ob er wirklich ernsthaft eine Lehre vertritt, an die auch die Juden glauben. Justin antwortet:

> Tryphon, ich bin nicht so erbärmlich, dass ich anders rede, als ich denke. Ich habe nun auch schon früher dir erklärt, dass noch viele andere mit mir diese Anschauung haben; uns ist es also ganz gewiss, dass die Zukunft sich so gestalten wird. Dass aber andererseits auch unter den Christen der reinen und frommen Richtung viele diese Anschauung nicht teilen, habe ich dir angedeutet. (80,2)

Diese erstaunliche Aussage zeigt uns, dass es schon in der frühen Kirche Menschen gab, die Justin als echte Christen ansah (»Christen der reinen und frommen Richtung«), die aber über den Prämillennialismus anderer Meinung waren als er.

Die zweite früheste Bezeugung des Prämillennialismus steht in Verbindung mit Papias, der behauptete, ein Jünger des Apostels Johannes gewesen zu sein. Zwar ist keines der Werke des Papias vollständig erhalten, doch überliefert Eusebius in seiner Kirchengeschichte Zitate von Papias (Eusebius lebte von etwa 260 bis 340). In diese Papias-Zitate streut Eusebius seine Kommentare ein. Für unser Thema ist folgender Kommentar des Eusebius über Papias von Bedeutung:

> Papias bietet aber auf Grund mündlicher Überlieferung auch noch andere Erzählungen, nämlich unbekannte Gleichnisse und Lehren des Erlösers und außerdem noch einige sonderbare Berichte. Zu diesen gehört seine Behauptung, dass nach der Auferstehung der Toten tausend Jahre kommen werden, in denen das Reich Christi sichtbar auf Erden bestehen werde.[4]

Der Kommentar des Eusebius macht klar, dass er den Prämillennialismus des Papias für überaus »sonderbar« hielt. Hieraus wird deutlich, dass Eusebius kein Prämillennialist war.[5] Das ist ein weiterer klarer Beleg dafür, dass Feinbergs Behauptung, die frühe Kirche sei in den ersten drei Jahrhunderten bis auf den letzten Mann prämillennialistisch gewesen, schlicht und einfach falsch ist. Feinbergs Behauptung steht somit im Widerspruch zur klaren und sicheren Faktenlage.

Drittens wird Feinbergs Behauptung dadurch widerlegt, dass gerade der Dispensationalismus eine Neuerung in der Kirchengeschichte darstellt. Die Fakten zeigen eindeutig, dass die als Dispensationalismus bekannte spezielle Form des Prämillennialismus alles andere als die historische Position der Kirche ist; sie wurde vielmehr erst Anfang des 19. Jahrhunderts entwickelt. Wie kam es dazu?

---

4 Eusebius von Cäsarea, »Die Schriften des Papias«, in: *Kirchengeschichte*, Kap. 39.
5 Unmittelbar nach dem obigen Zitat kritisiert Eusebius die Lehren des Papias noch schärfer: »Nach meiner Meinung hat Papias diese Anschauung den ihm mitgeteilten Erzählungen der Apostel unterschoben; das, was die Apostel in Bildern und Gleichnissen gesprochen hatten, hat er nicht verstanden. Obwohl er, wie man aus seinen Worten schließen kann, geistig sehr beschränkt gewesen sein muss, hat er doch sehr vielen späteren Kirchenschriftstellern, die sich durch das Alter des Mannes verleiten ließen, wie dem Irenäus und denen, die sonst noch solche Ideen vertreten, Anlass zu ähnlichen Lehren gegeben.« (Anm. d. Übers.; *Kirchengeschichte*, 3. Buch, 39. Kapitel).

Der Dispensationalismus entstand im Umfeld des sog. *Futurismus*. Hierbei handelt es sich um den Deutungsansatz, der die im Buch der Offenbarung prophezeiten Ereignisse hauptsächlich in eine noch zukünftige Drangsalszeit einordnet. Der Futurismus unterscheidet sich hierin vom *Präterismus*, der die Prophezeiungen als überwiegend bei der Zerstörung Jerusalems 70 n. Chr. erfüllt ansieht, und vom *Historizismus*, dem zufolge sich die Offenbarung fortschreitend im Laufe der Kirchengeschichte erfüllt (s. Grafik auf S. 184).

Das Aufkommen des Futurismus unter protestantischen Prämillennialisten geht erwiesenermaßen auf Edward Irving zurück. Im Jahr 1826 erwarb Irving ein Buch von Manuel Lacunza mit dem Titel *La venida del Mesías en gloria y majestad* (»Das Kommen Christi in Macht und Herrlichkeit«).[6] Wie der jesuitische Hintergrund des Verfassers erwarten lässt,[7] verwendete dieser den Futurismus zur Auslegung der Prophetie. Mark Sarver schreibt:

> Was die Entwicklungen betrifft, die zum Aufkommen des Dispensationalismus führten, liegt die Hauptbedeutung von Lacunzas Werk darin, dass es das Buch der Offenbarung futuristisch auslegt – und zwar nicht nur das Millennium von Kapitel 20, sondern auch die Drangsal der Kapitel 6 bis 19.[8]

Der Futurismus, den Irving populär machte, bildet den Kontext und Hintergrund für die Entstehung von John Nelson Darbys Dispensationalismus. Zwar gab es auch Futuristen, die keine Dispensationalisten waren, doch der Dispensationalismus wuchs (und konnte dies nur) auf dem futuristischen Grund, den Irving bereitet hatte. Tatsache ist, dass die Entstehung der Lehre von der heimlichen Entrückung oder Entrückung vor der Drangsal mit einer Wiederbelebung der Geistesgaben in Irvings Gemeinde einherging.

---

6 Irving übersetzte das Buch ins Englische und veröffentlichte es 1827 unter dem Titel *The Coming of Christ in Glory and Majesty* (Anm. d. Übers.).

7 Lacunza veröffentlichte sein Buch 1790 unter dem Pseudonym Juan Josafat Ben-Ezra und gab vor, ein zum Katholizismus konvertierter Jude zu sein. Hintergrund war das damalige Verbot des Jesuitenordens, dem Lacunza angehörte. (Anm. d. Übers.)

8 Markus Sarver, *The Historical Genesis and Development of Dispensationalism* (»Historischer Ursprung und Entwicklung des Dispensationalismus«; unveröffentlichtes Manuskript), S. 10.

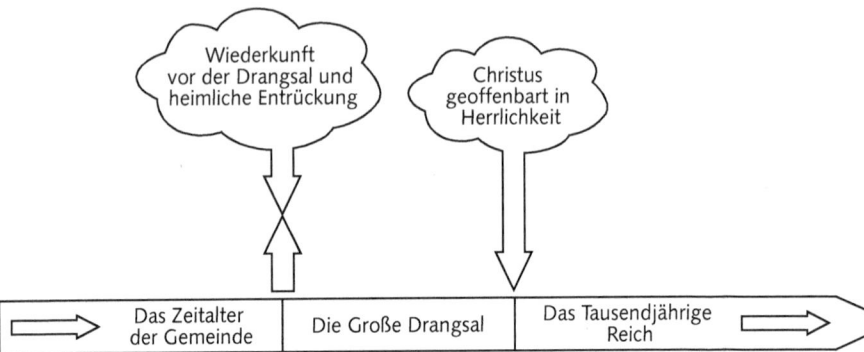

Die heimliche Entrückung oder
Entrückung vor der Drangsal

Wiederkunft
vor der Drangsal und
heimliche Entrückung

Christus
geoffenbart in
Herrlichkeit

Das Zeitalter der Gemeinde | Die Große Drangsal | Das Tausendjährige Reich

Diese Theorie erfuhr 1831 und 1833 auf den Prophetie-Konferenzen von Powerscourt enormen Zuspruch. Sowohl Darby als auch Irving nahmen an diesen Konferenzen teil.

Darby baute den Dispensationalismus auf dem Fundament auf, das Irving gelegt hatte. Vieles von dem, was Darby betont, kann man im Ansatz schon bei Irving finden. Um die Lehre zu verteidigen, dass Christus jederzeit vor der Drangsal kommen und die Gemeinde entrücken könnte, trennte er scharf zwischen Israel und der Gemeinde. Diese Trennung war sowohl eine Neuerung als auch das wichtigste Standbein für Darbys System. Iain Murray merkt dazu an:

In Albury wie auch in Irvings Londoner Gemeinde hatte sich eine seltsame Meinung durchgesetzt, die zuvor in der Kirchengeschichte praktisch unbekannt war: die Ankunft Christi vor dem Millennium werde in zwei Phasen stattfinden. Die erste sei eine »heimliche Entrückung« der Gemeinde, bevor eine »Große Drangsal« über die Erde hereinbreche; die zweite sei sein Kommen mit seinen Heiligen, um sein Königreich aufzurichten. Darby verhalf dieser Vorstellung zu größerer Beliebtheit. Er meinte, dass »die Gemeinde« ein Geheimnis sei, von dem allein Paulus spreche. Sie sei Christi mystischer Leib und werde bei der »Entrückung« vollendet sein. Die Juden und diejenigen Heiden, die sich danach bekehrten, würden niemals zur Braut Christi gehören: »Ich stelle in Abrede, dass die Heiligen vor dem ersten oder nach dem zweiten Kommen Christi Teil der Gemeinde sind,« [schrieb Darby]. Mit einem atemberaubenden Dogmatismus wischte Darby beiseite, was bis dahin in der christlichen Theologie als gegeben galt.[9]

Iain Murray dokumentiert die folgende humorvolle, aber treffende Stellungnahme von Charles Haddon Spurgeon. Spurgeon lebte genau zu der Zeit, als Darby und dessen Brüderbewegung begannen, die Trennung von Israel und der Gemeinde zu verbreiten. Dieses Zitat bezeugt, dass der Dispensationalismus dem größten Baptistenprediger des 19. Jahrhunderts als verdächtige Neuerung befremdete:

> Spurgeon erklärte: »Wir haben sogar schon die Behauptung vernommen, dass die, die vor dem Kommen Christi gelebt haben, nicht zur Gemeinde Gottes gehören sollen! Wir wissen nicht, was wir demnächst noch zu Ohren bekommen, und vielleicht ist es Gottes Erbarmen, dass solche Undinge nicht alle auf einmal zutage treten; denn dann können wir ihre Torheit ertragen, ohne gleich vor Schreck tot umzufallen« (Bd. 15,8).[10]

Mit dem Dispensationalismus kam eine völlig andere Form des Prämillennialismus auf mit einem völlig anderen eschatologischen System. Er unterscheidet sich vom Historischen oder Bundestheologischen Prämillennialismus in zweierlei Hinsicht: Er trennt Israel von der Gemeinde und lehrt eine heimliche Wiederkunft Christi vor der Drangsal. Diese beiden besonderen Merkmale waren neue eschatologische Ansichten. Die Behauptung Feinbergs, hierfür hätte es einen historischen Vorgänger in früheren Epochen der Kirchengeschichte gegeben, ist komplett falsch.

---

9 Iain Murray, *The Puritan Hope* (London: The Banner of Truth Trust, 1971), S. 200. In deutscher Übersetzung erschienen unter dem Titel *Die Hoffnung der Puritaner* (Hamburg: Reformatorischer Verlag Beese, 1999).
10 Murray, *The Puritan Hope*, S. 259.

TEIL 1

ESCHATOLOGIE LEICHT GEMACHT

KAPITEL 1

Eine Frage der Auslegung

Mit diesem Kapitel gelangen wir bei unserer Untersuchung an den eigentlichen Startpunkt. In der Einleitung haben wir kurz die Eschatologie in der Kirchengeschichte betrachtet. Dabei haben wir einen kurzen Überblick über die seit fast 2000 Jahren andauernde Debatte über die letzten Dinge bekommen und ein Grundverständnis für die wichtigen Fragen, Fachbegriffe und Alternativen gewonnen, um uns nun der Erforschung des Wortes Gottes zuzuwenden. Es hat eine Kehrseite, die Meinungen von Menschen zu betrachten – selbst von Christen. Unseren bisherigen kurzen Abriss eschatologischer Diskussionen in der Kirchengeschichte könnte man ohne weiteres auch unter die Überschrift stellen: »*Eschatologie schwer gemacht (von Menschen)*«. In diesem Kapitel wollen wir uns allerdings von menschlicher Tradition, die vieles nur unnötig verkompliziert, abwenden und zur Klarheit und Schlichtheit der göttlichen Offenbarung kommen. Ich habe diesen Teil des Buches betitelt: »*Eschatologie leicht gemacht*«.

Natürlich finden wir im Wort Gottes auch prophetische Stellen und Detailfragen über die Lehre von den letzten Dingen, die uns befremdlich und seltsam vorkommen und uns vielleicht irritieren. Wenn jemand sich törichterweise daran wagt, solche schwierigen Stellen und Fragen *zuerst* zu untersuchen, kann ihn das durchaus verwirren.

Deshalb ist es wichtig, von Anfang an einige wichtige Prinzipien der Schriftauslegung zu klären, die uns bei unserem Studium der Eschatologie leiten müssen. Es gibt drei ganz offensichtliche Prinzipien der Schriftauslegung, die uns davor bewahren sollten, auf Abwege zu geraten:

- Das erste Prinzip lautet, *dass wir die klaren Stellen studieren müssen, bevor wir an die schwierigen herangehen.* Anders gesagt: Wir müssen schwierige Stellen im Lichte klarer Stellen auslegen.

- Das zweite Prinzip lautet, *dass wir erst die Stellen studieren müssen, die wörtlich gemeint sind, bevor wir an diejenigen herangehen, die bildlich zu verstehen sind.* Schriftstellen mit Bildrede müssen in dem lehrmäßigen Rahmen gedeutet werden, den die wörtlich gemeinten Stellen vorgeben.

- Das dritte offenkundige Prinzip der Schriftauslegung lautet, *dass man das allgemeine große Gesamtbild der Eschatologie verstehen muss, bevor man sich den Details der Prophetie widmen kann.* Klarheit wird dadurch erlangt, dass man zuerst versucht, einen Überblick über die Prophetie zu bekommen und ihre Gesamtstruktur zu erfassen. Hierzu müssen wir bedenken, dass Eschatologie sowohl mit der Heilsgeschichte allgemein wie auch mit dem Ziel der Geschichte zu tun hat. Bevor wir uns mit den Details der Eschatologie befassen und die zahlreichen schwierigen und bildlich gemeinten Stellen angemessen auslegen können, ist es unabdingbar, dass wir die grobe und grundlegende Struktur der Heilsgeschichte und der Eschatologie erfassen.

Entscheidende Prinzipien der Schriftauslegung

Bei der Auslegung von Bibelstellen, die mit Prophetie zusammenhängen, müssen wir also ...

   1. die klaren Stellen vor den schwierigen untersuchen;
   2. die wörtlich gemeinten vor den bildlichen;
   3. die allgemeinen vor den spezielleren.

Alle drei Prinzipien setzen voraus, dass Eschatologie kein Thema ist, das sich auf nur wenige bestimmte prophetische Bücher in der Bibel beschränkt wie z. B. Daniel oder die Offenbarung. Prophetie durchdringt die ganze Bibel. Die Lehre von den letzten Dingen ist ein entscheidender Bestandteil von nichts Geringerem als dem Evangelium Christi. Dies betrifft zum Beispiel die Lehren der leiblichen Wiederkunft Christi, der leiblichen Auferstehung der Gläubigen sowie der ewigen und leiblichen Bestrafung der Verlorenen. Mit gutem Recht stehen diese Lehren in den wichtigsten Bekenntnissen der Kirche, angefangen von den einfachen Bekenntnissen der ersten Tage bis hin zu den bedeutenden Bekenntnissen der Reformation. Ein tieferes

Verständnis der biblischen Eschatologie wird viele Aspekte der biblischen Lehre erhellen. Diese Abhandlung soll unter anderem dem Zweck dienen, Ihnen zu einem klareren Verständnis der gesamten biblischen Lehre zu helfen, indem Sie ein systematisches Verständnis davon bekommen, was die Bibel über Eschatologie lehrt. Wenn man einfach diese drei offenkundigen und selbstverständlichen Prinzipien beachtet, verhindert man, dass das ganze Thema zu einem wirren Durcheinander wird, und entdeckt stattdessen die gottgegebene Schlichtheit und Klarheit der Eschatologie. Wenn wir das Wörtliche dem Bildlichen vorziehen, das Klare dem Schwierigen und das Allgemeine dem Speziellen, dann wird *Eschatologie eigentlich ganz einfach!*

Es gibt drei größere biblische Themenbereiche, die es uns einfach machen, die Grundstruktur der Eschatologie zu verstehen. Diese Themen liefern uns sozusagen den Grundriss des Hauses der Eschatologie. Wenn wir uns diesen Grundriss einprägen, wird uns das sehr behilflich sein, wenn wir zum »prophetischen Innenausbau« mit allen Details und Winkeln kommen, die wir an den schwierigeren Stellen vorfinden. Natürlich können uns einige dieser »Winkel« immer noch rätselhaft erscheinen, aber wir werden zumindest wissen, dass sie irgendwo in den Grundriss hineinpassen.

Bei der Untersuchung dieser größeren biblischen Themenbereiche werden wir die oben erwähnten Prinzipien der Schriftauslegung anwenden. Wir werden zuerst die klaren, wörtlichen und allgemeinen Stellen betrachten. Später werden wir einige wichtige bildliche und schwierige Stellen zu diesen Themen im Licht der buchstäblichen und klaren Stellen betrachten.

Welche größeren Themenbereiche sind es, die uns den Grundriss des Hauses der Eschatologie verständlich machen? In den nächsten Kapiteln werden wir folgende Punkte betrachten:

- Das biblische Schema: die zwei Zeitalter
- Die Trennungslinie: das Jüngste Gericht
- Das Kommen des Königreichs: das eschatologische Königreich

KAPITEL 2

Der biblische Sprachgebrauch

Wenn wir den Grundriss biblischer Eschatologie sowie viele weitere biblische Lehren verstehen wollen, dann gibt es kein anderes Thema, das hierfür besser einen Grund legen oder bilden könnte als das, welches ich die biblische Lehre von den zwei Zeitaltern nennen möchte. In diesem und den folgenden beiden Kapiteln werden wir dieses grundlegende Thema unter drei Überschriften betrachten:

- Der Sprachgebrauch der Bibel: zwei Zeitalter
- Das Grundschema der zwei Zeitalter
- Das erweiterte Schema der zwei Zeitalter

Das griechische Wort für »Zeitalter«, *aiōn*, meint nicht nur Zeit, sondern auch Raum. Es beinhaltet sowohl eine zeitliche als auch eine räumliche Dimension. Ausleger bringen diese beiden Bedeutungen oft durcheinander. Es ist »eine ausgedehnte Zeitperiode, die sich durch das auszeichnet, was in ihr geschieht«, oder »die Welt, die sich bewegt«. Wie das Neue Testament dieses Wort verwendet, bestätigt, dass *aiōn* in sich die Gedanken von »Welt« und »Zeitalter« vereint. Vielleicht gibt das zusammengesetzte Wort »Weltzeitalter« seine Bedeutung am besten wieder.[11] Dies kann man an Galater 1,4 sehen, wo von »der gegenwärtigen bösen Welt« oder »dem gegenwärtigen bösen Zeitalter« die Rede ist. Da es kein »böses Zeitalter« im Himmel gibt, muss sich der Ausdruck »Zeitalter« hier auf ein Zeitalter in der Geschichte dieser Welt beziehen. Andererseits spricht Jesus in Lukas 20,35 von denen, »die für würdig gehalten werden, jener Welt [oder jenes Zeitalters] teilhaftig zu sein.« Erneut meint das Wort unzweifelhaft eine Zeit, hat aber ebenso eindeutig eine räumliche Bedeu-

---

11 Die deutschen Bibelübersetzungen geben das griechische Wort *aiōn*, das auch mit »Zeitalter« u.ä. übersetzt wird (so oft ELB), meist mit »Welt« wieder (so v.a. LUT). Menge und Schlachter übersetzen des Öfteren »Weltzeit« (Anm. d. Übers.).

tung. Die Verlorenen hören im kommenden Zeitalter ja nicht auf zu existieren. Vielmehr werden sie die Welt des kommenden Zeitalters nicht bewohnen. Das Schlüsselwort stellt dieses Weltzeitalter dem kommenden gegenüber.

Dass dieses besondere Wort *aiōn* sowohl das jetzige als auch das künftige Leben meinen kann, verdeutlicht etwas Wichtiges: Die Bibel betrachtet die zukünftige ewige Existenz als endlose Existenz in Raum und Zeit. Anders gesagt: Die Bibel betrachtet die Ewigkeit als *das kommende Zeitalter,* als unendliche Zeit. Als Geschöpfe werden wir immer in Zeit und Raum leben; Gott allein steht sowohl jetzt als auch für immer über diesen Kategorien. Wir erwarten nicht ein zeitloses Ende, sondern eine endlose Zeit. George Eldon Ladd schreibt treffend:

Im biblischen Denken ist die Ewigkeit endlose Zeit. Im Hellenismus sehnten sich die Menschen nach Erlösung aus dem Kreislauf der Zeit in eine zeitlose jenseitige Welt; im biblischen Denken hingegen ist Zeit die Sphäre der menschlichen Existenz, sowohl jetzt als auch in Zukunft. Der Eindruck, den manche Bibelübersetzungen in Offenbarung 10,6 vermitteln – es werde »keine Zeit mehr geben« –, wird in besseren Übersetzungen korrigiert: »Es wird keine Verzögerung mehr geben.«[12]

Ladd liegt richtig darin, dass die Ewigkeit im biblischen Sinne – soweit sie Menschen betrifft – in endloser Zeit besteht. Er liegt auch in Bezug auf Offenbarung 10,6 richtig. Das Wort, das dort für »Zeit« benutzt wird, kann einen bestimmten Zeitpunkt beschreiben, ein Ereignis oder eine Verzögerung. Die meisten modernen Bibelübersetzungen einschließlich der New-King-James-Version übersetzen das Wort mit »Verzögerung« (oder Aufschub, Frist) statt mit »Zeit«.

Dieser Punkt verdeutlicht einen Fehler, der in vielen Abhandlungen über Eschatologie vorkommt: Wenn eine biblische Prophezeiung ein Ereignis voraussagt, das in Zeit und Raum stattfindet, meinen viele Ausleger, dies bedeute unweigerlich, das Ereignis müsse noch vor

---

12 George Eldon Ladd, *The Theology of the New Testament* (Grand Rapids: Eerdmans, 1974), S. 47. – Für »manche Übersetzungen« steht im Original »Authorized Version« (AV) und statt »bessere Übersetzungen« wird die »Revised Standard Version« (RSV) genannt. Wie die AV übersetzen z. B. LUT, SCH und ZÜR (jeweils »Zeit«), wie die RSV z. B. ELB (»Frist«), MEN (»Verzug«) oder NGÜ (»Aufschub«); Anm. d. Übers.

der Ewigkeit geschehen. Sie denken: Wenn die Bibel etwas voraussagt, das in einem historischen Rahmen geschehen soll, dann müsse es vor dem Ende der Welt eintreffen.[13] Die Bibel teilt diese falsche Voraussetzung jedoch nicht. Sie sieht die Ewigkeit als das kommende Weltzeitalter. Ereignisse, die als in Zeit und Raum geschehend prophezeit sind (in einem historischen Rahmen in einer materiellen Welt), können sich durchaus auch in der Ewigkeit, im kommenden ewigen Weltzeitalter erfüllen. Eines der Hauptthemen biblischer Prophetie ist die Herrlichkeit des kommenden Weltzeitalters. Biblische Prophetie erschöpft sich bei Weitem nicht darin, dass sie nur von Dingen spricht, die bis zur Vollendung des jetzigen Weltzeitalters stattfinden.

Um die Wichtigkeit des Ausdrucks »diese Welt und die kommende Welt« bzw. »dieses Zeitalter und das kommende Zeitalter« richtig einzuschätzen, sollten wir uns einen Überblick über die Stellen verschaffen, an denen dieses Wort *aiōn* in diesem Sinne im Neuen Testament vorkommt. Die Verwendung von *aiōn* in diesen Schriftstellen wird uns dabei noch andere, nah verwandte Ausdrücke vorstellen. Auch diese verwandten Ausdrücke unterstreichen weiter, dass die eschatologischen Aussagen, in denen sie vorkommen, das Herzstück biblischer Lehre betreffen.

Im Neuen Testament gibt es 18 Stellen, an denen von »Zeitaltern« die Rede ist, die die jetzige oder die zukünftige Welt meinen:

- **Matthäus 12,32:** *»Und wenn jemand ein Wort reden wird gegen den Sohn des Menschen, dem wird vergeben werden; wenn aber jemand gegen den Heiligen Geist reden wird, dem wird nicht vergeben werden, weder in diesem Zeitalter noch in dem zukünftigen.«* Dieses Zeitalter und das zukünftige Zeitalter umfassen also überhaupt alle Zeiten. Man beachte, wie die Parallelstelle Markus 3,29 dies bestätigt: *»… wer aber gegen den Heiligen Geist lästern wird, hat keine Vergebung in Ewigkeit, sondern ist ewiger Sünde schuldig.«*
- **Markus 10,29f:** *»Da ist niemand, der Haus oder Brüder … verlassen hat um meinetwillen und um des Evangeliums willen, der nicht hundertfach empfängt, jetzt in dieser Zeit … unter Verfolgun-*

---

13 Diese falsche Voraussetzung prägt etwa Keith Mathisons Auslegung von Prophetie in seinem Buch *Postmillennialism, An Eschatology of Hope* (S. 84-93 und 107); Beispiele dafür finden sich auch bei J. Stuart Russell, *The Parousia* (Grand Rapids: Baker, 1985), S. 527, 549 u. 550.

gen – und in dem kommenden Zeitalter ewiges Leben.« Diese Stelle lehrt, dass Jünger Christi in diesem Zeitalter neben dem Segen der christlichen Gemeinschaft auch Verfolgung erfahren.

- **Lukas 16,8:** *»Und der Herr lobte den ungerechten Haushalter, dass er klug gehandelt habe. Denn die Kinder dieser Weltzeit sind ihrem Geschlecht gegenüber klüger als die Kinder des Lichts«* (SCH). Die Kinder dieser Weltzeit werden den Kindern des Lichts gegenübergestellt. Dies vermittelt den Gedanken, dass das kommende Zeitalter das Zeitalter des Lichts ist und dass die Söhne dieser Weltzeit die Kinder des Lichts sind.

- **Lukas 18,30:** *»... der nicht Vielfältiges empfangen wird in dieser Zeit und in dem kommenden Zeitalter ewiges Leben.«* – Der Ausdruck »diese Zeit« *(kairos)* ist ein Synonym zu »diesem Zeitalter« *(aiōn)*.

- **Lukas 20,34-36:** *»Und Jesus sprach zu ihnen: Die Söhne dieser Welt (o. dieses Zeitalters)[14] heiraten und werden verheiratet; die aber, die für würdig gehalten werden, jener Welt (o. jenes Zeitalters) teilhaftig zu sein und der Auferstehung aus den Toten, heiraten nicht, noch werden sie verheiratet; denn sie können auch nicht mehr sterben, denn sie sind Engeln gleich und sind Söhne Gottes, da sie Söhne der Auferstehung sind.«* Zwischen »diesem Zeitalter« und »jenem Zeitalter« besteht also ein bedeutender Unterschied; worin er im Detail besteht, müssen wir später noch untersuchen.

- **Römer 12,2:** *»Und seid nicht gleichförmig dieser Welt (o. diesem Zeitalter), sondern werdet verwandelt (o. lasst euch verwandeln) durch die Erneuerung des Sinnes (o. des Denkens), dass ihr prüfen mögt, was der Wille Gottes ist: das Gute und Wohlgefällige und Vollkommene.«* Hier wird unsere Pflicht, sich durch die Erneuerung des Denkens verwandeln zu lassen, mittels einer Warnung ausgedrückt: »Seid nicht gleichförmig dieser Welt.« Für »Welt« steht im Grundtext *aiōn*. Diese Ermahnung zeigt den ethischen Gegensatz zwischen beiden Zeitaltern auf.

- **1. Korinther 1,20:** *»Wo ist ein Weiser? Wo ein Schriftgelehrter? Wo ein Wortstreiter dieses Zeitalters (o. dieser Welt)? Hat nicht Gott die Weisheit der Welt zur Torheit gemacht?«* Ein »Wortstreiter dieses

---

14 Die Alternativübersetzungen in Klammern stehen jeweils im Original der hier zitierten Bibelausgaben, dort meist als Fußnoten (Anm. d. Übers.).

Zeitalters« (*aiōn*) ist ein Verteidiger der Weisheit dieser Welt (*kosmos*, hier als Synonym für *aiōn* gebraucht).

- **1. Korinther 2,6-8:** »*Wir reden allerdings Weisheit unter den Gereiften; aber nicht die Weisheit dieser Weltzeit, auch nicht der Herrscher dieser Weltzeit, die vergehen, sondern wir reden Gottes Weisheit …, die keiner der Herrscher dieser Weltzeit erkannt hat – denn wenn sie sie erkannt hätten, so hätten sie den Herrn der Herrlichkeit nicht gekreuzigt*« (SCH). Man beachte: der Ausdruck »diese Weltzeit«, der hier dreimal verwendet wird, bezieht sich an einer Stelle auf diese Welt und an zwei Stellen auf ihre Herrscher. Weder die Welt noch ihre Herrscher haben eine Ahnung von der Weisheit Gottes.

- **1. Korinther 3,18:** »*Niemand betrüge sich selbst! Wenn jemand unter euch meint, weise zu sein in dieser Welt (o. in diesem Zeitalter), so werde er töricht, damit er weise werde.*« Ebenso wie die schon zitierten Stellen aus dem 1. Korintherbrief spricht auch dieser Vers von demjenigen, der »meint, weise zu sein in dieser Welt«.

- **2. Korinther 4,4:** »*… den Ungläubigen, bei denen der Gott dieser Welt (o. dieses Zeitalters) den Sinn verblendet hat, damit sie den Lichtglanz des Evangeliums von der Herrlichkeit des Christus, der Gottes Bild ist, nicht sehen.* Der »Gott dieser Welt« ist Satan! Die Finsternis dieser Weltzeit wird dem Licht des kommenden Zeitalters gegenübergestellt, also dem Licht des Evangeliums von der Herrlichkeit Christi.

- **Galater 1,4:** »*… der sich selbst für unsere Sünden hingegeben hat, damit er uns herausreiße aus der gegenwärtigen bösen Welt (o. Zeitalter) nach dem Willen unseres Gottes und Vaters …*« Die Erlösung aus dem »gegenwärtigen bösen Zeitalter« ist die Frucht des Todes Christi für unsere Sünden.

- **Epheser 1,21:** Christus ist »*über jede Gewalt und Macht und Kraft und Herrschaft und jeden Namen* [erhoben], *der nicht nur in diesem Zeitalter, sondern auch in dem zukünftigen genannt werden wird.*« Christus ist schon jetzt König und wird es für immer sein: »nicht nur in diesem Zeitalter, sondern auch in dem zukünftigen«.

- **Epheser 2,2:** Sünden, »*in denen ihr einst gelebt habt nach dem Lauf dieser Welt, gemäß dem Fürsten, der in der Luft herrscht, dem Geist, der jetzt in den Söhnen des Ungehorsams wirkt*« (SCH). Der Ausdruck »nach dem Lauf dieser Welt (*kosmos*) wandeln« beschreibt den Lebensstil, der durch den »Fürsten der Luft« beherrscht wird sowie durch die »Begierden unseres Fleisches« und das, was die »Kinder des Zorns« auszeichnet.

- **1. Timotheus 6,17-19:** *»Den Reichen in dem gegenwärtigen Zeitlauf gebiete, nicht hochmütig zu sein, noch auf die Ungewissheit des Reichtums Hoffnung zu setzen – sondern auf Gott, der uns alles reichlich darreicht zum Genuss – Gutes zu tun, reich zu sein in guten Werken, freigebig zu sein, mitteilsam, indem sie sich selbst eine gute Grundlage auf die Zukunft sammeln, um das wirkliche Leben zu ergreifen.«* Hier sehen wir den Kontrast zwischen dem Reichtum und Leben »der jetzigen Weltzeit« und der Zukunft. Das Leben in der Zukunft ist »das wirkliche Leben«.

- **Titus 2,12:** Die Gnade Gottes *»unterweist uns, damit wir die Gottlosigkeit und die weltlichen Begierden verleugnen und besonnen und gerecht und gottesfürchtig leben in dem jetzigen Zeitlauf (o. in dem gegenwärtigen Zeitalter; o. in der gegenwärtigen Welt).«* Im gegenwärtigen oder jetzigen Zeitalter sollen wir so leben, dass wir die die glückselige Hoffnung auf die Erscheinung Christi in Herrlichkeit im Blick haben, wie es in Vers 13 heißt. Diese glückselige Hoffnung ist der Höhepunkt des jetzigen Zeitalters. Nichtsdestotrotz lehrt Vers 11, dass die Gnade Gottes, die allen Menschen Heil bringt, schon im jetzigen Zeitalter erschienen ist.

- **Hebräer 6,5:** *»... und das gute Wort Gottes und die Kräfte des zukünftigen Zeitalters geschmeckt haben ...«* Die Kräfte des zukünftigen Zeitalters sind bereits in dieser Welt wirksam und sind ein Vorgeschmack auf das übernatürliche künftige Zeitalter.

Die obige Übersicht zeigt, dass es auch andere neutestamentliche Ausdrücke gibt, die eng mit den Begriffen der zwei Zeitalter verbunden sind. Der Apostel Johannes benutzt in keiner seiner Schriften das Wort »*Zeitalter*« (*aiōn*) für das jetzige Zeitalter. Stattdessen benutzt er dafür das Wort »*Welt*« (*kosmos*), das er aber wiederum nie für »*das zukünftige Zeitalter*« verwendet. Der Grund dafür ist vermutlich, dass das Wort »*Welt*« für ihn einen Beigeschmack des Bösen hat (Joh 12,25.31; 16,11).

»*Diese Zeit*« (*kairos*) ist synonym zu »*dieses Zeitalter*« (Mk 10,30; Röm 8,18). Römer 8,18 stellt »*diese Zeit*« der Herrlichkeit gegenüber, die noch offenbart wird.

Parallel hierzu steht auch der »zukünftige Erdkreis« oder »die zukünftige Welt« (LUT, MEN, SCH) oder »Haushaltung« (*oikoumene*) in Hebräer 2,5: »Denn nicht Engeln hat er den zukünftigen Erdkreis unterworfen, von dem wir reden ...« Christus hat seine Herrschaft schon angetreten, aber noch nicht in Vollendung (Hebr 2,8-10).

In Matthäus finden wir außerdem den Ausdruck »die Vollendung des Zeitalters« (Mt 13,39.40.49; 24,3; 28,20). Hebräer 9,26 und 1. Korinther 10,11 sprechen von der »Vollendung der Zeitalter« bzw. dem »Ende der Zeitalter« im Plural. Hier scheint also diese Weltzeit mehrere »Unter-Zeitalter« zu umfassen, was man aber nicht mit dem Grundschema der zwei Zeitalter, das »jetzige« und das »künftige«, verwechseln darf. Die diesseitigen Zeitalter werden zu einem Ende oder einer Vollendung kommen, was einen klaren, einzigartigen Schnitt bedeutet. Dann werden die »kommenden Zeitalter« eintreten (Eph 2,7). Was genau diese »Unter-Zeitalter« der zwei Grundzeitalter sind und wie weit sie sich jeweils erstrecken, wird an diesen Stellen nicht näher definiert und scheint für die biblische Lehre nicht von Belang zu sein.

Verwandte Begriffe

dieses Zeitalter / diese Welt (*aiōn*)	das zukünftige Zeitalter
Leben in dieser Welt	das ewige Leben
diese Zeit (*kairos*)	die künftige Herrlichkeit
diese Welt (*kosmos*), das Reich der Welt	das Reich Gottes, das Reich des Vaters
der jetzige Erdkreis (*oikumene*)	der zukünftige Erdkreis
die (jetzigen) Zeitalter	(die Ewigkeit, die beginnt bei der) Vollendung der Zeitalter
die (jetzigen) Zeitalter	die (künftigen) Zeitalter

Das Ergebnis dieser Untersuchung – dass das Neue Testament von zwei Zeitaltern spricht – führt zu drei praktischen Schlüssen:

Erstens: Diese Untersuchung des neutestamentlichen Sprachgebrauchs der zwei Zeitalter und verwandter Begriffe zeigt sehr deutlich, wie diese Ausdrucksweise das Neue Testament durchzieht. Die betreffenden eindeutigen Ausdrücke kommen häufig vor und erstrecken sich auf die meisten der wichtigsten Schriften des Neuen Testaments. Die Begriffe der zwei Zeitalter werden durch die eng verwandten Ausdrücke der anderen Verfasser des Neuen Testaments ergänzt. Mit dieser Terminologie haben wir also einen grundlegenden Aspekt neutestamentlicher Lehre erfasst. Hier haben wir es mit dem innersten Kern des biblischen Schemas der Heilsgeschichte und Eschatologie zu tun.

Zweitens: Die oben angeführten Schriftstellen werden beim Studium der Prophetie oft übersehen, da man sie nicht für prophetische Aussagen hält. Doch gehören sie zu den klarsten und eindeutig wörtlichen Stellen des Neuen Testaments. Daraus wird klar, dass es nicht nötig ist, erst aus Daniel und der Offenbarung verschlüsselte Geheimnisse zu entlocken, um ein grundlegendes Verständnis dessen zu erlangen, was die Bibel über die letzten Dinge lehrt. Die klaren, wörtlichen und allgemeinen Aussagen, die wir hier im Überblick betrachtet haben, geben uns den Grundriss der Eschatologie.

Drittens: Diese Begriffe der zwei Zeitalter (die für die biblische Prophetie so entscheidend sind) durchdringen nahezu alles, worüber das Neue Testament lehrt. Deshalb ist es so wichtig, Eschatologie zu studieren. Ein klares Verständnis der Eschatologie hilft uns, die Lehre der Bibel über viele andere Dinge besser zu verstehen.

KAPITEL 3

Das biblische System: das Grundschema

Das Grundschema der zwei Zeitalter kann man recht einfach mit Hilfe von drei Aussagen oder Thesen erklären.

These 1: Die Vollumfänglichkeit der Zeitalter

These 1 lautet: *Dieses und das kommende Zeitalter umfassen zusammengenommen alle Zeit einschließlich der Ewigkeit.*

Dass diese erste These wahr ist, sieht man am einfachsten, wenn man zwei Parallelstellen in den Evangelien vergleicht: Matthäus 12,32 und Markus 3,29. In Matthäus 12,32 finden wir die Begriffe der zwei Zeitalter; Markus benutzt an der Parallelstelle andere, aber gleichbedeutende Begriffe, um denselben Inhalt auszudrücken:

> Und wenn jemand ein Wort reden wird gegen den Sohn des Menschen, dem wird vergeben werden; wenn aber jemand gegen den Heiligen Geist reden wird, dem wird nicht vergeben werden, weder in diesem Zeitalter noch in dem zukünftigen. (Mt 12,32)
>
> … wer aber gegen den Heiligen Geist lästern wird, *hat keine Vergebung in Ewigkeit, sondern ist ewiger Sünde schuldig.* (Mk 3,29)

Wir brauchen hier nicht die schwierigen Fragen erörtern, die mit der unverzeihlichen Sünde zusammenhängen. Worauf es hier ankommt, ist schlicht, dass es für diese Sünde niemals Vergebung gibt. Dies machen beide Stellen deutlich, wenn auch auf unterschiedliche Weise. Matthäus sagt, dass diese Sünde weder in diesem Zeitalter noch in dem zukünftigen vergeben werden wird. Markus gibt Jesu Aussage mit den Worten wieder: »*… der hat keine Vergebung in Ewigkeit, sondern ist ewiger Sünde schuldig.*« Dies sagt uns, dass eine Sünde, die weder in diesem noch im kommenden Zeitalter vergeben wird, niemals vergeben wird, sondern eine ewige Sünde ist. Die beiden

Zeitalter sind somit ganz klar gleichbedeutend mit »alle Zeit«. Beide Zeitalter umfassen zusammen alle Zeit einschließlich der endlosen Zeit der Ewigkeit.

Dasselbe sagt Markus 10,29-30:

> Jesus sprach: Wahrlich, ich sage euch: Da ist niemand, der Haus oder Brüder oder Schwestern oder Mutter oder Vater oder Kinder oder Äcker verlassen hat um meinetwillen und um des Evangeliums willen, der nicht hundertfach empfängt, jetzt in dieser Zeit Häuser und Brüder und Schwestern und Mütter und Kinder und Äcker unter Verfolgungen – und in dem kommenden Zeitalter ewiges Leben.

Der Ausdruck »*in dem kommenden Zeitalter ewiges Leben*« besagt eindeutig, dass das Zeitalter, das auf das jetzige folgen wird – eben das »kommende Zeitalter« – ebenso ewig ist wie das Leben, das man in ihm empfängt. Wenn man das ewige Leben in diesem vollendeten Sinne im kommenden Zeitalter empfängt, dann heißt das implizit, dass das kommende Zeitalter selbst auch ewig ist.

Eine weitere wichtige Stelle ist 1. Timotheus 6,17-19:

> Den Reichen in dem gegenwärtigen Zeitlauf gebiete, nicht hochmütig zu sein, noch auf die Ungewissheit des Reichtums Hoffnung zu setzen – sondern auf Gott, der uns alles reichlich darreicht zum Genuss –, Gutes zu tun, reich zu sein in guten Werken, freigebig zu sein, mitteilsam, indem sie sich selbst eine gute Grundlage auf die Zukunft sammeln, um das wirkliche Leben zu ergreifen.

Diese Stelle lehrt, dass der wahre Reichtum und das ewige Leben etwas *Zukünftiges* sind. (Das griechische Wort für »Zukunft« bedeutet wörtlich *das Kommende* und bezieht sich hier eindeutig auf das kommende Zeitalter.) Diese Zukunft wird dem vergänglichen Leben und unsicheren Reichtum dieser Welt, dieses *gegenwärtigen Zeitlaufs* (*aiōn*) gegenübergestellt. Das bedeutet, dass diese beiden Zeitalter alle nur vorstellbaren menschlichen Lebensumstände umfassen. Die zwei Qualitäten von Leben und Reichtum in den beiden Zeitaltern stehen hier als Gegenpole einander gegenüber. Das bedeutet, dass dieses und das kommende Zeitalter die gesamte Menschheitsgeschichte bis hin zum Anbruch der endlosen Zeit der Ewigkeit umfassen.

Was bislang gesagt wurde, führt uns zu der Frage: »Wann begann *dieses* Zeitalter?« Die Belegstellen, die wir bis hierher untersucht haben, zwingen uns zweifellos zu der Aussage, dass dieses Zeitalter seinen Anfang zu Beginn der Menschheitsgeschichte nahm. Gibt es aber noch mehr Beweise dafür?

Ja, durchaus! Die Bibel lehrt, dass »*dieses Zeitalter*« am Anfang der Menschheitsgeschichte begann – zur Zeit der Schöpfung und des Sündenfalls. Anders gesagt: Es beginnt bei dem Ereigniskomplex von 1. Mose 1-3. Wenn das stimmt, dann begann »*dieses Zeitalter*« nicht zur Zeit des ersten Kommens Christi, sondern bestand bereits von Anfang an.

Auch der wahrscheinliche Ursprung der Begriffe der zwei Zeitalter unterstützt diese Annahme. »*Dieses Zeitalter und das kommende Zeitalter*« ist ein Ausdruck, der den alttestamentlichen Kontrast zwischen dem jetzigen Zustand der Dinge und der künftigen erlösten Ordnung systematisch zusammenfasst. Dieser Ausdruck wurde wahrscheinlich von Rabbinern der Zeit zwischen Altem und Neuem Testament geprägt und wurde von Jesus und seinen Aposteln als treffende Beschreibung übernommen, die die Lehre des Alten Testaments systematisch zusammenfasst. Somit muss »*dieses Zeitalter*« bereits zur Zeit des Alten Testaments existiert haben.

Dieses und das kommende Zeitalter: Eine systematische Zusammenfassung des alttestamentlichen Verständnisses der Heilsgeschichte

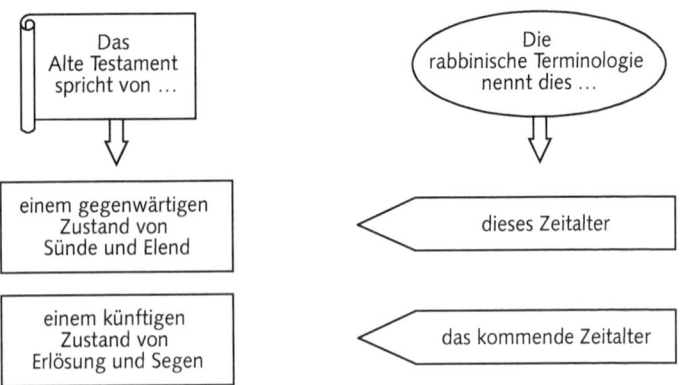

In Übereinstimmung hiermit lehren Jesus und die Apostel nie, dass das jetzige Zeitalter erst kürzlich begonnen hätte. Vielmehr setzt Jesus von Beginn seines Wirkens stets voraus, dass *dieses Zeitalter* bereits besteht (Mt 12,32; Mk 10,30).

Auch führt der Charakter dieses Zeitalters zu dem Schluss, dass es mit Schöpfung und Sündenfall begann. Viele Ausdrücke, die mit der Terminologie der zwei Zeitalter zusammenhängen, weisen in diese Richtung. Es handelt sich um die natürliche Ordnung der Schöpfung. Ausdrücke wie *»Die Söhne dieser Welt (o. dieses Zeitalters) heiraten und werden verheiratet«* (Lk 20,34), und: *»Den Reichen in dem gegenwärtigen Zeitlauf (o. Zeitalter)«* (1Tim 6,17) besagen dies eindeutig. Sie ist die gefallene Ordnung, die von der Sünde geprägt ist. Sie ist die *»gegenwärtige böse Welt«* (Gal 1,4), deren *»Gott«* der Satan ist (2Kor 4,4).

Wir müssen daraus schließen, dass der Ursprung dieses Zeitalters am Anfang der Menschheitsgeschichte liegt, als die Welt so geformt wurde, wie wir sie kennen. *»Dieses Zeitalter«,* das seinen Anfang am Anbeginn der Menschheitsgeschichte nahm, umfasst somit zusammen mit dem *»kommenden Zeitalter«* alle Epochen der menschlichen Existenz bis in alle Ewigkeit. Wenn aber beide Zeitalter alle Zeiten umfassen, dann kann es dazwischen natürlich keine weiteren Zeitphasen geben:

- Es gibt keine Epoche der Menschheitsgeschichte vor »diesem Zeitalter«. Es begann zu Anfang der Menschheitsgeschichte.
- Es gibt keine Epoche zwischen »diesem Zeitalter« und dem »kommenden Zeitalter«. Das eine folgt direkt auf das andere.
- Es gibt keine Epoche nach dem »kommenden Zeitalter«. Es ist ewig.

These 2: Die Gegensätzlichkeit der Zeitalter

These 2 lautet: *Dieses Zeitalter und das kommende Zeitalter sind von ihrem Wesen her verschiedene Zustände der menschlichen Existenz und verschiedene Epochen der Weltgeschichte.*

Dieses Zeitalter verbessert oder verändert sich nicht durch einen natürlichen oder schrittweisen Prozess zum *kommenden Zeitalter.* Es besteht ein unüberbrückbarer Gegensatz: der Unterschied zwischen der natürlichen und der übernatürlichen Ordnung. Die entscheidende Aussage hierzu steht in Lukas 20,34-36:

> Und Jesus sprach zu ihnen: Die Söhne dieser Welt (o. dieses Zeitalters) heiraten und werden verheiratet; die aber, die für würdig gehalten werden, jener Welt (o. jenes Zeitalters) teilhaftig zu sein und der Auferstehung aus den Toten, heiraten nicht, noch werden sie verheiratet; denn sie können auch nicht mehr sterben, denn sie sind Engeln gleich und sind Söhne Gottes, da sie Söhne der Auferstehung sind.

Im Zusammenhang dieses Textes geht es klar um die Auferstehung der Toten. Jesus benutzt die Zwei-Zeitalter-Terminologie, um das jetzige Zeitalter dem der Auferstehung gegenüberzustellen – dem kommenden Zeitalter. Worin unterscheiden sich dieses und das kommende Zeitalter demnach? Das liegt hier wortwörtlich und klar auf der Hand. Die Zeitalter unterscheiden sich demzufolge in vier Bereichen: »Heiraten« und »nicht heiraten«, Tod und kein Tod, Mischgesellschaft aus erlösten und unerlösten Menschen im Gegensatz zu ausschließlich Erlösten, sowie natürliche Menschen im Gegensatz zu Auferstandenen. Diese Gegensätze erinnern sehr deutlich an die entsprechenden Parallelen im Gleichnis vom Unkraut unter dem Weizen (Mt 13,24-30.36-43). An dieser Stelle findet sich auch der Gegensatz zwischen Weizen und Unkraut (Erlöste und Unerlöste) im jetzigen Zeitalter und nur noch Weizen (Erlöste) im kommenden Zeitalter. Außerdem findet sich in dieser Schriftstelle auch der Gegensatz zwischen natürlichen Menschen im jetzigen Zeitalter und verherrlichten Menschen (die »leuchten wie die Sonne«) im kommenden Zeitalter.

Die Gegensätze zwischen diesem und dem kommenden Zeitalter

LUKAS 20,27-40

Dieses Zeitalter	Das kommende Zeitalter
• Man heiratet	• Man heiratet nicht
• Sterben und Tod	• Kein Sterben und Tod
• Natürliche Menschen	• Auferstandene Menschen
• Gerechte und Böse existieren nebeneinander	• Nur die Würdigen (die Söhne Gottes) gelangen hinein

MATTHÄUS 13,24-30.36-43

Saat	Ernte
• Weizen (»die Söhne des Reiches«) und Unkraut (»die Söhne des Bösen«) vermischt	• Nur Weizen (»die Söhne des Reiches«)
• Natürlicher Zustand	• Verherrlichter Zustand (»leuchten wie die Sonne«)

These 3: Die Trennlinie zwischen den Zeitaltern

These 3 lautet: *Dieses und das kommende Zeitalter werden durch das Gericht über die Gottlosen und die Auferstehung der Gerechten getrennt. Diese beiden Ereignisse beenden dieses Zeitalter und läuten das kommende ein.* Für diese These gibt es im Neuen Testament starke Belege. Einige davon werden wir uns nun anschauen.

Erstens lehrt Lukas 20,35: Das Eingehen in das künftige Zeitalter ist dasselbe wie zur Auferstehung der Toten zu gelangen. Die Auferstehung ist die Tür, die aus diesem Zeitalter in das kommende Zeitalter führt. Wann aber findet die Auferstehung statt? Laut der einstimmigen und wiederholten Lehre des Neuen Testaments bei der Wiederkunft Christi (1Kor 15,22f.50-55; 1Thes 4,16).

Zweitens: Das Gericht im Gleichnis vom Unkraut im Weizen in Matthäus 13,39-43 bezieht sich, wie wir gesehen haben, auf dasselbe Ereignis wie die Auferstehung in Lukas 20,35. Im Gleichnis vom Unkraut im Weizen geht es eindeutig um das Gericht über die Gottlosen und die Auferstehung der Gerechten. Beides wird bei Christi Wiederkunft geschehen, wie das Matthäusevangelium lehrt (Mt 24,30f; 25,31).

Drittens: Im kommenden Zeitalter empfangen wir ewiges Leben (Mk 10,30), und zwar bei Christi Wiederkunft (Mt 25,31.46).

Viertens: Titus 2,11-13 sagt klar und deutlich, dass die Wiederkunft dieses Zeitalter vollenden und das kommende Zeitalter in seiner Fülle eröffnen wird:

Denn die Gnade Gottes ist erschienen, heilbringend allen Menschen, und unterweist uns, damit wir die Gottlosigkeit und die weltlichen Begierden verleugnen und besonnen und gerecht und gottesfürchtig leben in dem jetzigen Zeitlauf, indem wir die glückselige Hoffnung und Erscheinung der Herrlichkeit unseres großen Gottes und Retters Jesus Christus erwarten.

Unsere Hoffnung im jetzigen Zeitalter ist die Erscheinung Christi. Vergleiche dies mit Matthäus 28,20: »*... und lehrt sie alles zu bewahren, was ich euch geboten habe! Und siehe, ich bin bei euch alle Tage bis zur Vollendung des Zeitalters.*« Hier verheißt Jesus, geistlich bei seinem Volk zu sein, bis das Zeitalter vollendet ist, weil er bei der Vollendung des Zeitalters leiblich wiederkommen wird. Johannes 6,39 ist hierzu von Bedeutung: »*Dies aber ist der Wille dessen, der mich gesandt hat, dass ich von allem, was er mir gegeben hat, nichts verliere, sondern es auferwecke am letzten Tag.*« Der letzte Tag dieses Zeitalters ist der Tag der Wiederkunft Christi; er ist zugleich der erste Tag des kommenden Zeitalters.

Hieraus werden also drei schlichte Tatsachen über das jetzige und das kommende Zeitalter deutlich:

- Dieses und das kommende Zeitalter umfassen gemeinsam alle Zeit einschließlich der endlosen Zeit der Ewigkeit. Das heißt, dass es keinen Zeitraum zwischen oder neben diesem und dem kommenden Zeitalter gibt.
- Dieses und das kommende Zeitalter sind qualitativ verschiedene Zustände der menschlichen Existenz und qualitativ verschiedene Epochen der Weltgeschichte. Dies ist der deutlichste Gegensatz zwischen beiden.
- Dieses und das kommende Zeitalter werden durch das Gericht über die Gottlosen und die Auferstehung der Gerechten getrennt. Diese Ereignisse vollenden das jetzige Zeitalter und führen das kommende ein.

Diese drei schlichten Tatsachen lassen uns drei praktische Schlüsse ziehen. Man kann diese Schlussfolgerungen mit drei Worten zusammenfassen: einfach, entsprechend und übernatürlich.

Einfach
Was könnte einfacher sein als dieses System? Nur zwei Zeitalter statt sieben, zehn, zwölf, einundzwanzig oder noch mehr! Es könnte keine einfachere Eschatologie geben. Christen können die Vorstellung ge-

trost vergessen, dass biblische Eschatologie für sie zu komplex wäre. Es gibt nur zwei Zeitalter: das eine ist vergänglich und natürlich, das andere ewig und übernatürlich. Diese zwei Zeitalter werden durch die Wiederkunft Christi und die Auferstehung der Toten getrennt. Wenn man das begreift, hat man schon viel mehr verstanden als die meisten Prophetielehrer von heute. Nicht Gott hat die Eschatologie verkompliziert, sondern Menschen.

Natürlich bleiben noch Schwierigkeiten bei Detailfragen. Aber sie betreffen nicht das Grundschema der Bibel. Die Bibel lehrt ein scharf umrissenes und geradezu demütigend simples Schema. Ist vielleicht genau das der Grund dafür, dass viele es nicht erkennen? Ergeht es dem biblischen System der Prophetie ebenso wie der Heilslehre: Ist es zu einfach für allzu kluge Menschen?

Dieses Grundschema der zwei Zeitalter bildet die Grundlage für ein umfassendes System der Prophetie. Wenn man dieses Schema erfasst hat, klären sich viele Details biblischer Prophetie auf bemerkenswerte Weise.

Entsprechend

Bei unserer Betrachtung der eschatologischen Systeme der Kirchengeschichte haben wir mehrere Positionen unterschieden. All diese Positionen kann man als entweder prä- oder postmillennialistisch einordnen. Mit anderen Worten: Man kann sie danach kategorisieren, wo sie die Wiederkunft Christi in Bezug auf das Millennium ansetzen. Wenn etwa eine Position lehrt, dass Christus *vor* dem Millennium von Offenbarung 20 wiederkommt, haben wir diese Position als prämillennialistisch eingeordnet. Wenn nach einer anderen Sichtweise Christus *nach* dem Millennium wiederkommen soll, haben wir dies als postmillennialistisch eingeordnet. Wir haben festgestellt, dass sowohl A- als auch Postmillennialismus in diesem Sinn *postmillennialistisch* sind, wogegen der Dispensationalismus und der Historische Prämillennialismus *prämillennialistisch* sind. Es gibt somit grundsätzlich zweierlei Meinungen, die Christen darüber vertreten, wie sich die Wiederkunft Christi zum Millennium verhält.

Prämillennialistisch	Postmillennialistisch
Dispensationalismus	Amillennialismus
Historischer Prämillennialismus	Postmillennialismus

Somit stellt sich eine einfache Frage: Welches dieser zwei eschatologischen Modelle entspricht dem Grundschema der zwei Zeitalter?

Der Prämillennialismus besagt ja im Wesentlichen, dass es nach Christi Wiederkunft und vor der Ewigkeit eine tausendjährige irdische Herrschaft Christi geben wird. In allen Varianten des Prämillennialismus werden die 1000 Jahre von Offenbarung 20,1-10 so verstanden. Nach allen prämillennialistischen Auslegungen von Offenbarung 20 leben im Millennium nicht auferstandene, unerlöste Menschen zusammen mit nicht auferstandenen Gerechten auf der Erde. Stimmt diese Ansicht, die für den Prämillennialismus so wesentlich ist, mit der biblischen Lehre der zwei Zeitalter überein? Nein. Die Lehre der zwei Zeitalter stellt Prämillennialisten vor ein unlösbares Problem: Wo soll man das Millennium im Schema der zwei Zeitalter einordnen? In dieses Zeitalter oder in das kommende?

Das Millennium im Prämillennialismus

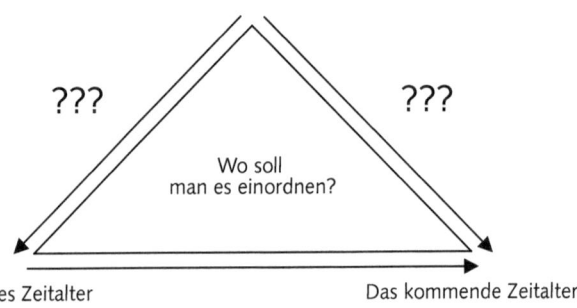

Man kann es nicht in dieses Zeitalter einordnen. Warum nicht? Weil der Prämillennialismus lehrt, dass das Millennium nach der Wiederkunft Christi anbricht; das jetzige Zeitalter aber endet mit der Wiederkunft Christi. Aber ebenso wenig kann man das Millennium in das kommende Zeitalter einordnen. Warum nicht? Weil im künftigen Zeitalter keine unerlösten und nicht auferstandenen Menschen mehr übrig bleiben. Wie wir sahen, werden dort nur auferstandene Gerechte sein. Da die Bibel kein Zwischenzeitalter mit einem solchen Misch- oder Übergangsszenario kennt, kann man den Prämillennialismus nicht mit dem biblischen Schema der zwei Zeitalter in Einklang bringen.

Ist biblische Prophetie vielleicht deshalb für viele ein so großes Geheimnis, weil man ihnen falsche Theorien über Prophetie beigebracht hat, die sie auf jeder Seite des Neuen Testaments vor unlösbare Fragen stellen? Viele prämillennialistisch geprägte Christen haben Probleme mit der Eschatologie und finden sie verwirrend. Das liegt meiner Meinung nach an dem System, das sie traditionell übernommen haben. Der Prämillennialismus ist verwirrend, weil man ihn unmöglich mit den klarsten und einfachsten Bibelstellen in Einklang bringen kann.

Übernatürlich
Zur biblischen Eschatologie gehört, dass sie betont supernaturalistisch (übernatürlich) ist. Kein schrittweiser Prozess kann die Erfüllung dessen herbeiführen, worauf die Bibel uns zu hoffen lehrt. Die Evolutionstheorie ist zu nichts nütze. Es kann keine Evolution geben, die in ein glorreiches Zeitalter hineinführt. Es gibt keine naturalistische oder materialistische Erklärung für die Herrlichkeit, die offenbart werden soll. Selbst einzelne »Verbesserungen« der Welt durch christliche Mission werden niemals Menschen in den Herrlichkeitszustand der Auferstehung »transformieren«. Die biblische Hoffnung ist übernatürlich und muss übernatürlich sein, denn nur das übernatürliche Eingreifen des allmächtigen Gottes kann jemals die Herrlichkeit des kommenden Zeitalters herbeiführen. Das ist die christliche Hoffnung.

Das kommende Zeitalter

Übernatürliches
Eingreifen bei
Christi Wiederkunft!

Dieses Zeitalter

Mission?

Evolution?

Das kommende Zeitalter

KAPITEL 4

Das biblische System: Das erweiterte Schema der zwei Zeitalter

Vor vielen Jahren führte ich mit einem Freund zahlreiche Diskussionen zum Thema Eschatologie, konnte ihn aber nicht zu einer Änderung seiner Meinung bewegen. Eines Tages erfuhr ich, dass er dann doch auf meine Sicht der Dinge umgeschwenkt war. Da ich neugierig war, welches Argument ihn wohl dazu bewegt hatte, fragte ich ihn, aufgrund welcher Bibelstelle oder welchen Arguments er seine Ansicht geändert habe. Seine Antwort war ebenso demütigend wie lehrreich. Er sagte: »In meinem früheren System hatte ich eine Schublade für jede Schriftstelle. Es gab für jede Schriftstelle, die jemand gegen meine damalige Sicht der Prophetie vorbringen mochte, ein Fach, in das ich sie reinstecken konnte. Eines Tages jedoch stand ich schließlich vor der Frage, ob mein System mit all seinen vielen Fächern und Schubladen in sich selbst überhaupt schriftgemäß war.«

Eines der verbreitetsten und doch subtilsten Probleme bei der Bibelauslegung ist die Art und Weise, wie man seine eigene Meinung in den Text hineinliest. Statt zuzulassen, dass die Bibel sich uns selbst erklärt, zwingen wir ihr unsere Meinung auf. Alle unsere vielfältigen Vorstellungen und Voraussetzungen, die eigentlich im Licht der Bibel geprüft werden müssten, zwingen wir unserem Bibelverständnis auf, ohne ernsthaft darüber nachzudenken. Diese Ansichten und Vorstellungen bilden dann ungeprüft den Rahmen (das »Schubladensystem«), in dem wir die ganze Bibel verstehen wollen. Wer so handelt, liest zwar die Bibel, aber immer durch die Brille seiner nicht hinterfragten Denkvoraussetzungen. Ihm kommt nie in den Sinn, diese Brille abzusetzen. Er ist sich wahrscheinlich nicht einmal bewusst, dass er diese Brille trägt. Er kommt nie auf die Idee, diese Brille selbst im Licht der Bibel zu prüfen.

In diesem Kapitel möchte ich Sie einfach bitten, Ihre theologische

Brille abzusetzen und der Bibel zu gestatten, für sich selbst zu sprechen. Erlauben Sie ihr, über Ihre Denkvoraussetzungen zu urteilen. Überlegen Sie einmal, ob die Bibel nicht vielleicht ein eigenes, anderes System hat. In diesem Kapitel werden wir dieses biblische System nun etwas detaillierter untersuchen.

Das grundlegende Schema der zwei Zeitalter, das wir mit den drei Thesen im vorherigen Kapitel erklärt haben, kann man durch weitere Belege aus dem Neuen Testament stützen und erweitern. Wie man auf einem Computer digitale Fotos vergrößern und an Details heranzoomen kann, so wollen wir in diesem Kapitel das biblische Schema der zwei Zeitalter etwas größer und detaillierter betrachten. Diese detaillierte Betrachtung der biblischen Lehre der zwei Zeitalter soll wieder in Form von drei Thesen formuliert werden.

These 1: Die böse Natur dieses Zeitalters

Die erste These lautet: Dieses Zeitalter ist böse und *wird es immer sein*. Mit anderen Worten: Der Charakter dieses Zeitalters wird grundsätzlich immer böse sein. Viele Schlüsselstellen zur Zwei-Zeitalter-Terminologie lassen keinen anderen Schluss zu. Lukas 16,8 bezeichnet die verdorbenen Menschen als »Söhne dieses Zeitalters« und stellt ihnen die »Söhne des Lichts« gegenüber. Markus 10,30 lehrt, dass die, die alles für Christus verlassen haben, in diesem Zeitalter immer mit Verfolgung rechnen müssen. So lange dieses Zeitalter andauert, wird demnach Verfolgung durch die Feinde Gottes das Los wahrer Christen sein. In Römer 12,2 ermahnt Paulus die Christen, sich nicht dieser Welt (diesem Zeitalter; *aiōn*) anzupassen. Eine solche Sprache setzt voraus, dass dieses Zeitalter immer böse sein wird. 2. Korinther 4,4 besagt, dass Satan »der Gott dieses Zeitalters« ist. Es kann demzufolge nur böse sein. In Galater 1,4 bezeichnet Paulus dieses Zeitalter als das »gegenwärtige böse Zeitalter«, aus dem die Erwählten durch den Tod Christi erlöst werden müssen. Epheser 2,2 beschreibt das frühere sündige Leben der Epheser als ein Wandeln nach dem »Zeitgeist dieser Welt« (MEN).[15]

---

15 Bis auf das letzte Beispiel (Eph 2,2) geben deutsche Bibelausgaben das griechische *aiōn* an den genannten Stellen meist mit »Welt« wieder. In Epheser 2,2 steht für »Welt« das griechische *kosmos*. Der Ausdruck dort lautet wörtlich: »nach dem Äon (LUT: »Art«; sch: »Lauf«; ELB: »Zeitlauf«; MEN: »Zeitgeist«) dieses Kosmos« (Anm. d. Übers.).

Bibelstellen wie diese setzen voraus, dass das derzeitige Zeitalter böse ist und immer böse sein wird. Wäre dem nicht so, dann könnte einst der Tag kommen, an dem die Verfolgung der Christen aufhört und es nicht mehr falsch wäre, sich diesem Zeitalter anzupassen; dann wäre Satan nicht mehr der Gott dieses Zeitalters, und Paulus' Bezeichnung dieser Ära als »böse« träfe nicht mehr zu. Dann könnte man nach dem Lauf dieser Welt wandeln und zugleich gerecht sein. All das steht jedoch im Widerspruch zu dem, was diese Schriftstellen klipp und klar aussagen.

Solche Bibelverse stellen Postmillennialisten vor ein ernsthaftes Problem: Sie lehren, dass das Gute in diesem Zeitalter über das Böse triumphieren werde. Gerechtigkeit und Friede würden demzufolge Ungerechtigkeit und Hass in diesem Zeitalter überwinden. Postmillennialisten würden ihre Lehre vielleicht so rechtfertigen: Sie glaubten zwar nicht, dass dieses Zeitalter vollkommen wird oder jeder Einzelne sich bekehrt, aber sind überzeugt, dass das Gute in diesem Zeitalter grundsätzlich über das Böse triumphieren werde. Wenn die Bibel aber voraussetzt, dass dieses Zeitalter (das erst mit der Wiederkunft Christi enden wird) böse ist und immer böse sein wird, dann lehrt sie etwas, das dem Postmillennialismus offen widerspricht.

	Dieses Zeitalter = böse	Das kommende Zeitalter = gut
Lk 16,8	die Söhne dieses Zeitalters	die Söhne des Lichts
Mk 10,30	Verfolgungen (für die Jünger Christi)	ewiges Leben (für die Jünger Christi)
Röm 12,2	»seid nicht gleichförmig diesem Zeitalter«	»werdet verwandelt durch die Erneuerung des Sinnes« (im Voraus entsprechend der neuen Schöpfung)
2Kor 4,4	Satan ist »der Gott dieses Zeitalters«	die »Herrlichkeit des Christus, der Gottes Bild ist«
Gal 1,4	das gegenwärtige böse Zeitalter	Erlöst für das künftige Zeitalter der Gerechtigkeit
Eph 2,2	»... einst wandeltet [ihr] abhängig vom Zeitgeist dieser Welt« (MEN)	Sinngemäß: Jetzt wandelt ihr nach dem Maßstab des kommenden Zeitalters.

These 2: Das Ende dieses Zeitalters

These 2 besagt: Dieses Zeitalter befindet sich in seinen *letzten Tagen*. Einige der Stellen, an denen die Zwei-Zeitalter-Terminologie vorkommt, besagen, dass dieses Zeitalter sich in seinen letzten Tagen befindet. 1. Korinther 2,6 betont dies durch den Gebrauch des Präsens: »Wir reden allerdings Weisheit unter den Gereiften; aber nicht die Weisheit dieser Weltzeit, auch nicht der Herrscher dieser Weltzeit, *die vergehen* ...« (SCH). Wörtlich heißt dieses Präsens, »... die im Vergehen begriffen sind«; Paulus schreibt also nicht, dass sie erst in ferner Zukunft irgendwann vergehen werden. Ein solches Präsens findet sich ebenfalls in 1. Johannes 2,17-18: »Und die Welt *vergeht* und ihre Begierde; wer aber den Willen Gottes tut, bleibt in Ewigkeit. Kinder, es ist die letzte Stunde ...« Man vergleiche damit Vers 8 im selben Kapitel: »Wiederum schreibe ich euch ein neues Gebot, das, was wahr ist in ihm [Christus] und in euch, weil die *Finsternis vergeht und das wahrhaftige Licht schon leuchtet.*« Dasselbe besagt auch das Präsens in Hebräer 9,26: »... sonst hätte er oftmals leiden müssen von Grundlegung der Welt an –; jetzt aber ist er einmal in der Vollendung der Zeitalter offenbar geworden, um durch sein Opfer die Sünde aufzuheben.« Ähnlich sagt es 1. Korinther 10,11: »Alles dies aber widerfuhr jenen als Vorbild und ist geschrieben worden zur Ermahnung für uns, über die das Ende der Zeitalter gekommen ist.« Jakobus schreibt: »... ihr habt Schätze gesammelt in den letzten Tagen« (Jak 5,3; vgl. Hebr 1,2; 1Petr 1,20). Und Paulus warnt Timotheus vor den bösen Menschen in den »letzten Tagen« und ermahnt ihn schon damals: »Von diesen wende dich weg!« (2Tim 3,1.5).

Seit dem Kommen Christi und seiner Auferstehung ist dieses Zeitalter in seinen »letzten Tagen«. Es ist im Verschwinden begriffen. In manchen Kreisen ist es populär, jene Christen lächerlich zu machen, die ständig davor warnen, dass wir in den letzten Tagen oder der Endzeit leben. Dennoch ist es wahr, dass mit dem ersten Kommen Christi die letzten Tage dieses Zeitalters angebrochen sind. Das hat für Christen ernste, praktische Auswirkungen auf ihren alltäglichen Lebenswandel. Es liegt eine Gefahr darin, jene zu verspotten, die das Neue Testament missverstehen und extreme Ansichten über die unmittelbar bevorstehende Wiederkunft Christi lehren. Denn wir müssen uns selber davor hüten, aus den Augen zu verlieren, dass

Christus tatsächlich bald wiederkommt. Wenn wir diese Erwartungshaltung verlieren, verlieren wir einen wichtigen praktischen Schwerpunkt neutestamentlicher Eschatologie.

Die letzten Tage dieses Zeitalters

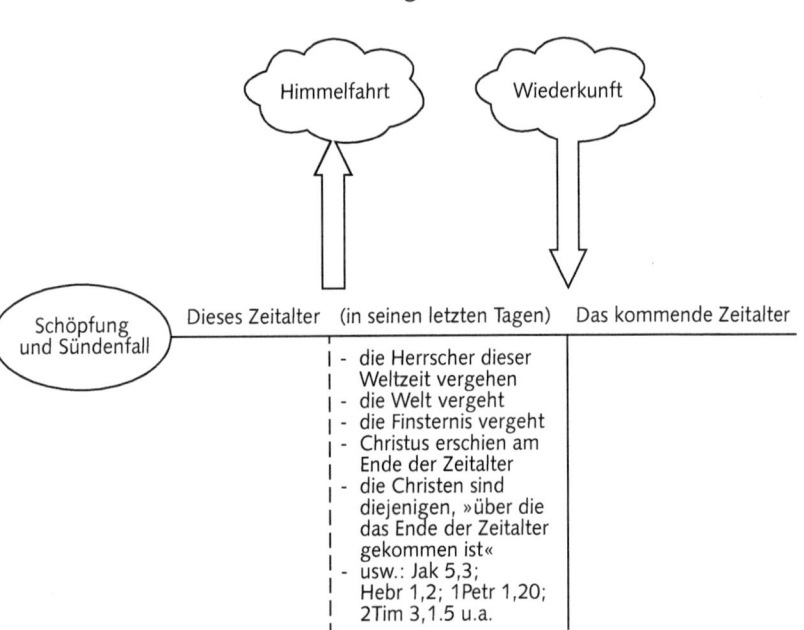

These 3: Der Vorgeschmack des künftigen Zeitalters

These 3 lautet: Die Kräfte des zukünftigen Zeitalters sind *bereits im jetzigen Zeitalter angebrochen und wirksam.*

Das Neue Testament belegt bzw. erweitert unser Verständnis der Zwei-Zeitalter-Struktur der Heilsgeschichte am auffallendsten dadurch, dass die Kräfte des zukünftigen Zeitalters im jetzigen Zeitalter gewissermaßen schon angebrochen und wirksam geworden sind. Eine deutliche Stelle hierzu ist Hebräer 6,4-6:

> Denn es ist unmöglich, diejenigen, die einmal erleuchtet worden sind und die himmlische Gabe geschmeckt haben und des Heiligen Geistes

teilhaftig geworden sind und das gute Wort Gottes und die Kräfte des zukünftigen Zeitalters geschmeckt haben und doch abgefallen sind, wieder zur Buße zu erneuern, da sie für sich den Sohn Gottes wieder kreuzigen und dem Spott aussetzen.

Der Ausdruck »Kräfte« in diesem Vers ist einer der neutestamentlichen Begriffe für Wunder. Somit geht es hier um die Gaben der Zeichen und Wunder, welche die Predigt des Evangeliums am Anfang des neutestamentlichen Zeitalters begleiteten. Diese Zeichengaben kündigten das Kommen des Reiches und den Anbruch des künftigen Zeitalters an. Das Vorhandensein dieser Zeichengaben war also eine Proklamation, dass das kommende Zeitalter angebrochen ist.

Dies legt die Gleichung nahe: »das kommende Zeitalter« = »die Herrschaft Christi«. Da die Herrschaft Christi bereits begonnen hat (Hebr 2,9; Eph 1,21), muss das kommende Zeitalter in einem gewissen Sinn ebenfalls schon begonnen haben.

Andere neutestamentliche Stellen stützen diese Annahme ausdrücklich. Das kommende Zeitalter ist das Zeitalter der Auferstehung (Lk 20,34-36). Die Auferstehung jedoch hat bereits begonnen; Christus ist »der Erstling der Entschlafenen« (1Kor 15,20-23):

Nun aber ist Christus aus den Toten auferweckt, der Erstling der Entschlafenen; denn da ja durch einen Menschen der Tod kam, so auch durch einen Menschen die Auferstehung der Toten. Denn wie in Adam alle sterben, so werden auch in Christus alle lebendig gemacht werden. Jeder aber in seiner eigenen Ordnung: der Erstling, Christus; sodann die, welche Christus gehören bei seiner Ankunft ...

Dies erklärt auch den seltsamen Ausdruck in Apostelgeschichte 4,2: »Sie waren aufgebracht darüber, dass sie das Volk lehrten und *in Jesus die Auferstehung aus den Toten verkündigten.*« Noch eine weitere biblische Parallele lässt sich anführen: So wie dieses Zeitalter die Zeit der alten Schöpfung ist, so ist das kommende Zeitalter die Zeit der neuen Schöpfung. Die neue Schöpfung ist zwar noch nicht in ganzer Erfüllung da, doch ist sie seit der Auferstehung Christi schon angebrochen:[16]

---

16 Statt unter dem Namen »Überlappen der Zeitalter« ist dieses Konzept auch bekannt

Daher, wenn jemand in Christus ist, so ist er eine neue Schöpfung; das Alte ist vergangen, siehe, Neues ist geworden. (2Kor 5,17)

Denn weder Beschneidung noch Unbeschnittensein gilt etwas, sondern eine neue Schöpfung. (Gal 6,15)

Das folgende Schaubild zeigt, wie sich beide Zeitalter überlappen:[17]

Das Überlappen der Zeitalter

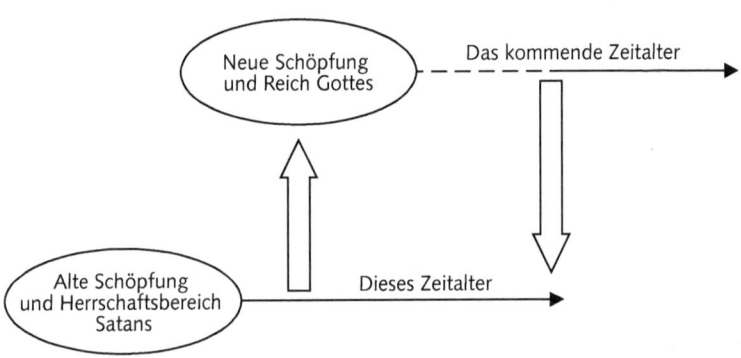

Die erweiterten Thesen, die wir in diesem Kapitel vorstellen, lassen das einfache Grundschema des vorherigen Kapitels vielleicht etwas kompliziert erscheinen, aber der folgende Vergleich dürfte jede Schwierigkeit beiseite räumen. Stellen Sie sich ein junges Ehepaar vor, das sich Kinder wünscht. Mehrere Jahre lang erfüllt sich ihr Wunsch nicht; immer wieder ist der Schwangerschaftstest negativ. Eines Tages

---

als »Schon-jetzt/noch-nicht-Prinzip« oder »inaugurierte (d.h. eingeläutete oder bereits angebrochene) Eschatologie«. Dieses Prinzip findet sich durchgängig im Neuen Testament und ist ein wichtiges Prinzip für das Verständnis biblischer Eschatologie: Heilsrealitäten wie das Reich Gottes, der neue, wahre Tempel usw. sind seit Pfingsten in geistlicher Weise bereits da, aber noch nicht in letztendlicher Erfüllung. Anhand des Tempels ist dieses Prinzip sehr ausführlich behandelt in Gregory Beale: *Der Tempel aller Zeiten* (Oerlinghausen: Betanien Verlag 2011; Anm. des. Übers.).

17 Zur hier gezeigten Grafik angeregt hat mich ein Schaubild in Geerhardus Vos, *Pauline Eschatology* (Grand Rapids: Eerdmans, 1972), S. 38. Es ist nicht übertrieben zu sagen, dass Vos' Konzept und Schaubild in seinem Buch *Pauline Eschatology* von wegweisender Bedeutung für das eschatologische Denken sind.

schließlich verkündet die Frau ihrem Mann nach einem Arztbesuch die freudige Nachricht: »Schatz, ich bin schwanger, wir sind eine Familie!« Eine neue Ära hat begonnen! Wirklich? Nach einer Woche hat sich nicht viel verändert. Vor ihnen liegen noch mehrere Monate Schwangerschaft, bevor sie das Kind in den Armen halten können. Natürlich mehren sich die Anzeichen, dass etwas geschieht: das Babyzimmer wird neu eingerichtet; der Bauch der Mutter wird immer größer, wie auch die Nervosität des Vaters. Doch trotz alledem halten sie noch kein Baby im Arm; es ist noch unsichtbar.

Genauso ist es mit dem kommenden Zeitalter und dem Reich Gottes: Das kommende Zeitalter ist in gewisser Weise schon wirklich angebrochen, doch es ist noch nicht mit äußerlich sichtbarer Herrlichkeit real geworden. So wie sich die Phasen des Familienlebens überlappen, so überlappen sich auch die Phasen der Heilsgeschichte: Schon jetzt ist die Weltgeschichte mit dem kommenden Zeitalter quasi schwanger.

Die biblische Lehre der zwei Zeitalter allgemein und insbesondere das Überlappen der zwei Zeitalter sind für Christen von enormer Bedeutung, sowohl in praktischer als auch in lehrmäßiger Hinsicht. Im Vorwort sprach ich davon, dass wir eine Eschatologie brauchen, die das Evangelium enthält. Dementsprechend möchte ich hier einige Beispiele nennen, welche praktische und evangelistische Bedeutung dieses eschatologische Konzept hat.

1. Dieses Konzept erklärt sehr gut die zwei Phasen der Errettung.

Mit anderen Worten: Es erklärt, warum die Bibel von der Errettung ständig so spricht, dass sie einerseits schon jetzt da ist und andererseits doch noch nicht in letztendlicher Weise. Überall setzt die Bibel voraus, dass die Errettung sich in zwei Phasen unterteilt. Man kann über viele Aspekte der Errettung sagen, dass sie schon jetzt Wirklichkeit, aber noch nicht letztendlich erfüllt sind. Die Tabelle auf der folgenden Seite listet dazu einige Beispiele auf.

Der Grund für dieses Schon-jetzt-/noch-nicht-Schema liegt darin, dass das Reich Gottes, das das Heil bringt, sich in zwei Phasen entfaltet. Eigentlich entspricht das Reich Gottes dem kommenden Zeitalter, aber in gewisser Weise überlappt sich das kommende mit dem jetzigen Zeitalter.

Aspekt der Errettung	schon jetzt Wirklichkeit	noch nicht letztendlich erfüllt
Rechtfertigung	Röm 5,1	Mt 12,37
Kindschaft, Sohnschaft	Röm 8,14-16	Röm 8,23
Loskauf, Erlösung	Eph 1,7	Eph 4,30
ewiges Leben	Joh 3,36	Mt 25,46
Ruhe	Mt 11,29	Hebr 4,9-11

Eine von vielen wichtigen praktischen Folgen, die sich für Christen hieraus ergeben, ist diese: Es ist nötig, bis zum ewigen Leben im christlichen Glaubenswandel auszuharren. Die meisten heutigen Evangelikalen verstehen nicht, warum Ausharren nötig ist, weil sie die Errettung lediglich als etwas verstehen, was sie bereits »in der Tasche« haben. Laut dem Neuen Testament ist die Errettung aber auch etwas, was sie erst noch empfangen müssen! Deshalb werden Christen, die in Christus ihre Ruhe gefunden haben (Mt 11,28-30), ermahnt: »Lasst uns nun eifrig sein, in jene Ruhe einzugehen, damit nicht jemand nach demselben Beispiel des Ungehorsams falle!« (Hebr 4,11).

Die Errettung zeichnet sich durch zwei Phasen aus

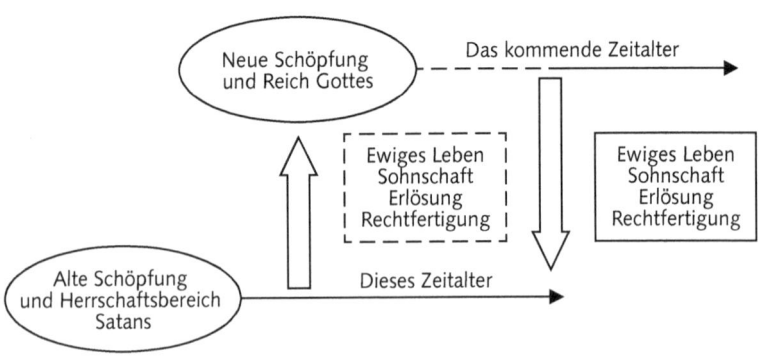

2. Dieses Konzept erklärt auch die ethische Spannung im Leben des Christen.

Oft wird unter Christen gelehrt, man solle Erfahrungen suchen, die uns aus der Spannung befreien, die das Leben in dieser Periode der überlappenden Zeitalter kennzeichnet. Man lehrt, wir sollen in diesem Zeitalter ein höheres oder tieferes Leben, ein siegreicheres Leben, einen »zweiten Segen« oder eine Geistestaufe erleben, um aus den Konflikten, Sorgen und Versuchungen dieses Zeitalters befreit zu werden. Allerdings ist die einzige Möglichkeit, dem Kampf mit der Sünde und den Sorgen des jetzigen Zeitalters zu entfliehen, das Abscheiden aus dieser Welt. Der Christ muss entweder sterben und in den Himmel kommen oder bei der Wiederkunft Christi in das kommende Zeitalter eingehen. Eine Lehre, die dem Christen verspricht, dass alle Probleme und Versuchungen in diesem Leben aufhören, tut ihm nichts Gutes. Das biblische Konzept der überlappenden Zeitalter ermahnt uns, dass es in diesem Zeitalter keinen Segen gibt, auf den nicht Versuchung folgt, keine Freude, auf die nicht Sorge folgt, und keinen endgültigen Sieg über die Sünde, die immer noch in uns wohnt. Christen müssen sich vor dem Wahn hüten, es müsse ihnen

Das Überlappen der Zeitalter
und die Spannung im Glaubenswandel des Christen

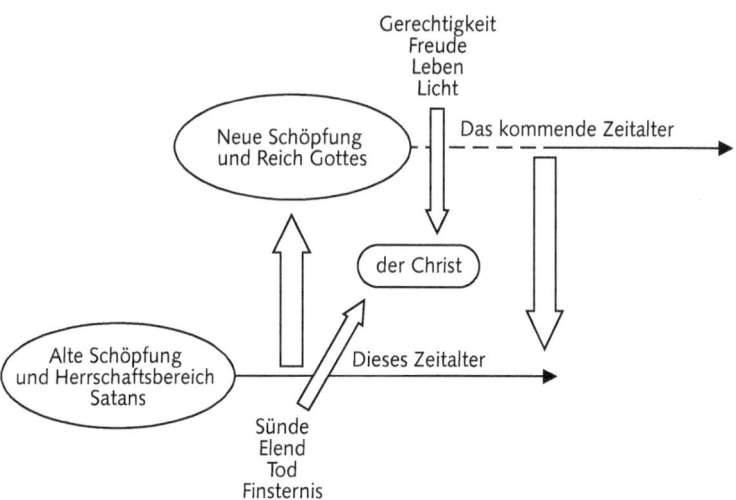

immer nur himmelhoch jauchzend gut gehen. Wir müssen uns vor der »christlichen Höhenkrankheit« hüten. In diesem Zeitalter werden wir niemals nur auf Himmelshöhen wandeln. Uns gilt stets das Wort: »Jauchzt mit Zittern!« (Ps 2,11). Wenn Christen nach Erfahrungen suchen, die ihnen die Bibel für dieses Leben gar nicht verheißt, dann werden sie enttäuscht und nicht imstande sein, die Segnungen angemessen zu genießen, die Gott ihnen in diesem Leben gibt. Wenn wir uns aber nüchtern auf die biblischen Verheißungen und Segnungen für die Jetztzeit beschränken, werden wir besser gerüstet sein, der Wirklichkeit des Christenlebens direkt ins Auge zu sehen, den guten Kampf des Glaubens zu kämpfen, den Lauf zu vollenden und so zu laufen, dass wir gewinnen.

Das Überlappen der Zeitalter und die Zukunft der Gemeinde

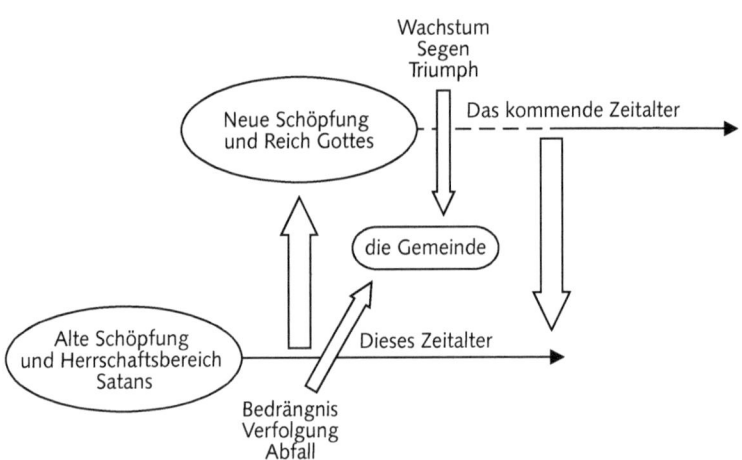

3. Dieses Konzept erklärt auch gut die Zukunft der Gemeinde. Wir dürfen kein »goldenes Zeitalter« vor der Wiederkunft Christi erwarten. Das würde sonst bedeuten, das Wesen des jetzigen Zeitalters zu leugnen. Wir dürfen aber auch ebenso wenig »Pessimillennialisten« werden und in der sichtbaren Gemeinde nichts als Abfall vom Glauben sehen. Auch das hieße, das Überlappen der Zeitalter zu übersehen. Die Gemeinde wird durch die wirksamen Kräfte des kommenden Zeitalters belebt, die schon mit dem ersten Kommen Christi in diese Welt gekommen sind. Wer den Leuten sagt, sie sollten im sinkenden Schiff namens Gemeinde keine Gläser polieren, erliegt einem tragischen Irrtum. Wer lehrt, dass diese Haushaltung der Gemeinde (wie jede andere Haushaltung) unweigerlich in Versagen und Abfall enden müsse, liegt verkehrt. Eine solche Lehre schwächt Christen, das Werk zu tun, zu dem Gott sie bestimmt hat: die Gemeinde Christi zu erbauen. Sowohl der finster dreinblickende Pessimist als auch der unverbesserliche Optimist haben eine unausgewogene Sichtweise über die Zukunftsaussichten der Gemeinde. Wer die biblische Sicht vertritt, versteht, dass die Zeitalter einander überlappen, und harmonisiert diese gegensätzlichen Standpunkte zu einem realistischen Optimismus.

Abschließende Bemerkungen

Mit dieser Darstellung des biblischen Eschatologie-Modells wollte ich zeigen, dass die meisten größeren Probleme und Verwirrung geklärt werden, wenn man die klaren, wörtlich gemeinten Stellen und allgemeinen Lehren der Bibel studiert. Die klaren, wörtlich gemeinten und allgemeinen Aussagen der Bibel vermitteln uns eine Sicht der Geschichte und insbesondere der Zukunft, die schlicht und doch zugleich von größter Tragweite ist. Diese einfache, biblische Struktur der Heilsgeschichte lässt weder Raum für den Prä- noch für den Postmillennialismus. Sie wappnet den Gläubigen außerdem mit einem realistischen, kämpferischen Optimismus, mit dem er den guten Kampf des Glaubens in diesen einander überlappenden Zeitaltern führen kann. Zuletzt wirft dieses biblische Modell ein erstaunliches Licht auf Lehrthemen, die weit über die engen Grenzen dessen hinausgehen, was man sich gewöhnlich unter Eschatologie vorstellt, u. a. betrifft sie auch das Leben als Christ und die Erwartung der Gemeinde. Der Leser muss sein eigenes Urteil fällen; der Autor aber meint, dem Anspruch gerecht geworden zu sein, dass dieses das *biblische* Modell der Eschatologie ist.

KAPITEL 5

Die Trennungslinie:
Das Jüngste Gericht

Der Tag des Gerichts ist für das Studium der Eschatologie ein überaus wichtiges und praktisches Thema. Die Bibel offenbart darüber eine ganze Menge. Das Wort »Tag« im Sinne von »Tag des Gerichts« kommt im Neuen Testament 58 Mal vor. Es ist etwas Grundlegendes und einer der »Anfangsgründe der Lehre Christi« (Hebr 6,1-3). Ich möchte nochmals betonen, dass wir bei der Aufstellung des biblischen Prophetiemodells weder auf eschatologische Details noch auf Randfragen eingehen werden.

Die folgende Abhandlung ist jedenfalls nicht als umfassende Ausarbeitung über den Tag des Gerichts gedacht. Wir interessieren uns hier einfach nur dafür, inwiefern das Jüngste Gericht dazu beiträgt, Klarheit über das eschatologische System zu gewinnen, das die Bibel lehrt. Wir fragen: Wie hilft uns diese Lehre, unter den verschiedenen eschatologischen Modellen das richtige zu wählen, das der Schrift entspricht?

Dieses Kapitel vertritt die These: Es wird nur ein einziges Gericht über alle Menschen geben, über Lebende und Tote, Gerechte und Ungerechte; und dieses Gericht wird bei der Wiederkunft Christi stattfinden. Das Urteil wird entweder »ewiges Leben« oder »ewige Strafe« lauten. Diese These besteht aus drei Punkten:

- Der *Geltungsbereich* des Gerichts umfasst alle Menschen, Lebende wie Tote.
- Der *Zeitpunkt* des Gerichts ist die Wiederkunft Christi.
- Der *Ausgang* dieses Gerichts ist entweder ewiges Leben oder ewige Strafe.[18]

---

18 Diese These ist nicht neu. Sie ist genau das, was das Baptistische Glaubensbekenntnis von 1689 lehrt (32,1-3), ebenso wie das Bekenntnis von Westminster (33,1-3).

In den vorangehenden Kapiteln haben wir die gesamte Heilsgeschichte betrachtet, unterteilt in zwei Zeitalter. In diesem Kapitel wollen wir unseren Blick nur auf die Trennungslinie zwischen beiden Zeitaltern fokussieren. Wenn die These dieses Kapitels zutreffend ist, wird sie enorm dazu beitragen, Klarheit in unser eschatologisches System zu bringen. Wenn das Gericht bei der Wiederkunft Jesu stattfindet, ausnahmslos alle Menschen umfasst und dabei entschieden wird, wo man die Ewigkeit verbringen wird, dann wird das viele der Schlussfolgerungen aus den vorangehenden Kapiteln enorm unterstreichen.

Unsere Vorgehensweise wird nicht darin bestehen, dass wir all die vielen Bibelstellen zu dem Thema untersuchen, sondern wir werden uns den drei klassischen Schriftstellen widmen, die das Gericht umfassend thematisieren:[19] a) Matthäus 25,31-46, b) Römer 2,1-16 und c) 2. Petrus 3,1-18.

a) Matthäus 25,31-46

Wenn aber der Menschensohn in seiner Herrlichkeit kommt und alle Engel mit ihm, dann wird er sich auf den Thron seiner Herrlichkeit setzen; alle Völker werden dann vor ihm versammelt werden, und er wird sie voneinander scheiden, wie der Hirte die Schafe von den Böcken scheidet; und er wird die Schafe zu seiner Rechten, die Böcke aber zu seiner Linken stellen. Dann wird der König zu denen auf seiner rechten Seite sagen: »Kommt her, ihr von meinem Vater Gesegneten! Empfangt als euer Erbe das Königtum, das für euch seit Grundlegung der Welt bereitgehalten ist. Denn ich bin hungrig gewesen, und ihr habt mir zu essen gegeben; ich bin durstig gewesen, und ihr habt mir zu trinken gereicht; ich bin ein Fremdling gewesen, und ihr habt mich beherbergt; ich bin ohne Kleidung gewesen, und ihr habt mich gekleidet; ich bin krank gewesen, und ihr habt mich besucht; ich habe im Gefängnis gelegen, und ihr seid zu mir gekommen.« Dann werden ihm die Gerechten antworten: »Herr, wann haben wir dich hungrig

---

19 In meinem Buch *Das baptistische Glaubensbekenntnis von 1689: eine Erklärung für unseren Glauben heute* (Hamburg: RVB, 2002), S. 487-498, verfolge ich denselben Grundansatz, aber dort ist die Abhandlung einfacher und nicht so ausführlich wie hier. Dort behandle ich sieben der wichtigsten neutestamentlichen Stellen über das Gericht.

gesehen und haben dich gespeist? Oder durstig und haben dir zu trinken gereicht? Wann haben wir dich als Fremdling gesehen und haben dich beherbergt? Oder ohne Kleidung und haben dich bekleidet? Wann haben wir dich krank oder im Gefängnis gesehen und sind zu dir gekommen?« Dann wird der König ihnen antworten: »Wahrlich ich sage euch: Alles, was ihr einem von diesen meinen geringsten Brüdern getan habt, das habt ihr mir getan.«

Dann wird er auch zu denen auf seiner linken Seite sagen: »Hinweg von mir, ihr Verfluchten, in das ewige Feuer, das für den Teufel und seine Engel bereitet ist! Denn ich bin hungrig gewesen, aber ihr habt mir nichts zu essen gegeben; ich bin durstig gewesen, aber ihr habt mir nichts zu trinken gereicht; ich bin ein Fremdling gewesen, aber ihr habt mich nicht beherbergt; ohne Kleidung, aber ihr habt mich nicht bekleidet; krank und im Gefängnis (habe ich gelegen), aber ihr habt mich nicht besucht.« Dann werden auch diese antworten: »Herr, wann haben wir dich hungrig oder durstig, als einen Fremdling oder ohne Kleidung, wann krank oder im Gefängnis gesehen und haben dir nicht gedient?« Dann wird er ihnen zur Antwort geben: »Wahrlich ich sage euch: Alles, was ihr einem von diesen Geringsten nicht getan habt, das habt ihr auch mir nicht getan.« Und diese werden in die ewige Strafe gehen, die Gerechten aber in das ewige Leben. (MEN)

Der *Zeitpunkt* des Gerichts, das diese Stelle beschreibt, ist unzweifelhaft klar, denn Vers 31 beginnt: »Wenn aber der Menschensohn in seiner Herrlichkeit kommt und alle Engel mit ihm ...« Hier ist also eindeutig die Wiederkunft Christi gemeint. Der gesamte vorangehende Kontext der Ölbergrede bestätigt dies, da die Wiederkunft Christi deren Thema ist (Mt 24,3.14.27.30f.37.42.46.50; 25,6.10.13.19).

Der *Ausgang* des Gerichts wird in Vers 46 ebenfalls klar genannt. Es geht um ewiges Leben und ewige Strafe. Die Ausdrucksweise in diesem Kontext verdeutlicht, in welchem dauerhaften eschatologischen Zustand man die Ewigkeit verbringen wird. Natürlich wird dabei vorausgesetzt, dass die Gerechten wie auch die Ungerechten auferstanden sind.

Zeitpunkt und Thema des Gerichts von Matthäus 25,31ff lassen sich nur schwerlich in Frage stellen. Was jedoch den *Geltungsbereich* betrifft, haben manche alternative Deutungen ersonnen, um zu behaupten, man dürfe dieses Ereignis nicht als Gericht über alle

Menschen verstehen. Natürlich macht auch hier der Sprachgebrauch dieser Bibelstelle eine solche Deutung recht schwierig, da Matthäus 25,32 klar besagt, dass »alle Völker ... vor ihm versammelt werden«. Trotzdem haben Prämillennialisten Auslegungen entwickelt, um diesen Bezug auf »alle Völker« irgendwie einzuschränken.

Die Schlüsselfrage hier ist somit eindeutig: Was bedeutet der Ausdruck »alle Völker«? Schließt er das jüdische Volk ein oder bezieht er sich ausschließlich auf die Heiden? Zunächst einmal muss man den Ausdruck »alle Völker« im Rahmen seines Kontextes im Matthäusevangelium verstehen. Wenn das Wort »Völker« wie hier im Plural steht, sind damit die Heidenvölker gemeint und es kann durchaus auch mit »Heiden« übersetzt werden (6,32; 10,5.18; 12,18.21; 20,19.25). Die Sache sieht jedoch beim Ausdruck »alle Völker« ganz anders aus. Dieser kommt bei Matthäus an drei weiteren Stellen vor (24,9.14; 28,19). Wenn Matthäus 24,9 davon spricht, dass die Jünger Christi »von allen Völkern gehasst werden«, gibt es guten Grund zu der Annahme, dass dies auch das jüdische Volk einschließt. Dass der Kontext den Schwerpunkt auf die Zerstörung Jerusalems und die abgefallene jüdische Nation legt, macht es äußerst unwahrscheinlich, dass die Juden nicht zu denjenigen Völkern gehören, die die Jünger Christi hassen und verfolgen. In Matthäus 24,14 und 28,19 wird der Ausdruck »alle Völker« benutzt, um den universalen Rahmen des Missionsauftrags der Gemeinde zu bezeichnen. Dieser Rahmen schließt natürlich die Juden ein (Apg 1,8; Röm 1,16f). Ausdrücklich sagt das Lukas 24,46-47, die Parallelstelle zu Matthäus 28,19:

> ... und [er] sagte zu ihnen: »So steht geschrieben: Christus muss leiden und am dritten Tage von den Toten auferstehen, und auf Grund seines Namens muss Buße zur Vergebung der Sünden bei allen Völkern gepredigt werden, zuerst aber in Jerusalem.« (MEN)

An Schriftstellen wie diesen verschwindet der Unterschied zwischen Juden und Heiden und beide werden als »Völker« (oder »Nationen«, griechisch *ethnos*) bezeichnet. Der Ausdruck »alle Völker« oder »alle Nationen« bezeichnet somit die ganze Welt – Juden wie Heiden –, an die sich die Predigt des Evangeliums in den letzten Tagen richtet.

Matthäus 25,31-46 ist der letzte, triumphale Abschnitt des Gerichtsthemas, das sich durch das gesamte Matthäusevangelium zieht (Mt 7,22; 11,20-24; 12,36-42; 16,26f usw.). Man muss Matthäus 25,31-46 im Einklang mit diesen anderen Stellen deuten, die immer von einem einzigen Gericht oder Tag des Gerichts sprechen. Alle diese Schriftstellen lehren, dass Völker der Vorzeit, Städte aus Jesu Tagen (d. h. deren Bewohner), »jeder Mensch« und »alle Nationen« der gesamten Weltgeschichte dort versammelt sein werden. Man muss Matthäus 25,31-46 so verstehen, dass der Geltungsbereich dieses Gerichts ausnahmslos alle Menschen umfasst.

b) Römer 2,5-16

Aber aufgrund deiner Verstocktheit und deines unbußfertigen Herzens häufst du dir selbst Zorn auf für den Tag des Zorns und der Offenbarung des gerechten Gerichtes Gottes, der jedem vergelten wird nach seinen Werken: denen nämlich, die mit Ausdauer im Wirken des Guten Herrlichkeit, Ehre und Unvergänglichkeit erstreben, ewiges Leben; denen aber, die selbstsüchtig und der Wahrheit ungehorsam sind, dagegen der Ungerechtigkeit gehorchen, Grimm und Zorn! Drangsal und Angst über jede Menschenseele, die das Böse vollbringt, zuerst über den Juden, dann auch über den Griechen; Herrlichkeit aber und Ehre und Friede jedem, der das Gute tut, zuerst dem Juden, dann auch dem Griechen. Denn bei Gott gibt es kein Ansehen der Person; alle nämlich, die ohne Gesetz gesündigt haben, werden auch ohne Gesetz verlorengehen; und alle, die unter dem Gesetz gesündigt haben, werden durch das Gesetz verurteilt werden – denn vor Gott sind nicht die gerecht, welche das Gesetz hören, sondern die, welche das Gesetz befolgen, sollen gerechtfertigt werden. Wenn nämlich Heiden, die das Gesetz nicht haben, doch von Natur aus tun, was das Gesetz verlangt, so sind sie, die das Gesetz nicht haben, sich selbst ein Gesetz, da sie ja beweisen, dass das Werk des Gesetzes in ihre Herzen geschrieben ist, was auch ihr Gewissen bezeugt, dazu ihre Überlegungen, die sich untereinander verklagen oder auch entschuldigen – an dem Tag, da Gott das Verborgene der Menschen durch Jesus Christus richten wird nach meinem Evangelium. (SCH)

Diese Schlüsselstelle zum Thema Gericht steht innerhalb des größeren Abschnitts im Römerbrief über »die Offenbarung des Zornes Gottes über alle Menschen« (Röm 1,18 – 3,20). Römer 1,18 – 2,16 handelt vom Zorn Gottes über alle Menschen im Allgemeinen. Anschließend stellt Paulus in 2,17 – 3,8 Gottes Zorn über die Juden im Besonderen heraus. Römer 3,9-20 zieht dann die allgemeine Schlussfolgerung.[20]

Erneut werden wir einfach fragen, was diese Stellen über den Zeitpunkt, den Ausgang und den Geltungsbereich des Gerichts sagen, um das es hier geht.

Sein *Ausgang* ist völlig eindeutig. Im positiven Fall lautet das Urteil »ewiges Leben«. In Vers 7 wird dies mit den Begriffen Herrlichkeit, Ehre, Unvergänglichkeit und ewiges Leben beschrieben; Vers 10 spricht von Herrlichkeit, Ehre und Frieden. Diese Worte beschreiben eindeutig das Glück der Ewigkeit und der Auferstehung.

Der negative Ausgang dieses Gerichts ist ebenso eindeutig. Es ist der ewige Tod, die ewige Strafe. Dass Paulus dies dem ewigen Leben (V. 7) gegenüberstellt, macht klar, dass er ewige Qualen schildert. Dieser Schluss ergibt sich aus der Formulierung: Die ganze Wortwahl von Paulus weist auf die Qualen der ewigen Strafe hin. Das trifft auch auf Vers 5 zu, der vom »Zorn« und »gerechten Gericht Gottes« spricht, ebenso auf Vers 8 (»Zorn und Grimm«), Vers 9 (»Bedrängnis und Angst«) und Vers 12, wo von denen die Rede ist, die »verloren gehen«.

---

20 Diese Gliederung von Römer 1,18 – 3,8 wird durch folgende Punkte gestützt:

    a) Römer 1,16 spricht von Juden und Griechen. Dieser Geltungsbereich bzw. diese Zielgruppe gilt auch weiter in Vers 18, wo dieselben Angesprochenen »Menschen« genannt werden, d. h. alle Menschen allgemein.

    b) In Römer 1,18-32 geht es nicht ausschließlich um Heiden. Vers 23 spielt auf Psalm 106,20 und Jeremia 2,11 an; diese Stellen sprechen direkt von Juden.

    c) Nichts weist darauf hin, dass sich die Zielgruppe in Kapitel 2,1 geändert hätte. Es heißt dort allgemein: »O Mensch, wer du auch sein magst, der du dich zum Richter über andere machst ...« (MEN). Die verwendete Formulierung bildet einen logischen Zusammenhang: Das »Daher«, mit dem Vers 1 beginnt, verbindet diesen Vers mit dem vorhergehenden Abschnitt. Wenngleich die Rede vom Richten durchaus zu Juden passt, trifft sie auch auf Heiden zu (2,15).

    d) Sowohl Juden als auch Griechen sind in Römer 2,1-16 eingeschlossen; vgl. besonders 2,6-15. Diese Verse wären daher in einem Abschnitt, der angeblich nur von Juden spricht, unangebracht!

    e) Man beachte, dass das Wort »Menschen« sowohl in Römer 1,18 als auch in 2,16 vorkommt. Dies grenzt den Abschnitt ein und zeigt, dass hier durchgängig Menschen allgemein gemeint sind.

    f) Der Punkt, an dem Paulus speziell auf die Juden zu sprechen kommt, ist klar gekennzeichnet: »Wenn du dich aber einen Juden nennst ...« (Vers 17). Im gesamten Verlauf von Römer 1,18 – 3,8 ist dies der einzige eindeutige Wechsel der Bezugsgruppe.

Ebenso klar ist, was Paulus über den *Geltungsbereich* dieses Gerichts lehrt. Allgemein gilt dieses Gericht »jedem« Menschen (V. 6); es betrifft »alle Seelen der Menschen, die Böses tun« (V. 9); alle, »die Gutes tun« (V. 10) sowie »alle, die ohne Gesetz gesündigt haben« und »alle, die unter dem Gesetz gesündigt haben« (V. 12; LUT). Insbesondere bezieht sich dies hier auf Gerechte und Ungerechte (V. 7-10), Juden wie auch Heiden (V. 9-12, wo »Grieche« repräsentativ für den Menschen ohne Gesetz steht) sowie auf die Lebenden und die Toten. (Dies sagt Paulus implizit, wenn er voraussetzt, dass sowohl seine Zeitgenossen als auch die Menschen früherer Zeiten in dieses Gericht kommen; man beachte das Präsens in V. 4.5.7-10.)

Der *Zeitpunkt* dieses Gerichts wird ebenfalls ausdrücklich klar benannt. Die folgenden Argumente zeigen eindeutig, dass dieses Gericht bei der Wiederkunft Christi stattfinden wird: Erstens zeigt dies die deutliche sprachliche Parallele zwischen den Versen 6 und 16 und Matthäus 16,27, wo es ausdrücklich um die Wiederkunft Christi geht: »Denn der Sohn des Menschen wird kommen in der Herrlichkeit seines Vaters mit seinen Engeln, *und dann wird er einem jeden vergelten nach seinem Tun.*«

Zweitens besteht eine Parallele zwischen dem Lohn in Vers 7 und 10 und dem Lohn, der den Christen bei der Wiederkunft Christi zuteilwird. Vers 7 spricht vom »ewigen Leben«, ebenso wie Matthäus 25,46. Diese Verse sprechen auch von »Herrlichkeit«, und diesen Begriff finden wir auch an anderen Stellen über die Wiederkunft Jesu: Kolosser 3,4; 1. Korinther 15,43 und Römer 8,18. Und Vers 7 spricht von »Unsterblichkeit«, was wir auch in 1. Korinther 15,53 finden.

Drittens: Der Zeitpunkt dieses Gerichts wird auch dadurch klar, dass ausdrücklich von dem Tag die Rede ist, an dem Gott die Geheimnisse der Menschen durch Jesus Christus richten wird (V. 5.16). Dies ist der Tag des Gerichts, den Paulus in seinem Evangelium lehrt (V. 16). »Tag« steht bei Paulus oft synonym zu »Gericht« (1Kor 4,3). Der eschatologische Tag ist der Zeitpunkt der Wiederkunft Christi (1Kor 4,3-5; 2Thes 1,10; 2,2; Röm 13,12; 1Kor 1,8; 3,13; 5,5; Phil 1,6).

Unsere These wurde also erneut klar bestätigt. Römer 2,1-16 spricht eindeutig von einem Weltgericht von universaler Reichweite, dessen Ausgang entweder in ewigem Leben oder ewiger Strafe besteht und das bei der Wiederkunft Christi stattfindet.

c) 2. Petrus 3,3-13

... dass in den letzten Tagen Spötter mit Spötterei kommen werden, die nach ihren eigenen Begierden wandeln und sagen: Wo ist die Verheißung seiner Ankunft? Denn seitdem die Väter entschlafen sind, bleibt alles so von Anfang der Schöpfung an. Denn denen, die dies behaupten, ist verborgen, dass von jeher Himmel waren und eine Erde, die aus Wasser und durch Wasser Bestand hatte, und zwar durch das Wort Gottes, durch welche die damalige Welt, vom Wasser überschwemmt, unterging. Die jetzigen Himmel und die jetzige Erde aber sind durch dasselbe Wort aufbewahrt und für das Feuer aufgehoben zum Tag des Gerichts und des Verderbens der gottlosen Menschen. Dies eine aber sei euch nicht verborgen, Geliebte, dass beim Herrn *ein* Tag ist wie tausend Jahre und tausend Jahre wie *ein* Tag. Der Herr verzögert nicht die Verheißung, wie es einige für eine Verzögerung halten, sondern er ist langmütig euch gegenüber, da er nicht will, dass irgendwelche verloren gehen, sondern dass alle zur Buße kommen. Es wird aber der Tag des Herrn kommen wie ein Dieb; an ihm werden die Himmel mit gewaltigem Geräusch vergehen, die Elemente aber werden im Brand aufgelöst und die Erde und die Werke auf ihr im Gericht erfunden werden. Da dies alles so aufgelöst wird, was für Leute müsst ihr dann sein in heiligem Wandel und Gottseligkeit, indem ihr die Ankunft des Tages Gottes erwartet und beschleunigt, um dessentwillen die Himmel in Feuer geraten und aufgelöst und die Elemente im Brand zerschmelzen werden! Wir erwarten aber nach seiner Verheißung neue Himmel und eine neue Erde, in denen Gerechtigkeit wohnt.

2. Petrus 3 ist eine der reichhaltigsten und interessantesten Bibelstellen, was die Struktur der Eschatologie betrifft. Dieser Abschnitt stellt die Struktur der Heilsgeschichte aus einem einzigartigen Blickwinkel dar und bestätigt dabei unsere Hauptthese über das Weltgericht.

Vers 4 verdeutlicht zusammen mit Vers 9 und 13 das Thema dieser Stelle: Christus kommt gewiss wie verheißen wieder. Der Ausdruck »Verheißung« bezieht sich in diesem Abschnitt stets auf die verheißene Parusie. Dieses vom griechischen *parousia* stammende Wort meint die Wiederkunft Christi, sein zweites Kommen auf die Erde. Man muss hierbei beachten, dass der Ausdruck »der Tag des Herrn« synonym zur Parusie Christi steht, und zwar aus mehreren Gründen:

Erstens ist im gesamten Neuen Testament der Tag des Herrn Jesus Christus der Tag seiner Wiederkunft. Zweitens ist mit »Herr« nicht nur in diesem Abschnitt Jesus Christus gemeint, sondern diese Bezeichnung für ihn zieht sich ausnahmslos durch den ganzen zweiten Petrusbrief (3,2.8.9.15.18). Drittens ist mit der »Verheißung« des Herrn in Vers 9 offenbar dasselbe gemeint wie mit dem »Tag des Herrn« in Vers 10. Auch der Ausdruck »Tag Gottes« in Vers 12 meint dasselbe Ereignis, denn: a) die Verbindung erfordert diese Gleichsetzung, und b) mit »Gott« in diesem Vers scheint insbesondere Jesus Christus gemeint zu sein (vgl. 2Petr 1,1). Der Schwerpunkt dieses Abschnitts liegt durchgehend auf der Wiederkunft Christi, seiner Parusie.

Um es auf den Punkt zu bringen: Welche Eschatologie lehrt 2. Petrus 3,3-18? Petrus teilt die gesamte Geschichte eindeutig in drei »Welten« ein, die jeweils durch Weltgerichte voneinander getrennt sind.

Die Eschatologie des Petrus

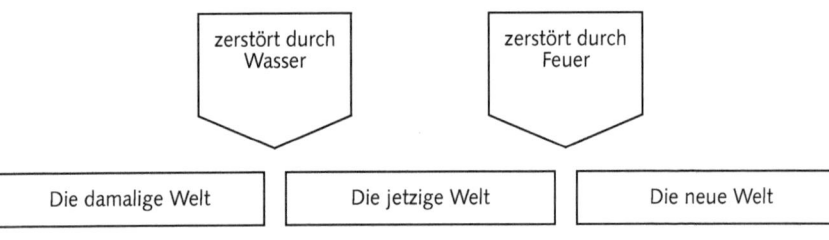

Wenn man dieses simple Schema erst einmal verstanden hat, kann man all jene Details darin einordnen, die Petrus aufzählt (siehe dazu die Grafik auf der nächsten Seite).

Das Problem bei Fehldeutungen dieser Stelle ist, dass sie dieses einfache, aber grundlegende Schema durchbrechen.

Postmillennialisten vertreten gewöhnlich eine präteristische Deutung dieser Schriftstelle. J. Marcellus Kik stellt im nachfolgenden Zitat kurz dar, wie Postmillennialisten und andere Präteristen diese Stelle falsch deuten:

Das vielleicht größte Hindernis, das im Weg steht, um den Postmillennialismus anzunehmen, ist das Missverständnis des Ausdrucks

Die Eschatologie des Petrus – detaillierte Darstellung

zerstört durch Wasser (Vers 6)	zerstört durch Feuer (Verse 7.10.12)

»Die damalige Welt« (V. 6)	»Die jetzige Welt« (V. 7)	»Die neue Welt« (V. 13)
Ihr Charakter • geschaffen durch »das Wort Gottes« (V. 5) • eine Zeit göttlicher Geduld (1Pet 3,20)	**Ihr Charakter** • »für das Feuer aufbewahrt« (V. 7) • »Ende der Tage« (V. 3) • »Spötter kommen« (V. 3f) • »Der Herr ... ist geduldig« (V. 9)	**Ihr Charakter** • ein »neuer Himmel und eine neue Erde« (V.13), • »in denen Gerechtigkeit wohnt« (V. 13)
Ihr Ende • »in den Wasserfluten untergegangen« (V. 6)	**Ihr Ende** • »sein Kommen« (V. 4) • »Der Tag des Herrn«; der »Tag Gottes«; der »Tag des Gerichts« (V. 10.12)	**Ihr Ende** • Sie hat kein Ende. • Sie ist der »Tag der Ewigkeit« (V. 18).

»neuer Himmel und neue Erde«. Viele verstehen darunter eher ein materielles Konzept als eine Beschreibung der Haushaltung des Evangeliums ... Dass es durchaus möglich ist, diese Worte auf eine moralische und geistliche Revolution zu beziehen, finden wir bei Paulus: Er beschreibt auf ähnliche Weise die Veränderung bei der Bekehrung (2Kor 5,17; Gal 6,15), und auch Petrus wendet diese Stelle genauso an: »Wir warten aber aufgrund seiner Verheißung auf einen neuen Himmel und eine neue Erde, in denen Gerechtigkeit wohnt« (2Petr 3,13).[21]

Solche Ausleger verstehen den »neuen Himmel und die neue Erde« also als etwas *Geistliches*, d. h. Immaterielles, und beziehen dies

---

21 J. Marcellus Kik, *An Eschatology of Victory* (Presbyterian and Reformed, 1971), S. 5. Siehe auch Iain Murray, *The Puritan Hope* (London: Banner of Truth Trust, 1971), S. 250.

auf das Zeitalter des Evangeliums nach der Zerstörung Jerusalems. Aber das Neue Testament und insbesondere 2. Petrus 3 lassen keinen Raum für diese Vorstellung. Sie wird durch drei Dinge in 2. Petrus 3 widerlegt: Erstens geht es in 2. Petrus 3 um die wörtlich gemeinte Wiederkunft Christi. Die »Verheißung seines Kommens« bezieht sich wahrscheinlich auf die Aussage der Engel in Apostelgeschichte 1,11, die eindeutig keine »geistliche«, sondern leibliche Wiederkunft verheißen haben. Und es ist ja gerade nicht der Aufschub eines solchen »geistlichen« Kommens, der den in Vers 4 genannten Spott veranlasst. Die Spötter leugnen vielmehr, dass ein übernatürlicher Eingriff in die Kontinuität der Naturgesetze möglich ist (V. 4). Laut 2. Petrus 3,13 sind der neue Himmel und die neue Erde etwas, das wir »aufgrund seiner Verheißung« erwarten. Dabei kann es sich in diesem Zusammenhang um nichts anderes handeln als um die leibliche Wiederkunft Christi.

Zweitens stellt 2. Petrus 3 eine Vernichtung der materiellen Welt durch Feuer in Aussicht. Diese Vernichtung steht parallel zur Vernichtung der bewohnten Welt durch Wasser bei der Sintflut (V. 6.7.10.12).

Und drittens führt die Weltkrise, von der in 2. Petrus 3 die Rede ist, nicht zur Bekehrung der Gottlosen, sondern zu ihrem Verderben (V. 9-12).

Eine weitere Fehldeutung dieser Schriftstelle wird aufgedeckt, wenn man beachtet, wie einfach das Schema ist, das Petrus hier präsentiert. Der klassische Dispensationalismus hingegen lehrt (z. B. in der Scofield-Bibel), dass der »Tag des Herrn« sich von der Wiederkunft Christi bis zum Ende des Millenniums 1000 Jahre später erstreckt.

Die dispensationalistische Deutung von 2. Petrus 3

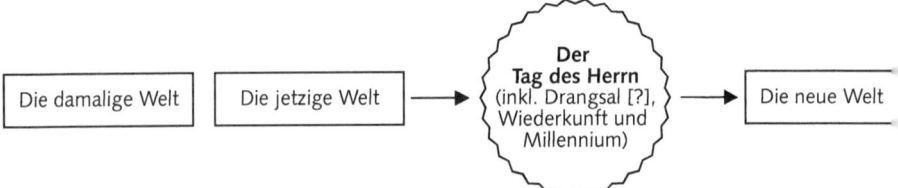

Abgesehen davon, dass diese Deutung das klare Endzeitschema von Petrus verzerrt, lassen sich zwei schwerwiegende Einwände dagegen anführen. Erstens hat diese Behauptung keine exegetische Grundlage. Sie beruht also nicht auf dem Bibeltext, sondern einfach darauf, dass man den Dispensationalistismus als gegeben voraussetzt und daher gezwungen ist, ihn auf dem »Feindesgebiet« von 2. Petrus 3,3-13 unterzubringen. Anders gesagt: Dispensationalisten haben diese Deutung erfunden, damit ihre Meinung in diese Stelle hineinpasst.

Zweitens führt diese Deutung dazu, dass man 2. Petrus 3,3-13 ein unnatürliches Verständnis aufzwingt. Unser Einwand ist nicht, dass der »Tag des Herrn« unbedingt ein buchstäblicher 24-Stunden-Tag sein muss, sondern wir lehnen diese Deutung als langer Zeitraum von 1000 Jahren aus folgenden Gründen ab:

1. In Vers 10 dürfte nicht stehen: »*... an ihm* [dem Tag des Herrn] werden die Himmel mit gewaltigem Geräusch vergehen«, sondern es müsste heißen: »*an seinem* Ende« usw.[22] Der natürliche Sinn von 2. Petrus 3,10 ist jedoch: Wenn Christus kommt, wird die Welt sofort zerstört (und nicht 1000 Jahre später).

2. Diese Vorstellung widerspricht der Tatsache, dass die Zerstörung am »Tag des Herrn« schnell erfolgt. Die Zerstörung geschieht analog zur Sintflut (V. 6); daraus folgt, dass sie plötzlich kommt (Mt 24,37-44; Lk 17,22-27). Die Zerstörung wird mit einem Dieb verglichen (V. 10); daraus folgt, dass sie rasch geschieht (Mt 24,42f; 1Thes 5,2f). Eine Zerstörung, die über einen Zeitraum von 1000 Jahren stattfindet, ist alles andere als plötzlich und schnell.

3. Diese Theorie ignoriert die Tatsache, dass der »Tag des Herrn« nicht nur in 2. Petrus 3,3-13, sondern auch im Neuen Testament überhaupt als Synonym für die Parusie steht. Zu behaupten, dass der »Tag des Herrn« über 1000 Jahre andauern würde, hieße dasselbe über die Parusie zu behaupten. Vers 9 macht klar: Die Alternative zum Verderben ist die Buße vor der Parusie. Eine tausendjährige Parusie oder ein tausendjähriger Tag des Herrn vernebelt diese deutlich ausgedrückte Alternative.

---

22 Scofield schreibt hier in seinen Erklärungen zu Vers 10: »Der Ausdruck ›an ihm‹ bezieht sich auf den Abschluss des Tages des Herrn« (*Scofield-Bibel*, R. Brockhaus Verlag 1992).

4. Diese Theorie wird auch dadurch widerlegt, dass die Flut und der Tag des Herrn in Entsprechung zueinander stehen. Der Tag des Herrn ist ebenso wie die Flut ein katastrophales Ereignis und erstreckt sich nicht über ein langes Zeitalter.

Wir haben das Thema des Weltgerichts anhand dieser Bibelstellen untersucht. Auch dieser Abschnitt aus 2. Petrus 3 thematisiert das Weltgericht.

Der *Zeitpunkt,* an dem dieses Gericht stattfinden wird, ist eindeutig die Wiederkunft Christi. Es wurde bereits aufgezeigt, dass die Verheißung der Wiederkunft Christi das Generalthema dieses Abschnitts ist. Wie wir gerade gezeigt haben bezeichnen die Ausdrücke »Tag des Herrn« und »Tag Gottes« ebenfalls dieses Ereignis. Man beachte insbesondere, wie Vers 7 mit den nachfolgenden Versen verbunden ist und wie Petrus direkt vom Tag des Gerichts zur Verheißung der Wiederkunft Christi übergeht. Man beachte auch Vers 10, wo mit dem Tag des Herrn, an dem »die Himmel mit gewaltigem Geräusch vergehen«, offensichtlich die »Verheißung« (V. 9) seines Kommens gemeint ist. Diese Gleichsetzung wird auch durch die Aussage bestätigt, dass »der Tag des Herrn kommen wird wie ein Dieb« (V. 10). In Matthäus 24,43 wird genau derselbe Ausdruck benutzt, um das Kommen des Menschensohns zu beschreiben. Man beachte ebenso auch Vers 12, wo »die Ankunft des Tages Gottes« als der Zeitpunkt geschildert wird, an dem die Himmel und die Elemente verbrannt werden. Der »Tag Gottes« ist eindeutig gleichbedeutend mit dem »Tag des Herrn« und der Wiederkunft Christi. Vers 13 zufolge führt »sein verheißenes Kommen« nicht nur die Vernichtung der jetzigen Welt herbei, sondern auch das Kommen der »neuen Himmel und einer neuen Erde, in denen Gerechtigkeit wohnt.«

Der *Geltungsbereich* dieses Gerichtes ist uneingeschränkt und allumfassend. Die ganze Welt wird vernichtet (V. 7: »Himmel und Erde«; V. 10: »Himmel« und »Elemente«; ebenso V. 12). Die Parallele zur Sintflut, die wir in Vers 6 vorfinden, belegt ebenfalls, dass dieses Gericht von allumfassendem Charakter ist. Darüber hinaus wird dies auch dadurch deutlich, dass Vers 13 von einem neuen Himmel und einer neuen Erde spricht.

Der *Ausgang* dieses Gerichts steht ebenso wenig außer Frage: Das Ergebnis ist das ewige Verderben der Gottlosen. Dieses ewige Verderben wird implizit durch die völlige Vernichtung der jetzigen Welt zum Ausdruck gebracht, die dieses Gericht heraufbeschworen hat. Es wird ausdrücklich dort beim Namen genannt, wo diese Verse vom Verderben der Welt sprechen. Vers 7 spricht vom »*Tag des Gerichts und des Verderbens der gottlosen Menschen*«; Vers 9 sagt, dass die Unbußfertigen beim Kommen Christi »verloren gehen«.

Ebenso eindeutig hat dieses Gericht auch die ewige Glückseligkeit der Gläubigen zur Folge. Vers 13 versichert, dass dieses Gericht in den neuen Himmel und die neue Erde münden wird. Damit ist eindeutig der ewige Zustand der Gerechten gemeint (Offb 21,1f).

Allgemeine Schlussfolgerungen

Die drei wichtigsten neutestamentlichen Stellen bestätigen eindeutig: Der *Zeitpunkt* des kommenden Gerichts ist die Wiederkunft Christi, sein *Ausgang* ewiges Leben bzw. ewige Strafe und sein *Geltungsbereich* ist allumfassend, betrifft also alle Menschen aller Zeiten. Diese Bibelstellen sind jede für sich betrachtet schon klar genug. Wenn man sie aber zusammen sieht oder die vielen anderen Stellen im Neuen Testament über das Jüngste Gericht dazu nimmt, zeigen sie vollkommen schlüssig, dass dieses Gericht bei der Wiederkunft Christi stattfindet und danach die Ewigkeit anbricht.

Dies hat unweigerlich zur Folge, dass man ausschließen kann, dass Prämillennialismus eine schriftgemäße Lehre der letzten Dinge ist. Es gibt keinen Raum für ein Tausendjähriges Reich nach der Wiederkunft Christi, in dem diesseitige Menschen leben. Da jede Form des Prämillennialismus ein solches Reich voraussetzt, widerspricht er dieser grundlegenden Struktur biblischer Lehre über die letzten Dinge, insbesondere der biblischen Lehre über das Jüngste Gericht.

TEIL 2

DAS KOMMEN DES REICHES GOTTES

KAPITEL 6

Was ist das Reich Gottes und wann kommt es?

Mit diesem Buch möchte ich erreichen, dass unser Verständnis der biblischen Eschatologie auf den Dingen gründet, die in der Bibel im Zentrum stehen. Und das »Kommen des Reiches Gottes« hat im biblischen Denken sicherlich zentrale Bedeutung. Man könnte die Bibel aus gutem Grund auch »das Buch über das Kommen des Reiches Gottes« nennen.[23] Das Kommen des Königreichs Gottes und das noch breitere Konzept der Allherrschaft Gottes durchdringen die ganze Schrift und sind in der Tat wohl *das* Thema der Schrift schlechthin.

Unser Grundverständnis vom Reich Gottes bestimmt, wie wir die Einzelaspekte dieses Themas verstehen. Es ist daher wichtig, einige der grundlegenden biblischen Spannungen zu beachten, um eine ausgewogene Vorstellung von diesem Königreich zu erlangen.

Die Definition des Königreichs: Herrschaft oder Herrschaftsbereich?

Das Reich Gottes ist in erster Linie Gottes königliche Souveränität (seine Herrschaft) und nur in zweiter Linie eine bestimmte Sphäre oder ein Bereich, über den er herrscht. Die Worte, die die Bibel für »Königreich« benutzt, bedeuten grundsätzlich »Herrschaft« und nicht »Herrschaftsbereich«. Als passendes Bild dafür ist in der Bibel nicht von einem *Territorium* Gottes die Rede, sondern von seinem *Thron*. Dementsprechend übersetzt die revidierte Elberfelder Bibel in Psalm 103,19 das hebräische Wort für »Königreich« mit »Herrschaft«: »Der

---

23 Raymond O. Zorn, *Church and Kingdom* (Philadelphia: Presbyterian and Reformed, 1962), S. 48; vgl. auch Herman Ridderbos, *The Coming of the Kingdom* (Philadelphia: Presbyterian and Reformed, 1975), S. 22.

HERR hat in den Himmeln aufgerichtet seinen Thron, und seine Herrschaft regiert über alles.« Viele andere Texte bestätigen diesen Gedanken: Psalm 145,11-13; Matthäus 3,2 (vgl. V. 7-12); Matthäus 12,28 (vgl. den Kontext); Markus 9,1; Johannes 18,36; 1. Korinther 4,20.

Die Grundbedeutung der biblischen Wörter für »Königreich« liegt in »Herrschaft« oder »Souveränität«. Dies heißt jedoch nicht, dass das Wort »Königreich« niemals einen Bereich meint, über den ein König herrscht. Ableitungen dieses Wortes beschreiben den Bereich oder die Sphäre, über die Gott regiert. Stellen wir uns einen Baumstamm vor, aus dem mehrere Äste emporwachsen. Der Baumstamm steht für die Grundbedeutung – in diesem Fall die der Herrschaft und Souveränität – und die Äste sind die von diesem Grundsinn abgeleiteten Nebenbedeutungen.

Da der Gedanke der Herrschaft *der* Hauptgedanke schlechthin ist, sind die Vorstellungen von einem Herrschaftsbereich nachrangig und davon abgeleitet. Folglich gibt es Bedeutungsvarianten in Bezug darauf, in welchem konkreten Bereich Gott seine Souveränität ausübt. Oft bezeichnet die Sphäre, in der Gott regiert, die Gemeinschaft der Erlösten (Lk 18,24f; Joh 3,5; Mt 11,12). In Matthäus 13,41 jedoch umfasst der Bereich die ganze Welt einschließlich der Ungläubigen, die sich demnach bis zum Ende dieses Zeitalters innerhalb des Königreichs Christi befinden: »Der Sohn des Menschen wird seine Engel aussenden, und sie werden aus seinem Reich alle Ärgernisse zusammenlesen und die, die Gesetzloses tun.«

Dass mit »Königreich« tatsächlich grundsätzlich »Herrschaft« oder »Souveränität« Gottes gemeint ist, ist sehr bedeutsam. Wenn wir bedenken, dass dies einer der wichtigsten Begriffe der Schrift ist, dann sagt uns dies: Die Souveränität Gottes ist ein Kerngedanke der biblischen Offenbarung.

Das Wesen des Königreichs: ewig oder eschatologisch?

Wir haben festgestellt, dass das Kommen des Königreichs sowohl für das biblische als auch für das eschatologische Denken von zentraler Bedeutung ist. Jetzt wollen wir überlegen: Wie können wir von einem »Kommen des Königreichs« sprechen, wenn Gott doch schon immer über alles regiert? Um diese Frage schriftgemäß und ausgewogen zu beantworten, muss man zwei Seiten einer Medaille betrachten:

a. Gottes Königreich ist ewig

Der Bibel zufolge herrscht Gott schon seit jeher über alles. Das besagt z. B. der oben zitierte Vers Psalm 103,19. Daniel 4,31-34 (vgl. auch Dan 6,26-28) unterstreicht dies ebenfalls:

> Aber nach Verlauf der Zeit hob ich, Nebukadnezar, meine Augen zum Himmel empor, und mein Verstand kehrte zu mir zurück. Da lobte ich den Höchsten und pries und verherrlichte den, der ewig lebt, dessen Herrschaft eine ewige Herrschaft ist und dessen Reich von Geschlecht zu Geschlecht währt; gegen welchen alle, die auf Erden wohnen, wie nichts zu rechnen sind; er verfährt mit dem Heer des Himmels und mit denen, die auf Erden wohnen, wie er will, und es gibt niemand, der seiner Hand wehren oder zu ihm sagen dürfte: Was machst du? Zur selben Zeit kam mir mein Verstand zurück, und mit der Ehre meines Königtums kehrte auch meine Herrlichkeit und mein Glanz zurück; meine Räte und meine Großen suchten mich auf, und ich wurde wieder über mein Königreich gesetzt und erhielt noch größere Macht. Nun lobe und erhebe und verherrliche ich, Nebukadnezar, den König des Himmels; denn all sein Tun ist richtig, und seine Wege sind gerecht; wer aber hochmütig wandelt, den kann er demütigen! (SCH)

Diese ewige Herrschaft bzw. Souveränität Gottes umfasst mindestens vier Aspekte:

1. Gott hatte schon immer das königliche Anrecht auf die Untertanentreue aller seiner Geschöpfe.
2. Gott als souveräner Schöpfer hat seit jeher die Allmacht, dieses Recht durchzusetzen.
3. Gott hat dieses Recht seit jeher im Himmel ausgeübt, dem Thron über das Weltall.
4. Gott hat seit jeher durch seine königliche Vorsehung über alle Dinge geherrscht, so dass alles so geschieht, wie er als König es sich vorgenommen und verordnet hat.

b. Gottes Königreich ist eschatologisch

Zwar hat Gott schon immer im oben genannten Sinn regiert, doch weil es die Sünde gibt und die Mächte des Bösen bezwungen werden müssen, ist das Gebet nötig: »... dein Reich komme« (Mt 6,10). Das Reich Gottes ist somit auch das eschatologische Ziel der Weltgeschichte (Dan 2,44; Sach 14,9) und mehr als nur seine seit jeher bestehende, ewige Herrschaft. Dieses Kommen des Reiches hat ein zweifaches Ergebnis: den endgültigen Sieg über die Feinde Gottes und das ewige Heil für die Welt (1Kor 15,21-28).

Das Kommen des Königreichs: schon jetzt oder noch zukünftig?

Auch in dieser Frage müssen wir zwei sich gegenseitig ergänzende Aussagen akzeptieren, um die biblische Sicht darzustellen. Das Kommen des Reiches Gottes ist einerseits noch zukünftig; wir erwarten die Wiederkunft Christi in Herrlichkeit (Mt 5,3.10.20; 7,21; Lk 21,31; 22,15.16). Andererseits macht die Schrift gleichzeitig deutlich, dass das Reich bereits gekommen und schon jetzt gegenwärtig ist.

Dass das Reich Gottes bereits gekommen ist, ist dabei überraschender und auch umstrittener. Die Lehre der Schrift hierüber ist allerdings leicht verständlich. Neben dem Aspekt, dass das Kommen des Königreichs noch zukünftig ist, lehrt das Neue Testament zugleich, dass das Reich in Jesus Christus bereits gekommen ist. Die folgenden Indizien belegen dies ganz klar:

a) Satan wurde besiegt, daher ist das Reich gegenwärtig (Mt 12,28f).

b) Die Verkündigung des Königreichs bedeutet, dass es gegenwärtig ist (Lk 16,16; Mt 11,11-14).

c) Man kann jetzt ins Königreich eingehen, was impliziert, dass es gegenwärtig ist (Mt 23,13; Mk 10,15).

d) Der König ist gegenwärtig, daher ist auch das Königreich gegenwärtig (Mt 21,4f; Joh 18,36).

e) Die Verkündigung der Apostel bezeugt, dass das Königreich gegenwärtig ist (Röm 14,17; 1Kor 4,19ff; Kol 1,13; Hebr 12,28).

f) Der König hat sich auf seinen Thron gesetzt, was bedeutet, dass das Königreich gegenwärtig ist (Apg 2,29-36; Eph 1,20-23).

Viele falsche Theorien über das Königreich Gottes haben gemeinsam, dass sie den Unterschied übersehen, den die Bibel zwischen dem gegenwärtigen und dem zukünftigen Kommen des Königreichs macht.

Das Kommen des Königreichs

Manche behaupten, es gäbe einen Unterschied zwischen dem Reich Gottes und dem Reich des Himmels. Für einen solchen Unterschied gibt es jedoch keinen biblischen Beleg. Man vergisst dabei auch, dass das Wort »Himmel« im Ausdruck »Reich des Himmels« eine bildliche Umschreibung für Gott ist (Mt 23,22). Mehr noch: Man lässt dabei völlig außer Acht, dass etliche Parallelstellen diese beiden Ausdrücke austauschbar verwenden (vgl. z. B. Mt 4,17 mit Mk 1,15).

Manche verstehen das Königreich als ausschließlich zukünftige Realität. Die oben genannten Belege machen jedoch klar, dass das Königreich Gottes eine schon jetzt gegenwärtige Realität ist. Andere wiederum verstehen das Reich Gottes als ausschließlich gegenwärtige Größe. Diese Ansicht ist jedoch eine Überreaktion auf populäre eschatologische Extremansichten. Man übersieht dabei, dass die Lehre des Neuen Testaments durch Ausgewogenheit und durch die Spannung des Schon-jetzt-/noch-nicht-Prinzips charakterisiert ist (siehe Kapitel 4). Im Extremfall führt das rein gegenwärtige Verständnis des Reiches Gottes dazu, die Kernbotschaft der neutestamentlichen Lehre zu missachten: das Kommen des Königreichs in übernatürlicher Macht bei der Wiederkunft Christi.

Wurde das Reich aufgeschoben?

Manche sagen, das Kommen des Reiches sei *aufgeschoben*, weil die Juden ihren Messias verworfen haben. Dabei stellt man aber in bedenklicher Weise die Souveränität Gottes und die Notwendigkeit des

Todes Christi in Frage.[24] Wer diese Position vertritt, übersieht auch ein weiterer Punkt: Gott schiebt das Kommen des Reiches aufgrund des Unglaubens der Juden nicht auf, sondern überträgt das Reich einem anderen Volk. In Matthäus 21,43 sagt Jesus zu den führenden Juden: »Deswegen sage ich euch: Das Reich Gottes wird von euch weggenommen und einer Nation gegeben werden, die seine Früchte bringen wird.«

Manche geben zu, dass Christus auf gewisse Weise schon als König auf dem Thron Gottes regiert, leugnen aber, dass er auf dem Thron Davids sitzt. Diese Ansicht setzt voraus, dass es einen Unterschied zwischen dem Thron Gottes und dem Thron Davids gibt; das aber ist unbiblisch. Im davidischen Bund nimmt Gott die Söhne Davids als seine Söhne an (2Sam 7,14). Es gibt somit keinen Unterschied zwischen dem Thron Gottes und dem Thron des größten Sohnes Davids, des Messias Jesus. Darüber hinaus lehrt das Neue Testament ausdrücklich, dass Jesus sich nach seiner Auferstehung auf den Thron Davids gesetzt hat, um die davidischen Prophezeiungen zu erfüllen (Apg 2,30f).

Die Lehre vom Reich Gottes

In den folgenden Kapiteln werden wir nun das Kommen des Reiches Gottes untersuchen und dazu drei wichtige Stellen betrachten, die dieses Thema behandeln:

- Matthäus 13,1-58: *Das Kommen des Königreichs in Gleichnissen*
- 1. Korinther 15,21-28: *Das Kommen des Königreichs in Klartext*
- Offenbarung 20,1-10: *Das Kommen des Königreichs in einer Vision*

---

24 J.D. Pentecost schreibt es z.B. dem Teufel zu, dass Jesus bei seinem ersten Kommen kein irdisches Reich aufrichtete:»Mit allen erdenklichen natürlichen und übernatürlichen Mitteln führte der Satan seine unnachgiebige Kriegführung aus, um Christus daran zu hindern, auf seinen ihm zugewiesenen Thron in dem Königreich, das er aufzurichten gekommen war, zu gelangen.« *Thy Kingdom Come*, Wheaton (IL): Victor Books, S. 203-204. (Anm. d. Übers.)

KAPITEL 7

Das Kommen des Königreichs in den Gleichnissen Christi

In den Gleichnissen in Matthäus 13 geht es zweifellos um das Königreich Gottes, genauer gesagt um das Kommen dieses Königreichs (V. 11, 16, 17, 19, 24, 31, 32, 44, 45, 52). Diese sieben Gleichnisse sind sehr gehaltvoll und bedeutsam, aber der Kürze halber werden wir uns ausschließlich auf ihre Hauptlehre konzentrieren: das Kommen des Königreichs. Dies können wir am besten auf den Punkt bringen, indem wir zwei einfache Dinge untersuchen: den *gemeinsamen* Schwerpunkt der Gleichnisse und ihre *besonderen* Schwerpunkte.

Das gemeinsame Hauptthema der Gleichnisse

Diese Gleichnisse haben ein gemeinsames Hauptthema und sprechen alle dieselbe Frage an. Diese Frage ergibt sich aus der historischen Situation Jesu und seiner Jünger. Die Juden verstanden das Kommen des verheißenen Königreichs gewöhnlich als glorreiche und triumphale Erlösung von all ihren Nöten. Die jüdische Sichtweise des kommenden Königreichs war von politischen und irdischen Erwartungen geprägt (Joh 6,15; Apg 5,35-39). Selbst jene Juden, die eine weniger fleischliche Erwartung hatten (wie Johannes der Täufer), verstanden das Kommen des Königreichs so, dass es unweigerlich das siegreiche Gericht über die Gottlosen beinhaltet (Mt 3,2-12). In diesem Umfeld begann Jesus zu predigen, dass das Königreich nahe und sogar schon gekommen ist (Mt 4,17; 12,28f).

Johannes der Täufer glaubte, dass Jesus derjenige sei, der das Kommen des Königreichs in Macht und Herrlichkeit herbeiführen werde. Als aber Jesus fortfuhr zu predigen, dass das Reich nahe und sogar schon gekommen ist (Mt 12,28f), ohne dass das Gericht über die Gottlosen erfolgte und ohne dass der Triumph in Herrlichkeit kam, begann Johannes zu zweifeln. Als Herodes ihn ins Gefängnis warf, wurde das Problem akut. Wie konnte das Reich in Jesus schon gekommen sein, während Johannes im Gefängnis dahinsiechte? Das wäre der letzte Ort, an dem Johannes zu sein erwartete, nachdem das Reich gekommen ist! Darum lesen wir in Matthäus 11,2-6.11:

> Als aber Johannes im Gefängnis von dem Wirken Christi hörte, sandte er durch seine Jünger Botschaft an ihn und ließ ihn fragen: »Bist du es, der da kommen soll [d. h. der verheißene Messias], oder sollen wir auf einen andern warten?« Jesus gab ihnen zur Antwort: »Geht hin und berichtet dem Johannes, was ihr hört und seht: Blinde werden sehend und Lahme gehen, Aussätzige werden rein und Taube hören, Tote werden auferweckt, und Armen wird die Heilsbotschaft verkündigt, und selig ist, wer an mir keinen Anstoß nimmt! ... Wahrlich ich sage euch: Unter den von Frauen Geborenen ist keiner aufgetreten, der größer wäre als Johannes der Täufer; doch der Kleinste im Himmelreich ist größer als er. (MEN)

Wie konnte Jesus sagen, dass der Kleinste im Himmelreich größer sei als Johannes (Vers 11)? Er bezieht sich damit auf die besondere Rolle Johannes des Täufers als Prophet. Dass dem so ist, machen in diesem Zusammenhang u. a. die Verse 12-15 deutlich:

> Aber von den Tagen Johannes des Täufers an bis jetzt wird dem Reich der Himmel Gewalt angetan und Gewalttuende reißen es an sich. Denn alle Propheten und das Gesetz haben geweissagt bis auf Johannes. Und wenn ihr es annehmen wollt: Er ist Elia, der kommen soll. Wer Ohren hat, der höre!

Die einzelnen Propheten hatten ein unterschiedliches Maß an Verständnis der Geheimnisse des Reiches Gottes. Jesus spricht von Johannes als Prophet – dem letzten und größten der alttestamentlichen Propheten. Aber was das Maß an Einsicht in die Geheimnisse des kommenden Königreichs anbetrifft, ist der Kleinste im Himmelreich größer als Johannes.

Um dies zu verstehen, müssen wir ein biblisches Phänomen berücksichtigen, das uns vielleicht verwundern mag. Die alttestamentlichen Propheten und ihre Botschaft zeichneten sich durch eine »abgeflachte Zukunftsperspektive« aus, die man auch als »Gipfelpanorama aus großer Ferne« bezeichnen kann. Anders gesagt: den Propheten war die Erkenntnis zukünftiger Dinge nur wenig differenziert gegeben. Daher sind in ihren Prophezeiungen manchmal Ereignisse miteinander vermischt, die sich erst in weit auseinanderliegender Zukunft erfüllen sollten. Nehmen wir z. B. die Prophetie Michas über Israels Babylonisches Exil und Befreiung (Mi 4,9f). Diese Weissagung ist direkt mit den Voraussagen über die Geburt und Herrlichkeit des Messias verbunden (Mi 5,2f). Aus diesem Grund lehrt das Neue Testament, dass die Propheten selbst nicht immer ganz verstanden, was sie prophezeiten (1Petr 1,10-12).

Matthäus 11,2-6 lehrt uns, dass selbst ein geistlich gesinnter Mann wie der große Prophet Johannes der Täufer Mühe damit hatte, dass die Verkündigung Jesu vom Reich Gottes scheinbar widersprüchlich war, und dass er mit der Erwartung haderte, die die Juden aufgrund des Alten Testaments hatten (Dan 2,44). Sollten wir daher meinen, dass Jesu Jünger gegen dieselben Zweifel immun gewesen wären? Nein, sie hatten dieselbe Frage: Wie konnte das siegreiche, herrliche, eschatologische Königreich Gottes in diesem Zimmermann und seinen galiläischen Nachfolgern gegenwärtig sein?[25] Mit anderen Worten lautet die Frage, die in den Reich-Gottes-Gleichnissen in Matthäus 13 geklärt wird: Wie kann das Reich in Jesus, seiner Verkündigung und seinen Jüngern gegenwärtig sein?[26] Die Antwort auf diese Frage liegt im gemeinsamen Schwerpunkt dieser Gleichnisse. Sie lautet, dass das Königreich gekommen und in einer Form gegenwärtig ist, die die Juden nicht erwartet haben; diese gegenwärtige Form ist aber ein Vorgeschmack, eine Antizipation der künftigen Vollendung in Herrlichkeit. Anders ausgedrückt verdeutlichen diese Gleichnisse, dass das Königreich in zwei Phasen kommt und sich entfaltet. Es erscheint zunächst vorläufig in einer Form, die die Juden (und sogar Johannes der Täufer) nicht erwartet haben.[27]

---

25 Ladd, *The Theology of the New Testament*, S. 95.

26 Ridderbos, *The Coming of the Kingdom*, S. 123. Ridderbos zufolge besteht das in den Gleichnissen angesprochene Problem in der Art und Weise, *wie* das Königreich Gottes kommt. Demnach ist die Klärung dieses Problems das Hauptthema dieser Gleichnisse.

27 Das bedeutet keineswegs, dass die Prophezeiung des Johannes falsch gewesen wäre. Was Johannes prophezeite, war vollkommen zutreffend; allerdings verstand er nicht die richtige Deutung und persönliche Anwendung dieser Prophezeiung. Deshalb ermahnt Jesus ihn, keinen Anstoß an ihm zu nehmen (V. 6).

Die »abgeflachte« prophetische Perspektive im Gegensatz zur Perspektive des Königreichs

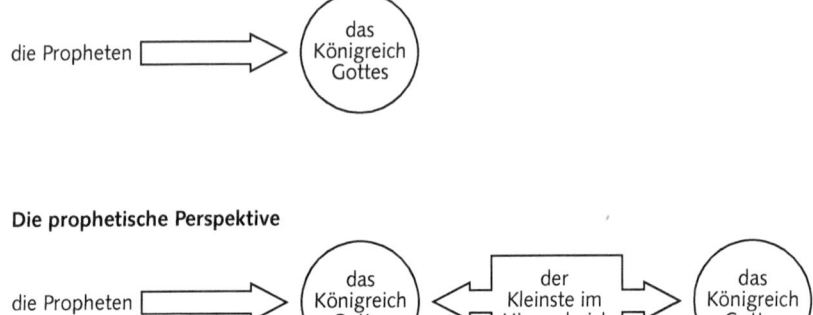

Die verschiedenen Schwerpunkte der Gleichnisse

Jedes der Gleichnisse greift dieses gemeinsame Hauptthema auf und geht jeweils näher auf einen besonderen Aspekt ein.

Das Gleichnis vom vierfachen Ackerboden (Mt 13,3-9.19-23) lehrt, dass das Himmelreich im Aussäen des Wortes Gottes gegenwärtig ist und geht auf diesen Aspekt in zweierlei Hinsicht näher ein. Zuerst erfahren wir, dass das Reich auch dann gegenwärtig ist, wenn manche das gehörte Wort ablehnen und es bei ihnen fruchtlos bleibt. Wenn das Königreich in Form des Säens gegenwärtig ist, ist eine solche Fruchtlosigkeit verständlich und erklärbar. Die Juden wussten sehr wohl, dass selbst die beste Saat nicht immer aufgeht und wächst. Zweitens erfahren wir, dass sich die Gegenwart des Reiches dadurch zeigt und bestätigt, dass das Wort erstaunliche Frucht bei denen bringt, die es annehmen. Bei manchen bringt es dreißigfache, bei anderen sechzigfache und bei noch anderen sogar hundertfache Frucht.

Das Gleichnis vom Unkraut findet sich nur in Matthäus 13,24-30.36-43. Dieses Gleichnis beschreibt eine Lehre, die im Gleichnis vom vierfachen Ackerboden implizit enthalten ist: Wenn das Reich Gottes in Form der Aussaat gegenwärtig ist, dann kommt dieses Reich in zwei

Phasen. Wenn es eine Phase der eschatologischen Ernte gibt, dann muss es aus genau diesem Grund zuerst eine Phase der Aussaat geben. Das war für einen Juden gewiss eine außergewöhnliche Vorstellung. Es bedeutet, dass es bis zur Erntezeit gute und böse Menschen nebeneinander auf der Welt gibt, selbst während der Zeit des Königreichs und nach dessen Kommen. Das Kommen des Reiches bedeutet nicht, dass die Bösen auf der Stelle gerichtet werden. Genau und vor allem deshalb sind diese Wahrheiten über das Reich *Geheimnisse*. Der Messias kommt zuerst als Sämann und erst später zur Ernte. Es ist nicht sein Wille, dass die Bösen sofort verderben. Dies geschieht erst dann, wenn das Reich in die Erntephase kommt.

Das Gleichnis vom Fischernetz hat eine ganz ähnliche Aussage wie das Gleichnis vom Unkraut und findet sich ebenfalls nur in Matthäus 13 (V. 47-50). Nicht nur beim Ackerbau, sondern auch beim Fischfang muss es zwei verschiedene Phasen geben. Wenn es am Ende des Fischzugs ein Aussortieren von guten und schlechten Fischen gibt, dann muss man zuvor das Netz ins Wasser geworfen haben. Bis zu dem Zeitpunkt, wenn die Fische aussortiert und getrennt werden, gibt es gute und schlechte Fische nebeneinander im Netz.

Die Gleichnisse vom Schatz im Acker und der wertvollen Perle finden sich beide ebenfalls nur in Matthäus 13 (V. 44-46). Dieses Parabelpaar hat zwei verwandte Schwerpunkte: Erstens deutet Jesus damit an, dass das Königreich in verborgener und unerwarteter Form gegenwärtig ist (V. 44: ein »im Acker verborgener Schatz«; V. 45: »als er eine besonders kostbare Perle gefunden hatte«); zweitens erklärt Jesus, dass man alles aufopfern muss, um in Besitz dieses verborgenen Königreichs zu kommen. Für einen Juden, der sich das Königreich als herrliches irdisches Reich vorstellte, bedeutete das Reich zu erlangen, Herrlichkeit, Reichtum, Ruhm und Ehre zu erwerben. Jesus allerdings verneint solche Vorstellungen klar. Das Reich zu besitzen bedeutet vielmehr, alle irdischen Ziele aufzugeben.

Die Gleichnisse vom Senfkorn und vom Sauerteig stehen in Matthäus 13,31-33. Die Hauptaussage dieser Gleichnisse ist erneut, dass das Reich in zwei Phasen kommt. Insbesondere unterstreicht Jesus, dass die gegenwärtige, scheinbare Bedeutungslosigkeit seiner Person und seiner Nachfolger kein Grund ist zu zweifeln, dass sich in ihnen eben jenes Reich manifestiert, das eines Tages zur allumfassenden Herrschaft gelangen wird. Die Lösung für das Problem, dass das gegenwärtige Reich so unscheinbar wirkt, erklärt Jesus so: Erst kommt das Senfkorn, dann die große Pflanze oder der Baum. Erst wird die verschwindend geringe Menge Sauerteig unter einen ganzen Scheffel (Eimer) Mehl gemischt, dann wird der ganze Teig durchsäuert.[28]

Diese Gleichnisse enthalten einen weiteren Schwerpunkt. Die Gleichnisse vom Senfkorn und vom Sauerteig verdeutlichen nicht nur den Gegensatz zwischen dem kleinen Anfang des Reiches und seiner großartigen Vollendung, sondern lehren auch, dass es einen Prozess erstaunlichen Wachstums gibt, der im Zeitraum zwischen dem kleinen Anfang und der großartigen Vollendung stattfindet. Zu diesem Aspekt des Wachstums in den Gleichnissen gibt es viele Fragen. Diese werden wir später detailliert ansprechen, wenn wir uns damit befassen, was die Bibel über die irdische Seite des Reiches Gottes im jetzigen Zeitalter lehrt. Hier soll zunächst die Aussage genügen, dass das Wachstum des Reiches Gottes weder den Postmillennialismus noch den Gedanken einer allmählichen Weltverbesserung rechtfertigt.

In den vorherigen Kapiteln habe ich aufgezeigt, dass das Kommen des Reiches sowohl Vergangenheit als auch Zukunft ist. Ich habe jedoch noch nicht erklärt, wie sich diese beiden Phasen des Kommens des Reiches voneinander unterscheiden. Aus unserer kurzgefassten Gesamtschau dieser bedeutenden Reich-Gottes-Gleichnisse erlangen wir aber ein gutes Grundverständnis für das zweiphasige Kommen des Reiches.

Welche Erwartungen sollten wir im jetzigen Zeitalter für das Reich Gottes hegen? Wir müssen sowohl einen übertriebenen Pessimismus als auch einen ungetrübten Optimismus ablehnen. Diese Gleichnisse rechtfertigen jedoch einen realistischen Optimismus. Es wird Wachstum und Fortschritt geben, aber nicht so, dass es die Probleme nicht mehr gäbe, mit denen die ersten Jünger Jesu konfrontiert wurden. Bei den meisten Menschen wird das Wort weiterhin fruchtlos bleiben. Gute und Böse werden weiterhin in dieser Welt nebeneinander existieren. Während dieser ersten Phase des Reiches wird für die, die das Reich besitzen wollen, immer Opferbereitschaft nötig sein. Zugleich aber wird das Wort weiterhin bei vielen erstaunlich viel Frucht und insgesamt viel Wachstum bewirken.

---

28 Ladd, *The Theology of the New Testament*, S. 98.

Wenn ein Christ die endgültige Erfüllung all seiner Hoffnungen und die endgültige Erlösung von all seinen Prüfungen sucht, muss er auf die zukünftige Phase des Kommens des Reiches schauen. Wenn das Reich in Vollendung kommt, werden die Gerechten von den Gottlosen getrennt, die Gottlosen bestraft, die Gerechten verherrlicht und die Völker der Welt unter die Herrschaft des Reiches Gottes kommen.

Das Kommen des Königreichs in den Gleichnissen von Matthäus 13 (erweiterte Darstellung)

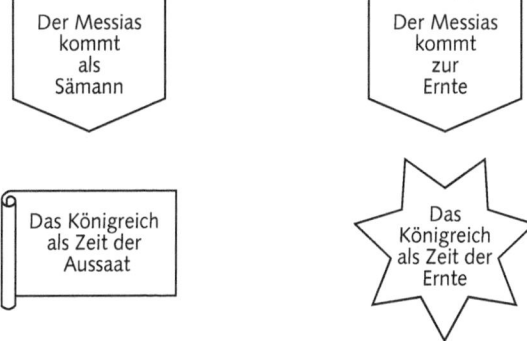

Der Messias kommt als Sämann

Der Messias kommt zur Ernte

Das Königreich als Zeit der Aussaat

Das Königreich als Zeit der Ernte

Die Inauguration (Einläutung) des Königreichs
- Das Wort vom Königreich: gepredigt in der Welt fruchtlos bei den meisten fruchtbringend bei vielen
- äußerlich unscheinbar
- Mischung von Guten und Bösen
- völlige Aufopferung nötig
- erstaunliches Wachstum

Die Vollendung des Königreichs
- die Völker werden unter die Herrschaft des Reiches gebracht
- Trennung zwischen Gerechten und Gottlosen
- Bestrafung der Gottlosen
- Verherrlichung der Gerechten

KAPITEL 8

Das Kommen des Königreichs in Klartext bei Paulus

Matthäus 13 thematisiert das Kommen des Reiches in Gleichnissen. Wie wir noch sehen werden, präsentiert Offenbarung 20 das Kommen des Reiches Gottes in Form einer Vision. Doch 1. Korinther 15,20-28 behandelt dasselbe Thema in gewöhnlicher Prosa. Da solche wörtlich gemeinte Rede leichter auszulegen ist als die Bildersprache von Gleichnissen und Visionen, ist diese Stelle von besonderer und maßgeblicher Bedeutung:

> Nun aber ist Christus von den Toten auferweckt worden als Erstling der Entschlafenen. Denn weil der Tod durch einen Menschen verursacht worden ist, erfolgt auch die Auferstehung der Toten durch einen Menschen. Wie nämlich in Adam alle sterben, so werden auch entsprechend in Christus alle wieder zum Leben gebracht werden, ein jeder aber in seiner besonderen Abteilung: als Erstling Christus; hierauf die, welche Christus angehören, bei seiner Wiederkunft; danach das Ende, wenn er Gott dem Vater das Reich übergibt, sobald er jede andere Herrschaft und jede Gewalt und Macht vernichtet hat; denn er muss als König herrschen, »bis er ihm alle Feinde unter die Füße gelegt hat« (Ps 110,1). Der letzte Feind, der vernichtet wird, ist der Tod; denn »alles hat er ihm unter die Füße gelegt« (Ps 8,7). Wenn er dann aber ausprechen wird: »Alles ist unterworfen!«, so ist doch selbstverständlich der ausgenommen, der ihm alles unterworfen hat. Sobald ihm aber alles unterworfen ist, dann wird auch der Sohn selbst sich dem unterwerfen, der ihm alles unterworfen hat, damit Gott alles sei in allen. (MEN)

Die Stellung dieses Abschnitts in seinem Kontext

Dieser Abschnitt gehört zu Paulus' Antwort darauf, dass Irrlehrer die Auferstehung leugneten. In den Versen 1-11 legt Paulus die

Grundlage für seine Widerlegung, ohne näher auf die Leugnung der Auferstehung durch die Irrlehrer einzugehen. Außerordentlich detailliert begründet er dort, dass die historisch bezeugte Tatsache der Auferstehung Christi der zentrale Inhalt der Evangeliumsbotschaft der Apostel ist. Diese Grundlage bildet die Voraussetzung für Paulus' ganze Argumentation. In den Versen 12-28 entfaltet er dann zwei Argumente, die für seine Gegner vernichtend sind. In den Versen 12-19 argumentiert er: Wer die Auferstehung leugnet, leugnet das Evangelium selbst und zieht dadurch all die schrecklichen Folgen einer solchen Leugnung auf sich. In den Versen 20-28 fährt Paulus fort zu argumentieren, dass die Auferstehung Christi zwangsläufig die Auferstehung seines ganzen Volkes nach sich ziehen muss. Christus ist als Erstlingsfrucht auferstanden (V. 20.23), und das bedeutet, dass auch sein Volk auferstehen wird. Vor diesem Hintergrund werden mehrere Punkte deutlich, die zum Verständnis dieser Stelle wichtig sind:

Der erste wichtige Punkt ist *die Relevanz dieser Schriftstelle* für das vorliegende Thema. Da Paulus in den Versen 24-28 vom Königreich Gottes spricht, ist jedenfalls klar, dass Paulus die Auferstehung eng mit dem Reich Gottes verbindet. Mit dieser Schriftstelle studieren wir tatsächlich eine der wichtigsten neutestamentlichen Passagen über das Kommen des Reiches.

Der zweite wichtige Punkt ist *das Thema dieser Schriftstelle*. Dieser Abschnitt steht inmitten der Beweisführung, dass Christus auferstanden ist und auch die Gläubigen auferstehen werden. Dies legt eindeutig nahe, dass auch das Thema des Reiches Gottes an dieser Stelle vom Gesichtspunkt des Hauptthemas der Auferstehung her behandelt wird.

Der dritte wichtige Punkt ist der *Geltungsbereich dieser Schriftstelle*. An keiner Stelle in diesem Zusammenhang erwähnt Paulus die Auferstehung von *Ungläubigen*. Die Bibel lehrt zwar auch die Auferstehung der Ungläubigen, aber dies wird in 1. Korinther 15 nirgends behandelt. Hier ist Paulus allein an der Auferstehung interessiert, die im engeren Sinne des Wortes zu neuem Leben führt – die Auferstehung, die zum Heilsplan für das Volk Gottes gehört.

Der vierte wichtige Punkt ist *die Stoßrichtung dieser Schriftstelle*. Warum bringt Paulus in diesem Kontext das Thema des Reiches Gottes ins Spiel? Es will unterstreichen, dass die Auferstehung der

Gläubigen von äußerster und unumgänglicher Notwendigkeit ist, denn: Das unausweichliche Kommen des Reiches Gottes erfordert die Auferstehung der Gläubigen. Daher wird ihre Auferstehung mit zwingender Gewissheit stattfinden. Christus *muss* herrschen, bis Gott alle seine Feinde unter seine Füße gelegt hat. Der Tod ist der letzte Feind des Reiches und des Volkes Christi und muss deshalb abgeschafft werden (Vers 26). Wodurch wird der Tod besiegt und vernichtet? Durch die Auferstehung Christi und der Gläubigen:

> Denn dieses Vergängliche muss Unvergänglichkeit anziehen und dieses Sterbliche Unsterblichkeit anziehen. Wenn aber dieses Vergängliche Unvergänglichkeit anziehen und dieses Sterbliche Unsterblichkeit anziehen wird, dann wird das Wort erfüllt werden, das geschrieben steht: »Verschlungen ist der Tod in Sieg.« »Wo ist, o Tod, dein Sieg? Wo ist, o Tod, dein Stachel?« (V. 53-55)

Die offenkundige Lehre dieses Abschnitts

Das »Reich« und die Herrschaft in diesem Abschnitt ist die Zeit der »Eroberungsherrschaft« Christi (die Phase des Wachstums des Reiches), während der er sich alles unterwirft: »… dann das Ende, wenn er das Reich dem Gott und Vater übergibt; wenn er alle Herrschaft und alle Gewalt und Macht weggetan hat. Denn er muss herrschen, bis er alle Feinde unter seine Füße gelegt hat« (V. 24-25). Mit Hilfe zweier einfacher Fragen können wir sicherstellen, dass wir richtig verstehen, was dieser Abschnitt über das Kommen des Reiches lehrt: »Wann beginnt diese Eroberungsherrschaft Christi?«, und: »Wann endet sie?« Die Abbildung auf der nächsten Seite veranschaulicht diese Fragestellung und zeigt, in welche Richtung die Antwort gehen dürfte.

Wann endet die Eroberungsherrschaft Christi?

Die Verse 24-26 lehren, dass diese Zeit der Eroberungsherrschaft endet, wenn Christus den letzten Feind besiegt hat. Der letzte Feind ist der Tod. Somit markiert die Vernichtung des Todes das Ende der Eroberungsherrschaft Christi. Die entscheidende Frage lautet also: Wann ereignet sich die Vernichtung des Todes? Der vorangehende wie auch der nachfolgende Kontext beantwortet diese Frage eindeutig. Wie wir

Fragen zur Eroberungsherrschaft Christi

Wann beginnt sie?   Wann endet sie?

Die Eroberungsherrschaft Christi

| Mit Christi Auferstehung und himmlischer Thronbesteigung. | Wenn Christus bei seiner Wiederkunft den letzten Feind, den Tod, durch die Auferstehung seines Volkes vernichtet hat. |

schon sahen, weist der vorangehende Kontext eindeutig auf die Auferstehung der Gläubigen als das Ereignis hin, das den Sieg über den Tod besiegelt. Die Verse 22-24 sagen eindeutig, wann der Tod besiegt wird und die Herrschaft Christi endet: »Wie nämlich in Adam alle sterben, so werden auch entsprechend in Christus alle wieder zum Leben gebracht werden, ein jeder aber in seiner besonderen Abteilung: als Erstling Christus; hierauf die, welche Christus angehören, bei seiner Wiederkunft; danach das Ende ...« Der nachfolgende Kontext, insbesondere die Verse 50-58, sagt dies mit ausdrücklicher Klarheit. Besonders die Verse 54 und 55 machen das deutlich: »Wenn aber dieser vergängliche Leib die Unvergänglichkeit angezogen hat und dieser sterbliche Leib die Unsterblichkeit, dann wird sich das Wort erfüllen, das geschrieben steht: ›Verschlungen ist der Tod in Sieg: Tod, wo ist dein Sieg? Tod, wo ist dein Stachel?‹«

Wenn die Zeit der Eroberungsherrschaft Christi mit der Auferstehung der Gläubigen bei der Wiederkunft endet, dann muss sie davor beginnen. Dass die Eroberungsherrschaft vor der Wiederkunft beginnen muss, zeigt schon der Kontext, da sie mit dem ersten Kommen Christi und seiner Auferstehung in Verbindung stehen muss.

Wann beginnt die Eroberungsherrschaft Christi?
Dieser Schluss wird durch mehrere Beweislinien bestätigt, die zeigen, dass Christi Eroberungsherrschaft und sein Reich zu dem Zeitpunkt begannen, als er von den Toten auferstand. Da ist zuerst einmal die Aussage dieser Schriftstelle selbst. Vers 27 zitiert Psalm 8,7 und spricht dabei von der Thronbesteigung Christi in der Vergangenheitsform. Die zweite Beweislinie betrifft die anderen Stellen im Neuen Testa-

ment, die ebenfalls Psalm 8 zitieren: Epheser 1,22 und Hebräer 2,8 zitieren beide diesen Psalmvers und betrachten beide die Herrschaft Christi als etwas, das bereits bei seiner Auferstehung begonnen hat.[29]

Zuletzt noch eine dritte Beweislinie, die diese Erklärung, wann die Eroberungsherrschaft Christi beginnt und endet, nachdrücklich unterstützt: Diese Ansicht harmoniert hundertprozentig damit, dass der Kontext den Schwerpunkt auf die Auferstehung Christi als Erstlingsfrucht und auf die Auferstehung der Gläubigen bei der Wiederkunft Christi legt. Anfang und Ende der Eroberungsherrschaft Christi, wie sie hier dargestellt werden, decken sich mit der Auferstehung Christi und der Auferstehung seines Volkes.

Christi Herrschaft und die Auferstehung

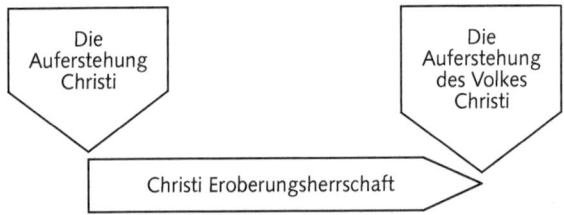

Zwingende Schlüsse

Der Prämillennialismus kann einer Prüfung im Licht dieser Stelle nicht standhalten, und zwar aus den folgenden zwei Gründen: Erstens markiert die Auferstehung der Gläubigen bei Christi Wiederkunft (V. 23) den Abschluss seiner Eroberungsherrschaft. Der letzte Feind ist der Tod. Nach der Abschaffung des Todes durch die Auferstehung der Gläubigen bleibt kein Feind mehr übrig, der zu besiegen wäre. Es ist jedoch klar, dass Offenbarung 20,1-10 von einer tausend-

---

29 Hebräer 2,8-9 sagt in der Vergangenheitsform, dass dem Herrn Jesus alles unter die Füße gelegt und unterworfen worden ist. Die Einschränkung für die Gegenwart (»jetzt ... noch nicht«, V. 9) ist, dass wir dies noch nicht wahrnehmbar »sehen«. Auch Psalm 110,1, der in 1. Korinther 15,25 zitiert wird (»zur Rechten Gottes gesetzt ... bis er alle seine Feinde unter seine Füße gelegt hat«) wird an mehreren Stellen im NT eindeutig auf die Jetztzeit bezogen (Apg 2,34; Eph 1,20; Hebr 1,3.13; 10,13; Ergänzung des dt. Herausgebers).

jährigen Herrschaft spricht, während derer viele Feinde noch nicht besiegt sind. Im Licht von 1. Korinther 15,21-28 ist es unmöglich, Offenbarung 20,1-10 prämillennialistisch zu deuten. Das Millennium von Offenbarung 20 muss eine Zeit meinen, bevor der letzte Feind bei der Wiederkunft Christi vernichtet wird.

Zweitens: Die Eroberungsherrschaft Christi endet bei seiner Wiederkunft und mündet in der abschließenden Vollendung. Vers 28 spricht davon in den allerklarsten Worten. Nach der Eroberungsherrschaft Christi von 1. Korinther 15,24-28 bricht also kein Tausendjähriges Reich an, sondern die Ewigkeit.

Die Verse 24-26 sprechen von der Eroberungsherrschaft Christi in Begriffen, die eine fortschreitende Steigerung des Sieges Christi ausdrücken. Während Christi Eroberungsherrschaft befindet sich sein Reich also in einem Wachstumsprozess; seine Herrschaft wird immer umfassender. Der Sieg über den letzten Feind, den Tod, wird als letzter in einer Reihe von Siegen über die Feinde Christi beschrieben.

Paulus beschreibt also das Kommens des Reiches in genau derselben Weise wie Jesus es selbst beschreibt. Sowohl in den Gleichnissen in Matthäus 13 als auch im Klartext von 1. Korinther 15 findet sich dasselbe Merkmal: eine Ankunft des Reiches in zwei Stufen, und davon eingerahmt eine Zeit der Zwischenherrschaft. Und dieses Kennzeichen neutestamentlicher Eschatologie findet sich auch – was sehr interessant ist – in Offenbarung 20,1-10.

KAPITEL 9

Das Kommen des Königreichs in der Vision des Johannes – Grundlagen

Grundsätze der Auslegung von Offenbarung 20,1-10

Es gibt keine bedeutendere Frage in der heutigen Christenheit als die, wie man die Bibel richtig auslegt. Die Lehre von der Bibelauslegung nennt man *Hermeneutik*. So fest man auch an die Inspiration der Bibel glauben mag, wer sie nur falsch genug auslegt, wird ihre Autorität dadurch vollständig aushebeln. Beispielsweise vertritt Harold Camping zwar eine richtige Ansicht über die Irrtumslosigkeit der Bibel, sagte aber aufgrund falscher Schriftauslegung voraus, dass Christus 1994 wiederkommen würde.[30] Viele behaupten zwar, ohne Abstriche an die Autorität der Bibel zu glauben, zwängen aber dennoch der Gemeinde den Feminismus auf und leugnen, dass Männer und Frauen verschiedene Aufgaben haben. Warum? Weil sie die Bibel unangemessen auslegen! Viele Sekten halten die Schrift in hohen Ehren und machen dennoch das Evangelium von Christus durch ihre schlechte Hermeneutik zunichte. Denken wir an die Warnung in 2. Petrus 3,16: »In diesen [Briefen des Paulus] findet sich allerdings manches Schwerverständliche, das die Unwissenden und Ungefestigten ebenso zu ihrem eigenen Verderben verdrehen, wie sie es auch bei den übrigen heiligen Schriften tun.« Viele haben Paulus zu ihrem eigenen Verderben gelesen und die Bedeutung seiner Schriften verdreht. Was war das Problem dabei? Ihre falsche Hermeneutik!

Wie gesagt bezwecke ich mit diesem Buch ja gerade, dem Leser zu einer besseren, schriftgemäßeren Hermeneutik zu verhelfen. Da-

---

30 Harold Camping, *1994?* (New York: Vantage Press, 1992). – Anm. d. Übers.: 2005 verkündigte Camping erneut ein Datum der Wiederkunft Christi, diesmal für den 21. Mai 2011. Nachdem sie ausblieb, verschob er den Termin auf den 21. Oktober 2011. Anfang 2012 leistete er für seine Berechnungen schließlich öffentlich Abbitte.

zu habe ich das Klare vor dem Schwierigen, das Wörtliche vor dem Bildlichen und das Allgemeine vor den Details untersucht, und so habe ich versucht, ein Schema der Prophetie aus dem herzuleiten, was in der Schrift klar und unstrittig ist. Mit diesem Kapitel kommt meine Untersuchung jedoch notwendigerweise an einen Punkt, wo wir vom Klaren zum Schwierigen übergehen, vom Wörtlichen zum Bildlichen und von den allgemeinen Lehren des Wortes Gottes dahin, dass wir uns mit der Detailauslegung von Einzelheiten aus dem Wortes Gottes befassen. Das ist notwendig, weil keine Untersuchung der biblischen Prophetie den Anspruch auf Vollständigkeit erheben kann, wenn sie Offenbarung 20,1-10 auslässt. Diese Schriftstelle kann man sicherlich als »umstrittenste Bibelstelle der biblischen Eschatologie« bezeichnen. Sie ist im Laufe der Kirchengeschichte so oft Gegenstand von Diskussionen gewesen, dass man sie untersuchen muss. Darüber hinaus ist ihre Auslegung auch von so entscheidender und zentraler Bedeutung für das prämillennialistische Verständnis der Schrift, dass man sie nicht ignorieren kann. Kein Prämillennialist könnte das vorliegende Buch ernstnehmen (und das zu Recht!), wenn es keine Erklärung zu Offenbarung 20,1-10 enthielte. Unsere Kritik am Prämillennialismus in den vorangegangenen Kapiteln führt unweigerlich zu der berechtigten Frage: »*Was aber bedeutet dann Offenbarung 20? Wie erklären wir dieses Kapitel?*« Lesen wir zunächst den Abschnitt selbst:

Und ich sah einen Engel aus dem Himmel herabkommen, der den Schlüssel des Abgrundes und eine große Kette in seiner Hand hatte. Und er griff den Drachen, die alte Schlange, die der Teufel und der Satan ist; und er band ihn tausend Jahre und warf ihn in den Abgrund und schloss zu und versiegelte über ihm, damit er nicht mehr die Nationen verführe, bis die tausend Jahre vollendet sind. Nach diesem muss er für kurze Zeit losgelassen werden. Und ich sah Throne, und sie setzten sich darauf, und das Gericht wurde ihnen übergeben; und ich sah die Seelen derer, die um des Zeugnisses Jesu und um des Wortes Gottes willen enthauptet worden waren, und die, welche das Tier und sein Bild nicht angebetet und das Malzeichen nicht an ihre Stirn und an ihre Hand angenommen hatten, und sie wurden lebendig und herrschten mit dem Christus tausend Jahre. Die übrigen der Toten wurden nicht lebendig, bis die tausend Jahre vollendet waren. Dies ist die erste Auferstehung. Glückselig und heilig, wer teilhat an der ersten Auferstehung! Über diese hat der zweite Tod keine Macht, sondern sie werden Priester Gottes und des Christus sein und mit ihm herrschen die tausend Jahre. Und wenn die tausend Jahre vollendet sind, wird der Satan aus seinem Gefängnis losgelassen werden und wird hinausgehen, die Nationen zu verführen, die an den vier Ecken der Erde sind, den Gog und den Magog, um sie zum Krieg zu versammeln; deren Zahl ist wie der Sand des Meeres. Und sie zogen herauf auf die Breite der Erde und umzingelten das Heerlager der Heiligen und die geliebte Stadt; und Feuer kam aus dem Himmel herab und verschlang sie. Und der Teufel, der sie verführte, wurde in den Feuer- und Schwefelsee geworfen, wo sowohl das Tier als auch der falsche Prophet sind; und sie werden Tag und Nacht gepeinigt werden von Ewigkeit zu Ewigkeit.

Wir haben bisher die schwierigen und bildlich gemeinten Bibelstellen außen vor gelassen und brauchten uns daher bisher nur wenig Gedanken über die Grundsätze der Schriftauslegung bzw. Hermeneutik zu machen. Wenn wir jetzt aber zu einer umstrittenen und schwierigen Stelle wie Offenbarung 20 kommen, muss die biblische Hermeneutik im Mittelpunkt stehen. Bevor wir die Stelle detaillierter untersuchen, müssen wir uns mit Hermeneutik befassen. Ich möchte zunächst fünf Merkmale dieses Abschnitts aufzeigen und dabei diejenigen Grundsätze schriftgemäßer Auslegung vorstellen, die für das Verständnis von Offenbarung 20 von entscheidender Bedeutung sind.

Merkmal 1: Der historische Kontext der Vision

Der erste und wichtigste Grundsatz der Schriftauslegung ist unter dem Namen *grammatisch-historische Exegese* bekannt. Kurz gesagt bedeutet dieser Grundsatz: Man muss die Bibel so nach den Regeln der Grammatik des normalen Sprachgebrauchs auslegen, dass die Bedeutung entsprechend dem historischen Kontext dieser Schriftstelle deutlich wird. Die richtige Bedeutung ist die, die der Text für den Autor und die Leser ursprünglich (d. h. in der historischen Situation der Abfassung) hatte.

Natürlich muss man darüber hinaus auch die theologische Deutung der Schriftstelle beachten. Die Bibel ist ein göttliches wie auch zugleich menschliches Buch. Jedes Bibelbuch hat sowohl einen menschlichen Autor (Jesaja, Johannes usw.) als auch einen göttlichen Autor (den Heiligen Geist). Jeder Teil der Bibel hat somit sowohl eine besondere grammatisch-historische Bedeutung, da er von Menschen geschrieben wurde, als auch darüber hinaus eine theologische Bedeutung, da er von Gott verfasst wurde. Anders gesagt: Jeder Teil der Schrift ist nach dem Willen des Heiligen Geistes Teil des Kanons (d. h. Teil des Maßstabs für Glauben und Lebenswandel) der Christenheit und ist somit für die gesamte Christenheit von Bedeutung.

Dieses zweifache Wesen der Schrift ist kein Widerspruch in sich selbst. Die menschliche Seite der Schrift schmälert keineswegs ihre göttliche Urheberschaft. Umgekehrt bedeutet ihre göttliche Urheberschaft nicht, dass wir die besondere Sprache oder historische Situation des menschlichen Autors ignorieren könnten. Vielmehr steht die theologische Auslegung einer Bibelstelle nicht nur stets im Einklang mit ihrer grammatisch-historischen Exegese, sondern ergibt sich auch daraus.

Was hat all das nun mit Offenbarung 20 zu tun? Es bedeutet, dass man bei der Auslegung den historischen Kontext der Visionen nicht ignorieren darf. Die genaue Abfassungszeit der Offenbarung ist umstritten (entweder kurz vor oder einige Zeit nach der Zerstörung Jerusalems im Jahr 70 n. Chr.). Unumstritten ist, dass sie vom Apostel Johannes geschrieben wurde, der um des Glaubens willen im Exil auf Patmos war, und dass sie sich an Gemeinden in der römischen Provinz Asia richtete, die ebenfalls um des Glaubens willen leiden mussten (Offb 1,9; 2,2f.10.13; 3,9f). Auslegungen, die missachten, dass diese Visionen von einem verfolgten Apostel für eine bedrängte Gemeinde aufgeschrieben wurden, verstoßen gegen den Grundsatz historischer Auslegung. Eine zuverlässige Auslegung muss eine klare Verbindung zu diesem historischen Kontext aufweisen. Prämillennialisten deuten Offenbarung 20 ganz losgelöst von der Verfolgungssituation zur Zeit der Abfassung, obwohl diese Verfolgung und Bedrängnis darin thematisiert werden (s. S. 122). Daher ist diese Auslegung problematisch.

Merkmal 2: Die Literaturgattung der Apokalyptik

Wenn ich bei Offenbarung 20 von der *apokalyptischen Literaturgattung* spreche, ist das erklärungsbedürftig. Das Adjektiv »apokalyptisch« leitet sich von dem griechischen Wort ab, das »Offenbarung«

bedeutet. Das Buch der Offenbarung wird ja manchmal auch Apokalypse genannt (nach dem griechischen Wort *apokálypsis*). In unserem Zusammenhang der Schriftauslegung beschreibt das Wort »apokalyptisch« die sehr symbolhaltige und bildhafte Sprache, die für das Buch der Offenbarung wie auch für manche Teile des Buches Daniel charakteristisch ist. Beispiele für diese Art von Sprache sind Daniel 8,1-27 und Offenbarung 13,1-4.

Mit der apokalyptischen Literaturgattung von Offenbarung 20 ist also gemeint, dass dieser Text zu einer Art von Literatur gehört, die im höchsten Maße Symbol- und Bildersprache benutzt. Der Text ist keine gewöhnliche, wörtlich zu verstehende Prosa.

Der Grundsatz der Schriftauslegung, der hier ins Spiel kommt, besagt: Biblische Texte müssen so gedeutet werden, dass es ihrer jeweiligen Literaturgattung gerecht wird. Eine *Gattungsanalyse* ist also von entscheidender Bedeutung, wenn man die Bibel richtig verstehen will. R. C. Sproul bietet zum Thema Gattungsanalyse bei der Bibelauslegung folgende hilfreiche Anmerkungen:

> Bei der Analyse der Literaturgattung bzw. des »Genres« geht es darum, welche literarische Form ein Text hat, welche Redewendungen und bildhaften Ausdrücke verwendet werden und in welchem Stil der Text verfasst ist. So geht man bei allen literarischen Werken vor. Man unterscheidet lyrische Poesie von Bedienungsanleitungen, tagesaktuelle Zeitungsberichte von epischen Gedichten. Historische Erzählungen haben einen anderen Stil als Predigten, realistische Beschreibungen sind anders als polemische Übertreibungen. Wenn wir diese Differenzierungen bei der Bibel nicht anwenden, führt das zu vielerlei Auslegungsproblemen. Die Analyse von Literaturgattung und Stil ist für die genaue Auslegung unabdinglich.[31]

An dieser Stelle sollte deutlich geworden sein, was all das mit Offenbarung 20 zu tun hat. Diese Schriftstelle gehört eindeutig zur apokalyptischen Literaturgattung und muss dementsprechend ausgelegt werden. Die einleitenden Worte »Und ich sah« in Offenbarung 20,1

---

31 R. C. Sproul, *Bibelstudium für Einsteiger* (Oerlinghausen: Betanien Verlag 2009), S. 49. Originaltitel: *Knowing Scripture* (Downers Grove, Illinois: InterVarsity Press, 1979).

zeigen, dass hier eine Vision beschrieben wird und der Text daher symbolischer oder apokalyptischer Natur ist. Man darf die Schriftstelle deshalb nicht *wortwörtlich* verstehen, sondern muss sie vielmehr in Einklang mit ihrer apokalyptischer Gattung oder Form bildlich und symbolisch deuten.

Daniel 7,2-8 liefert ein Beispiel für solche Literatur, während einige Verse weiter in Daniel 7,16 erklärt wird, dass man solche Sprache bildlich verstehen muss und nicht wörtlich nehmen darf: »Ich näherte mich einem von denen, die dastanden, und bat ihn um genaue Auskunft über dies alles. Und er sprach zu mir und ließ mich die Deutung der Worte wissen ...« Diese Aussage macht deutlich, dass die Visionen des Propheten (oder des Apostels) nicht buchstäblich, sondern bildlich zu verstehen sind. Ihre Bedeutung ist nicht unmittelbar offensichtlich wie bei gewöhnlicher Rede oder Prosa. Daniel muss sich nach der Bedeutung erkundigen, da sie ihm aufgrund des apokalyptischen Charakters nicht gleich klar ist.

Das führt uns zur nächsten wichtigen Frage: *Wie muss man eine solche symbolische, apokalyptische oder bildliche Sprache richtig deuten?* Dafür müssen mehrere Prinzipien beachtet werden, die ich im Folgenden kurz erkläre:

• Apokalyptische Texte müssen in sich schlüssig und konsequent ausgelegt werden. Man darf die Bestandteile des Textes nicht je nach Gutdünken des Auslegers einmal wörtlich verstehen und dann wieder nicht. Es gibt zum Beispiel keinen guten Grund, Zeitangaben wie die tausend Jahre von Offenbarung 20 wortwörtlich zu verstehen, während man den Rest des Textes durchgehend symbolisch auslegt.

• Biblische Symbole müssen, wenn sie nicht im direkten Kontext erklärt werden, anhand ihres biblischen Ursprungs, Hintergrunds und Gebrauchs gedeutet werden. Bei der Deutung neutestamentlicher Symbolik kann es sehr hilfreich sein, die alttestamentlichen Stellen zu untersuchen, von denen sich die Symbolik herleitet. Zum Beispiel lassen sich die »Vögel des Himmels« in Lukas 13,19 besser verstehen, wenn man das Vorkommen dieses Ausdrucks an zwei alttestamentlichen Stellen beachtet (Hes 17,22-24; Dan 4,12.21f). Die meisten bildlichen Ausdrücke in der Offenbarung greifen Themen und Bilder aus dem Alten Testament auf.

- Der wichtige Auslegungsgrundsatz der »Analogie des Glaubens«
gilt auch für die Auslegung symbolischer Texte. Dieser Grundsatz besagt: Eine Deutung, die der übrigen Lehre der Schrift widerspricht, ist unhaltbar. Das Westminster-Bekenntnis und das
Baptistische Glaubensbekenntnis von 1689 sagen beide, dass *die
unfehlbare Regel der Auslegung der Schrift die Schrift selbst ist* (Kapitel 1, Absatz 9).[32] Die Bibel ist unfehlbar und ohne Irrtum. Eine Auslegung, die dazu führt, dass die Schrift sich selbst widersprechen würde, ist unannehmbar. Diese Bekenntnisse nennen
im selben Absatz eine einfache und wichtige Anwendung dieses
Grundsatzes: »Und wenn sich die Frage stellt, was der wahre und
umfassende Sinn einer Schriftstelle sei (es gibt keinen vielfachen
Sinn, sondern nur einen einzigen), dann muss dies durch andere Stellen geklärt werden, die deutlicher sind.« Dies hat für die
höchst bildliche und vieldiskutierte Sprache von Offenbarung 20
zahlreiche praktische Folgen.
- Die symbolische Sprache von Offenbarung 20 muss im Lichte anderer Schriftstellen untersucht werden, die klarer sind. Die alles
entscheidende Frage »Wann wird oder wurde Satan gebunden?«,
muss anhand dessen beantwortet werden, was die übrige Schrift
lehrt.
- Außerdem ist keine Auslegung einer symbolhaften Stelle an-
nehmbar, die dem klaren Sinn eindeutiger, im Klartext verfasster
Stellen widerspricht. Klaren Stellen muss der Vorrang vor unklaren eingeräumt werden, und klare müssen unklare Stellen auslegen.

Aufgrund dessen, was wir in den vorherigen Kapiteln gesehen haben,
würde eine prämillennialistische Deutung von Offenbarung 20,1-10
diesen Grundsätzen allerdings widersprechen. Um nur ein Beispiel
zu nennen: Das Jüngste Gericht findet laut der eindeutigen Lehre der
Schrift bei Christi Wiederkunft statt (Röm 2,1-16; 2Petr 3,3-18; Mt
25,31f.). In Offenbarung 20,11-15 wird im Anschluss an das Millennium (V. 1-10) das Jüngste Gericht geschildert. Wenn man meint, dass

---

32 Martin Luther formulierte dies als einen wichtigen Grundsatz der Reformation:
scriptura sui ipsius interpres, »die Schrift ist ihr eigener Ausleger« (Weimarer Ausgabe
Band 7, S. 97ff; Anm. d. Übers.).

Offenbarung 20,11-15 chronologisch auf die Verse 1-10 folgt (was Prämillennialisten zugeben), dann verlangt die Analogie des Glaubens,
dass die »tausend Jahre« einschließlich der »kurzen Zeit« des letzten
Aufstands Satans der Wiederkunft Christi vorausgehen.

Schriftstellen in zeitlicher Reihenfolge	Beschrie-benes Ereignis	Erklärung im Prämillennialismus	Erklärung im Amillennialismus
Offb 20,1-10	Millennium	Buchstäbliches Millennium *nach* der Wiederkunft Christi (widerspricht aber der Textgattung)	**Konflikt:** Millennium *vor* der Wie-derkunft Christi
			Lösung: Millen-nium ist bildlich gemeint (entspricht der Analogie des Glaubens und der Textgattung)
Offb 20,11-15	Jüngstes Gericht = Wieder-kunft Christi	**Konflikt**: Jüngstes Gericht erst 1000 Jahre nach der Wie-derkunft Christi	Jüngstes Gericht bei der Wieder-kunft Christi
		Lösung: ein zweites, anderes Endgericht als bei der Wie-derkunft Christi (widerspricht aber der Analogie des Glaubens)	

Diese Überlegungen versetzen dem Prämillennialismus den Todes-
stoß. Die Auslegung von Offenbarung 20 ist für den Prämillennialisten von absolut tragender Bedeutung. Er muss beweisen, dass
Offenbarung 20 ein zukünftiges Millennium lehrt und dass keine
andere Auslegung möglich ist. Wenn es aber eine weitere denkbare
Auslegung dieser Schriftstelle gibt, dann verliert der Prämillennialismus seine zentrale exegetische Säule.

Merkmal 3: Rekapitulation statt Chronologie im Buch der Offenbarung[33]

Das Buch der Offenbarung ist keine chronologische Prophetie der Weltgeschichte in strikter zeitlicher Reihenfolge. Manche Ausleger (z. B. die Vertreter des Historizismus und des Futurismus) nehmen an, dass von Kapitel 4 bis zum Ende der Offenbarung in Kapitel 22 jedes prophezeite Detail in entsprechender zeitlicher Reihenfolge im Lauf der Weltgeschichte eintreten wird. So sollen u. a. die sieben Siegel, dann die sieben Posaunen und schließlich die sieben Zornschalen im Lauf der Geschichte zeitlich aufeinander folgen. Doch wie auch immer man den Aufbau der Offenbarung versteht, muss diese Ansicht unverzüglich verworfen werden. Denn es gibt klare Anhaltspunkte dafür, dass es im Buch der Offenbarung Rekapitulationen bzw. Wiederholungen gibt. So spricht zum Beispiel Offenbarung 11,18 vom Jüngsten Gericht, während der direkt folgende Abschnitt (vgl. 12,3.5) wieder die Zeit der Menschwerdung Christi aufgreift. Dies zeigt eindeutig, dass es im Buch der Offenbarung Wiederholungen gibt und dass man Auslegungsmodelle, die auf einer strikt chronologischen Auslegung des Buches basieren, nicht ernsthaft in Betracht ziehen kann.

Das ist für unsere Überlegungen zum Millennium sehr wichtig: Zwar folgt Offenbarung 20 auf Kapitel 19, wo beschrieben wird, wie Christus siegreich vom Himmel kommt, aber das ist kein zwingender Grund dafür, dass die Erfüllung von Offenbarung 20 chronologisch nach der Erfüllung von Kapitel 19 in der Weltgeschichte eintreten muss. So wie Offenbarung 12 uns wieder zurück zum ersten Kommen Christi führt, so kann dies auch bei Offenbarung 20 der Fall sein. Die nachfolgenden Grafiken vergleichen diese beiden Sichtweisen:[34]

---

33 Rekapitulation: Wiederholung, Wiederaufgreifen; Chronologie (chronologisch): (sich an die) zeitliche Reihenfolge (haltend).

34 Es gibt mehrere Möglichkeiten, die Offenbarung in sich wiederholende bzw. steigernde Zyklen einzuteilen, z. B. zeigt William Hendriksen in seinem Klassiker *More Than Conquerors* sieben solcher Abschnitte bzw. Zyklen auf, basierend auf sieben Erwähnungen des Endgerichts; Gregory K. Beale führt in seinem umfassenden Kommentar *The Book of Revelation* weitere Gliederungsmodelle an, insbesondere chiastische (gespiegelte) Strukturen mit progressiver Rekapitulation (Anm. d. Übers.).

Das chronologische Verständnis der Offenbarung

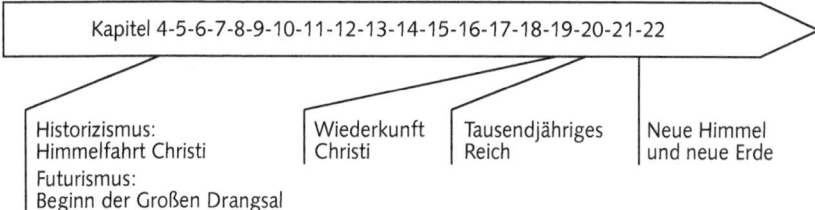

Kapitel 4-5-6-7-8-9-10-11-12-13-14-15-16-17-18-19-20-21-22

Historizismus:
Himmelfahrt Christi
Futurismus:
Beginn der Großen Drangsal

Wiederkunft
Christi

Tausendjähriges
Reich

Neue Himmel
und neue Erde

Das rekapitulierende Verständnis der Offenbarung

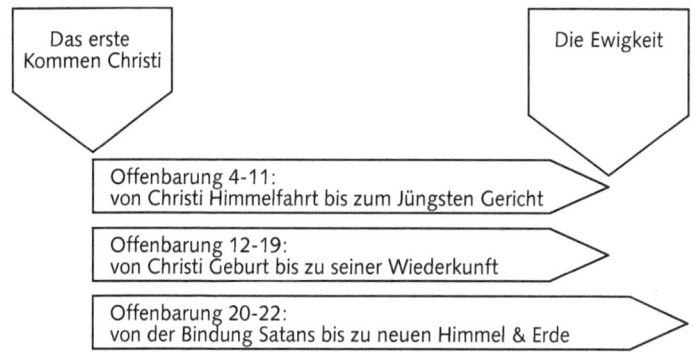

Das erste
Kommen Christi

Die Ewigkeit

Offenbarung 4-11:
von Christi Himmelfahrt bis zum Jüngsten Gericht

Offenbarung 12-19:
von Christi Geburt bis zu seiner Wiederkunft

Offenbarung 20-22:
von der Bindung Satans bis zu neuen Himmel & Erde

Merkmal 4: Das Königsreich-Thema in Offenbarung 20

Die Herrschaft Christi ist eindeutig das Thema von Offenbarung 20 (siehe V. 2-7). Folglich hat Offenbarung 20 dasselbe Thema wie auch Matthäus 13 und 1. Korinther 15,20-28: das Kommen des Königreichs Gottes. Dies zeigt erneut, dass weniger bildliche Stellen wie Matthäus 13 und 1. Korinther 15,20-28 für die Auslegung von Offenbarung 20,1-10 von maßgeblicher Bedeutung sind. Wenn man diese drei Stellen miteinander vergleicht, liegen die Entsprechungen und Parallelen auf der Hand. Offensichtlich ist diese Parallele ein bedeutendes Argument gegen den Prämillennialismus, denn sie verlangt, dass man die »tausendjährige« Herrschaft Christi vor seiner Wiederkunft einordnen muss. Die nachfolgende Grafik veranschaulicht, wie auffällig und bedeutend diese Parallelen sind.

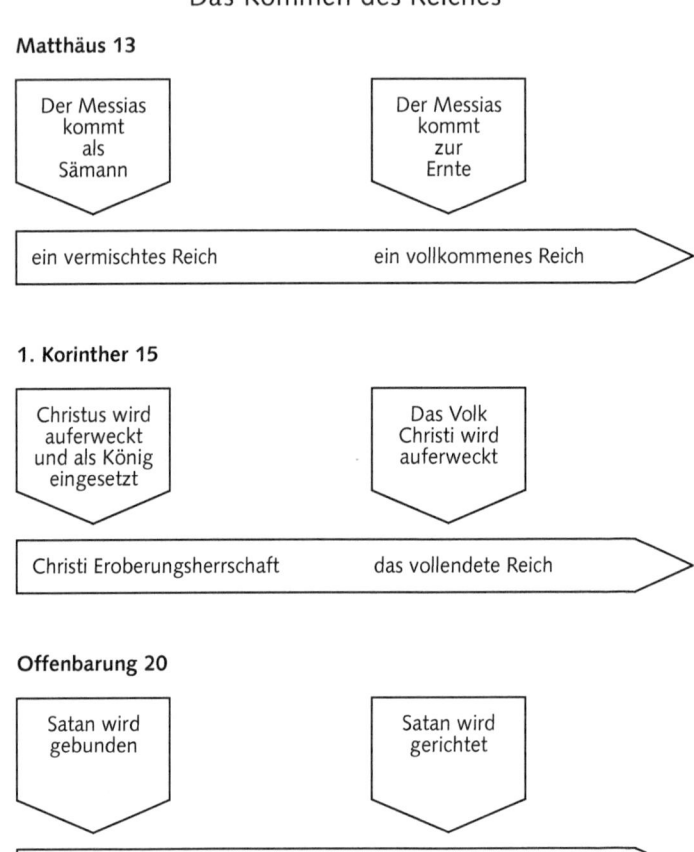

Das Kommen des Reiches

Matthäus 13

Der Messias kommt als Sämann

Der Messias kommt zur Ernte

ein vermischtes Reich | ein vollkommenes Reich

1. Korinther 15

Christus wird auferweckt und als König eingesetzt

Das Volk Christi wird auferweckt

Christi Eroberungsherrschaft | das vollendete Reich

Offenbarung 20

Satan wird gebunden

Satan wird gerichtet

Christus herrscht »1000 Jahre« | Neuer Himmel und neue Erde

Merkmal 5: Die innere Struktur von Offenbarung 20,1-10

Jede sachgerechte Auslegung eines Bibelabschnitts erfordert eine unvoreingenommene Untersuchung, wie dieser Abschnitt aufgebaut ist und sich entfaltet. Diese Untersuchung fängt damit an, dass man das

Hauptthema identifiziert. Bei Offenbarung 20 sind sowohl das Thema als auch dessen Entfaltung im Wesentlichen klar.

Das diesen Versen gemeinsame Oberthema ist die Zeit der tausendjährigen Herrschaft Christi. Die tausend Jahre, während der Satan gebunden ist und Christus herrscht, werden an dieser Stelle sechsmal erwähnt: in den Versen 2, 3, 4, 5, 6 und 7. Diese Verse gliedern sich in drei Hauptabschnitte: die Verse 1-3, 4-6 und 7-10. Von einem Standpunkt aus scheinen diese Verse chronologisch angeordnet:

Vers 1-3:   der Antritt der Herrschaft
Vers 4-6:   die Dauer der Herrschaft
Vers 7-10:   die Vollendung der Herrschaft

Aus einer anderen Perspektive kann man eine parallele Struktur erkennen:

Vers 1-3:   die tausendjährige Herrschaft auf Erden
Vers 4-6:   die tausendjährige Herrschaft im Himmel
Vers 7-10:   die tausendjährige Herrschaft auf Erden

Die vollständige Begründung dafür, dass es in den Versen 4-6 um eine tausendjährige Herrschaft im Himmel geht, werden wir in der Exegese in den nächsten zwei Kapiteln sehen. Doch schon jetzt ist klar, dass sich das Thema der Verse 4-6 deutlich vom Thema der Verse 1-3 und 7-10 unterscheidet. In den mittleren Versen 4-6 geht es um die »*Seelen*« derer, die mit Christus herrschen. Die umrahmenden Verse 1-3 und 7-10 handeln von Satan und den Nationen. Das Grundschema der folgenden Exegese basiert auf dieser Strukturanalyse. Wir werden zuerst *die tausendjährige Herrschaft auf Erden* betrachten (V. 1-3 und 7-10) und dann *die tausendjährige Herrschaft im Himmel* (V. 4-6).

KAPITEL 10

Das Kommen des Königreichs in der Vision des Johannes – das Millennium auf Erden

Wer behauptet, dass wir uns bereits jetzt im Millennium befinden, wird heute in den meisten Kreisen nur ein mitleidiges Lächeln ernten. Wer hätte kein Mitleid mit jemandem, der derart irregeführt ist, dass er einen so offensichtlichen Unsinn glauben kann? Ich hoffe, in diesem Kapitel zeigen zu können, dass der Glaube an ein gegenwärtiges Millennium aber gar nicht so weit hergeholt ist, wie viele denken. Dazu teilen wir unsere Untersuchung von Offenbarung 20 in zwei Teile: das Millennium auf Erden und das Millennium im Himmel. In diesem Kapitel befassen wir uns mit dem ersten Teil.

Das Millennium auf Erden wird in Offenbarung 20 in den Versen 1-3 und 7-10 vorgestellt. Diese Verse handeln davon, dass Satan gebunden und wieder losgelassen wird.

Verse 1-3: Satan wird gebunden

Zum Binden Satans muss man eine ganze Reihe Fragen beantworten. Im vorigen Kapitel haben wir gesehen, dass man die bildliche oder apokalyptische Sprache der Bibel anhand der klaren Lehrtexte in anderen Bibelstellen auslegen muss. Die klaren und wörtlich gemeinten Texte der Bibel geben Richtung und Rahmen für die Auslegung der unklaren und bildlich gemeinten Schriftstellen vor. Häufig entstammen solche Bilder aus anderen Bibelstellen. Das Vorkommen derselben Bilder und Sprachfiguren an anderen Stellen kann die Bedeutung von bildlich gemeinten Stellen, die zunächst schwierig scheinen, wunderbar erklären.

Wann wird Satan gebunden?

Die Lehre des Neuen Testaments über das Binden Satans kann man in drei Rubriken einordnen: Es kommt vor in den Evangelien, den Briefen und der Offenbarung:

Die Evangelien enthalten mindestens drei Stellen, die eindeutig vom Binden Satans sprechen. Christus spricht an mehreren Stellen davon, welche Auswirkungen sein erstes Kommen auf die Macht des Bösen hat. In Matthäus 12,28-29 sagt er über seine gewaltige Macht, mit der er Dämonen austreibt:

> Wenn ich aber durch den Geist Gottes die Dämonen austreibe, so ist also das Reich Gottes zu euch gekommen. Oder wie kann jemand in das Haus des Starken eindringen und seinen Hausrat rauben, wenn er nicht vorher den Starken bindet? Und dann wird er sein Haus berauben.

Hier wird das Binden des Starken mit dem Kommen des Königreichs Christi bei seinem ersten Kommen verknüpft. Dieselben beiden Gedanken sind auch in Offenbarung 20,1-3 miteinander verknüpft. Das griechische Wort, das in Matthäus 12 mit »binden« übersetzt wird, ist dasselbe Wort, das auch in Offenbarung 20,2 steht. Diese gleichen Vorgänge und Begriffe legen nahe, in Matthäus 12,28-29 eine Parallelstelle zu Offenbarung 20,1-3 zu sehen.

Lukas 10,17-19 schildert Satans Fall vom Himmel als Auswirkung davon, dass das Kommen des Königreichs gepredigt wird:

> Die Siebzig [Jünger] aber kehrten mit Freuden zurück und sprachen: Herr, auch die Dämonen sind uns untertan in deinem Namen. Er sprach aber zu ihnen: Ich schaute den Satan wie einen Blitz vom Himmel fallen. Siehe, ich habe euch die Macht gegeben, auf Schlangen und Skorpione zu treten, und über die ganze Kraft des Feindes, und nichts soll euch schaden.

Eine der gewaltigsten Auswirkungen des ersten Kommens Christi ist die weltweite Verkündigung des Evangeliums. Dieser Text verdeutlicht, dass der Satan durch die Verkündigung des Evangeliums entmachtet wird.

Johannes 12,31f verbindet den Zeitpunkt, zu dem Satan »hinausgeworfen« wurde, ausdrücklich damit, dass Christus am Kreuz erhöht wurde: »Jetzt ist das Gericht dieser Welt; jetzt wird der Fürst dieser Welt hinausgeworfen werden. Und ich, wenn ich von der Erde erhöht bin, werde alle zu mir ziehen.« Das Wort, das hier mit »hinausgeworfen« übersetzt wird, stammt von derselben Wortwurzel wie das Wort, das in Offenbarung 20,3 beschreibt, wie Satan in den Abgrund »geworfen« wird. Wie in Offenbarung 20,1-3 werden auch in Johannes 12 dieselben zwei Gedanken verbunden: die Macht Satans wird beschnitten und die Welt mit einer Zeit des Heils gesegnet. Erneut sind die Parallelen zu Offenbarung 20,1-3 viel zu deutlich, als dass man sie leugnen könnte.

In den *Briefen* lehrt eine ganze Anzahl von Stellen, dass Satans Macht durch die Ereignisse beim ersten Kommen Christi zerstört wurde. Beispielsweise spricht Kolosser 2,15 davon, dass Christi Tod und Auferstehung bewirkt haben, dass die Mächte und Gewalten entwaffnet, ausgeplündert und ihrer Macht entkleidet wurden:[35] »Als er so die Herrschaften und Gewalten auszog, stellte er sie öffentlich an den Pranger und triumphierte über sie an demselben.« Hebräer 2,14-15 spricht klar und deutlich davon, dass Christi Tod den Teufel zunichte gemacht bzw. seiner Macht beraubt hat: »Da nun die Kinder an Fleisch und Blut Anteil haben, ist er gleichermaßen dessen teilhaftig geworden, damit er durch den Tod den außer Wirksamkeit setzte, der die Macht des Todes hatte, nämlich den Teufel, und alle diejenigen befreite, die durch Todesfurcht ihr ganzes Leben hindurch in Knechtschaft gehalten wurden« (SCH). 1. Johannes 3,8 spricht ebenfalls von der vernichtenden Macht, die das erste Kommen Christi auf Satans Reich ausübte: »Wer die Sünde tut, stammt vom Teufel, denn der Teufel ist ein Sünder von Anfang an. Dazu ist der Sohn Gottes erschienen, dass er die Werke des Teufels zerstöre« (MEN).

Die Offenbarung enthält mindestens eine weitere Parallelstelle zu Offenbarung 20,1-3. Wir erwähnten bereits Offenbarung 12,5-10 als nur einen Beweis von vielen, dass die Offenbarung nicht chronologisch, sondern rekapitulierend aufgebaut ist. In Offenbarung 12,9-10 geht es auch um die Entmachtung Satans; diese Verse sprechen in Bildrede davon, dass Satan aus dem Himmel geworfen wurde. Diese

---

35 Das *Dictionary of New Testament Theology* (Bd. 1, S. 315) empfiehlt die Übersetzung »ihrer Macht entkleidet« und stützt dies mit überzeugenden Argumenten.

Sprache steht eindeutig parallel zu der Ausdrucksweise von Offenbarung 20,1-3. Der Sturz Satans aus dem Himmel wird hier mit der Geburt Christi und seiner Erhöhung zur Rechten Gottes in Verbindung gesetzt.

Diese Aufzählung biblischer Belege beweist schlüssig, dass jede Auslegung von Offenbarung 20,1-3, die beansprucht, in Einklang mit der übrigen Schrift zu stehen, zu dem klaren Schluss kommen muss: Satan wurde zur Zeit des ersten Kommens Christi und durch sein Erlösungswerk und sein Evangelium gebunden.[36] Nur diejenige Auslegung, die Satan durch Christi erstes Kommen gebunden sieht, entspricht dem wichtigen Auslegungsprinzip der Analogie des Glaubens. Eine noch zukünftige zeitweilige Bindung Satans ist sonst nirgends in der Schrift bekannt und daher reine Spekulation. Die einzige exegetische Grundlage für diese Sicht ist die prämillennialistische Deutung von Offenbarung 20,1-10, die wir hier auf den Prüfstand stellen. Eine Bindung Satans bei Christi Wiederkunft kann man nicht annehmen, ohne bei Offenbarung 20 ganz offensichtlich gegen die Grundsätze biblischer Hermeneutik zu verstoßen.

Wie lange wird Satan gebunden?

Diese Stelle sagt offenkundig, dass Satan für tausend Jahre gebunden wurde. Die Frage lautet, ob diese tausend Jahre in Offenbarung 20 wörtlich oder bildlich zu verstehen sind. Auch diese Antwort ermittelt man mithilfe der Grundsätze der Bibelauslegung, die im vorherigen Kapitel erklärt wurden. Einer dieser Grundsätze lautet, dass jede Bibelstelle so ausgelegt werden muss, dass es ihrer Literaturgattung entspricht. Man muss eine Gattungsanalyse vornehmen. Wir haben oben bereits festgestellt, dass Offenbarung 20 zur apokalyptischen Literatur zählt. Diese Art von Literatur ist im höchsten Maße symbolisch und bildhaft. Es wäre mit dem apokalyptischen und symbolischen Charakter von Offenbarung 20 unvereinbar, zu schließen, dass die tausend Jahre eine buchstäblich gemeinte Zeitperiode wären. Eine solche Zahl an einer solchen Schriftstelle muss man bildlich verstehen.

Diese Verse sprechen davon, dass Satan ins Gefängnis geworfen wird. Die Sprache, die in Verbindung mit Satans Gefangenschaft be-

---

36 William Hendriksen, *More Than Conquerors* (Grand Rapids: Baker, 1983), S. 187f.

nutzt wird, ist auch in anderer Hinsicht eindeutig symbolisch. Die Kette, der Schlüssel und das Gefängnis selbst (der Abgrund) sind allesamt symbolisch gemeint. Wenn aber das Gefängnis und alle anderen Details symbolisch gemeint sind, aus welchem vernünftigen Grund kann man dann dogmatisch behaupten, dass die Haftdauer (die tausend Jahre) buchstäblich gemeint sei? Man muss vielmehr davon ausgehen, dass die tausend Jahre bildlich gemeint sind. Es ist jedoch nicht nur zulässig und vernünftig, die tausend Jahre an dieser Stelle symbolisch zu verstehen, sondern es ist notwendig. Die tausend Jahre stehen symbolisch für eine lange, aber definitiv begrenzte Zeitperiode.

Warum wird Satan gebunden?

Einer der Haupteinwände gegen die bis hierher geschilderte Auslegung lautet: Dann wäre Satan ja vollkommen unfähig, während des jetzigen Zeitalters auf das Leben hier auf Erden Einfluss zu nehmen. Doch beinhaltet Satans Bindung, dass er während der tausend Jahre völlig inaktiv ist? Wenn das zutrifft, könnte Satan im gegenwärtigen Zeitalter des Evangeliums nicht gebunden sein, da das Neue Testament klar bezeugt, dass er weiterhin aktiv ist (1Petr 5,8; 2Kor 4,4). Mehrere Gründe sprechen jedoch dagegen, dass die Bindung Satans eine tausendjährige Inaktivität bedeute und er im jetzigen Zeitalter nicht gebunden sein könne.

Erstens müssen wir bedenken, dass die Sprache von Offenbarung 20 eine lebhafte, apokalyptische Symbolsprache ist. Eine solche Sprache ist nicht geeignet, um feine Details zur klären. Sie dient dazu, bedeutende und grundsätzliche Sachverhalte auszudrücken. Genauso, wie wir nicht die Details der Gleichnisse Christi überstrapazieren dürfen, so müssen wir uns auch bei der Deutung apokalyptischer Sprache zurückhalten. Womöglich besagt Offenbarung 20 nicht mehr, als dass Satans Wirken während der tausend Jahre in einem wichtigen Aspekt eingeschränkt ist.

Zweitens: Wer eine jetzige »Bindung« Satans ablehnt, weil der Teufel demnach im jetzigen Zeitalter vollkommen inaktiv wäre, muss unweigerlich auch mit einigen anderen klaren Aussagen des Neuen Testaments über Satan Probleme haben. Hebräer 2,14f besagt, dass durch das Kreuz Christi dem Teufel die Macht genommen und dass er zunichte gemacht wurde. Kolosser 2,15 lehrt, dass die Mächte des Bösen entwaffnet und entkleidet wurden. Johannes 12,31f erklärt, dass der Fürst dieser Welt hinausgeworfen wurde. Diese Schriftstellen lehren ebenfalls (wie unserer Auffassung nach auch Offenbarung 20), dass Satans Macht seit Christi Erlösungswerk erheblich eingeschränkt ist wie bei einem Hund an der Kette. Doch wer wird angesichts dieser Schriftstellen behaupten, sie widersprächen dem, was das Neue Testament andererseits auch lehrt: dass Satan und seine Heerscharen im gegenwärtigen Zeitalter auch weiterhin großen Einfluss ausüben?

Drittens: Wenn wir Offenbarung 20 untersuchen, finden sich dort klare Aussagen, zu welchem speziellen Zweck Satans Wirken gehemmt wird: »… damit er nicht mehr die Nationen verführt, bis die tausend Jahre vollendet sind.« Dass die Nationen *nicht mehr verführt werden*, setzt man oft damit gleich, dass sie gerettet werden. Doch das ist ein Missverständnis, das allein schon dadurch widerlegt wird, dass dieses Nicht-verführt-Werden nur vorübergehend ist! Das Heil ist natürlich nicht vorübergehend!

Wofür steht dann dieses Nicht-verführt-Werden der Nationen? Man kann es verstehen, wenn man das Gegenteil betrachtet. Die Verführung der Nationen wird in den Versen 7-9 beschrieben. Sie besteht darin, dass die Nationen durch das Wirken Satans dazu bewegt werden, einen gemeinsamen, konzertierten Versuch zu unternehmen, die Gemeinde zu vernichten. Satan ist somit heute nicht in dem Sinne gebunden, dass er einzelne Menschen nicht beeinflussen oder verführen könnte. Er ist in dem Sinne gebunden, dass er davon abgehalten wird, die Nationen zu verführen, einen konzertierten, vereinten und umfassenden Versuch zu unternehmen, die weltweite Christenheit auszulöschen.

Wir müssen die Weltgeschichte in der Gesamtschau betrachten und so an die Sache herangehen. Bevor Satan gebunden wurde, war seine Macht so groß und die Welt so sehr im Banne des Heidentums, dass er mit der Gemeinde leichtes Spiel gehabt hätte. Warum vernichtete Satan (z. B. mit dem Römischen Weltreich als Instrument) nicht die kleine, schutzlose Gemeinde? Offenbarung 20,1-10 gibt darauf die Antwort:[37] Er war gebunden!

Zwar bedeutet das Nicht-verführt-Werden der Nationen aufgrund

---

37 Hendriksen, *More Than Conquerors*, S. 185f.

der Bindung Satans nicht, dass sie gerettet würden, doch hängt diese Bindung Satans eng mit der Verkündigung des Evangeliums und der daraus resultierenden Rettung von Menschen zusammen. Diese Zeit der Bindung liefert den Rahmen für die Evangeliumsverkündigung und die Errettung von Menschen – was wichtige Wesensmerkmale dieser Endzeitphase zwischen den zwei Kommen Christi sind.

Verse 7-10: Satan wird losgelassen

Der Zeitraum seiner Freilassung

Vers 3 sagt, dass Satan für eine »kurze Zeit« freigelassen wird. Diese »kurze Zeit« folgt direkt auf das Ende der tausend Jahre. Die Länge dieser kurzen Phase muss man im Verhältnis zu den tausend Jahren sehen: Im Vergleich dazu ist sie kurz. Sie ist somit ein kurzer, aber begrenzter Zeitraum, der direkt an die tausend Jahre anschließt.

Die Folge seiner Freilassung

Infolge der Freilassung Satans werden die Völker verführt und dazu gebracht, sich zum Angriff auf das »Heerlager der Heiligen« zu vereinen. Die kurze Zeit nach den tausend Jahren ist also ein Zeitraum massiver Christenverfolgung. Das besondere Merkmal dieser Verfolgung ist, dass dieser Angriff weltweit erfolgt (V. 8).

Dieser letzte große Angriff wird »*der* Krieg« oder »*die* Schlacht« genannt. Der Gebrauch dieses betonten Artikels zeigt, dass Johannes diese Schlacht bereits vorher erwähnt hat.[38] Dieser vorherige Bezug ist »die Schlacht«, die in Offenbarung 19,19 und 16,14-16 genannt wird. (An beiden Stellen steht jeweils derselbe griechische Ausdruck wie in Offb 20,8.) Dieser klare Bezug von Offenbarung 20,8 zur Schlacht von 19,19 und 16,14-16 macht deutlich, dass es in all diesen Texten um ein und dieselbe Schlacht geht.[39] Prämillennialisten geben zu, dass diese anderen beiden Verweise auf »die Schlacht« ein Ereignis meinen, das bei der Wiederkunft Christi stattfindet. Die Erwähnung

---

38 In der griechischen Grammatik spricht man vom »anaphorischen Artikel«, d. h. ein Artikel, der einen Rückbezug ausdrückt

39 Diese Schlacht ist offenbar auch die in Hesekiel 38-39 erwähnte Schlacht von »Gog und Magog«, vgl. dazu die zahlreichen Parallelen von Hesekiel 38-39 sowohl zu Offenbarung 16 (Hagel, Feuer, Schwefel etc.), 19 (Fleisch als Fraß für die Vögel und Tiere) als auch 20 (Anm. d. Übers.).

dieser Schlacht zeigt somit, dass der Zeitraum, um den es hier in Offenbarung 20,7-9 geht, jene Zeit ist, die der Wiederkunft Christi unmittelbar vorausgeht.[40]

Die Parallelen zu Satans Freilassung

Hendriksen weist darauf hin, dass Offenbarung 11 und 12-14 Parallelen zu der »kurzen Zeit« von Kapitel 20 enthalten. In beiden Abschnitten folgt auf eine lange Zeit des Schutzes ein kurzer Zeitraum intensiver Verfolgung (11,1-13, besonders V. 3.9 und 12,1 – 13,10, besonders V. 12,10.14; 13,5-7). Diese Parallelen erscheinen zutreffend. Noch aufschlussreicher ist meiner Meinung nach die Parallele von Offenbarung 20,7-9 zu 2. Thessalonicher 2,1-12. Beide Stellen zusammen erhellen einander auf bemerkenswerte Weise:

Offenbarung 20,7-9	2. Thessalonicher 2,1-12
Satan zeitweilig gebunden durch einen Engel (V. 1-3)	Verzögernde Hemmung des »Geheimnisses der Gesetzlosigkeit« (V. 7); des kommenden »Menschen der Gesetzlosigkeit« (V. 3) und des Wirkens Satans durch »den, welcher jetzt zurückhält« (V. 6-7).
Nach den tausend Jahren wird Satan für kurze Zeit losgelassen (V. 3.7-9).	Der, »welcher jetzt zurückhält«, wird »aus dem Weg« geräumt; »dann wird der Gesetzlose offenbart werden«, und zwar kurz vor der Wiederkunft des Herrn Jesus (V. 3f. 6ff.).
In dieser Zeit werden die Nationen verführt (V. 7-9).	»die, welche verloren gehen«, glauben der Lüge (V. 9-11).
Satan und die Nationen werden besiegt und gerichtet (V. 9f).	Der Gesetzlose und die, die der Lüge geglaubt haben, werden bei Christi Wiederkunft besiegt und gerichtet (V. 8.12).

Diese Parallelen berechtigen zu zwei Schlüssen: Erstens bestätigen sie, dass sich Offenbarung 20,1-10 auf das jetzige Zeitalter des Evangeliums bezieht. Zweitens bestätigen sie etwas, das wir bisher noch

---

40 Hendriksen, *More Than Conquerors*, S. 195.

nicht erwähnt haben: Der Wiederkunft Christi wird ein kurzer Zeitraum verschärfter Christenverfolgung vorausgehen.

Die »kurze Zeit«

Das erste Kommen Christi		Die Wiederkunft Christi	
Das Zeitalter des Evangeliums (»1000 Jahre«)	große Drangsal (die »kurze Zeit«)	Ewigkeit (neuer Himmel und neue Erde)	

Zusammen betrachtet lehren diese Stellen, dass es vor der Wiederkunft Christi eine »kurze Zeit« geben wird, die sich auszeichnet durch:

a) das verstärkte Wirken Satans;

b) das Erscheinen des Antichristen in Person und einen umfassenden Abfall vom Glauben;

c) die konzertierte, weltweite Verfolgung der Gemeinde;

d) die Bewahrung der Gemeinde durch die Wiederkunft Christi, der die Gottlosen vertilgen wird.

Aus dieser Untersuchung ergeben sich mehrere wichtige praktische Lektionen:

Erstens liegt hierin für uns viel Erleuchtendes. Die Menschen um uns herum befinden sich in völliger Finsternis darüber, was in der Welt vorgeht und wohin sich die Weltgeschichte bewegt. Ihr Herz vergeht vor Furcht darüber, was wohl über die Welt kommen mag. Sie wandeln in Finsternis und wissen nicht, was ihnen widerfährt. Sie sind wie Menschen in einem Ruderboot auf hoher See ohne Land in Sicht! Sie rudern gegen den Sturm, haben aber keine Ahnung, wohin die Fahrt geht, warum sie dorthin geht oder ob es überhaupt ein Ziel gibt. Geben wir Gott die Ehre dafür, dass sein Wort uns aus diesem Elend erlöst hat!

Zweitens liegt hierin für uns viel Ermutigendes. Satan wird daran gehindert, das Denken seiner Untertanen so sehr zu verfinstern, dass die missionarischen Bemühungen der Gemeinde zunichte gemacht würden. Die Knechte Christi haben keinen Grund, in ständiger Furcht vor Satan oder seinen Plänen zu leben. Obwohl wir (um es mit Paulus' Worten zu sagen) über die Machenschaften des Teufels nicht unwissend sein sollen, dürfen wir dennoch nie zulassen, dass uns dieses Wissen lähmt. Satan ist ein besiegter und in Ketten gelegter Feind. Oder wie William Carey es ausdrückte: Dies sollte uns motivieren, Großes für Gott zu tun und zugleich von Gott zu erwarten, dass er Großes tut.

Drittens liegt hierin für uns viel Erstarkendes. Satan ist nicht auf solche Weise gebunden, dass er nicht als brüllender Löwe umhergehen könnte. Er wird losgelassen werden, um eine weltweite Christenverfolgung auszulösen. Gewarnt sein heißt gewappnet sein. Wer nicht bereit ist, um Christi willen zu leiden, ist kein Christ. Ein »pflegeleichtes« Christentum, das erwartet, Gott werde uns vor aller jetzigen und künftigen Drangsal bewahren, und das nicht bereit ist, solche Verfolgungen um seines Namens willen zu erdulden, ist ein falsches Christentum.[41]

---

41 Ergänzung des dt. Herausgebers: Bezüglich der Drangsals- und Verfolgungszeit gibt es noch eine weitere Auslegungsmöglichkeit: dass diese »kurze Zeit« (außer in Offb 20,3 kommt dieser Ausdruck auch in Offb 6,11; 12,12 und 17,10 vor; ähnlich Offb 2,10) nicht strikt zeitlich getrennt erst nach den tausend Jahren anbricht, sondern dass diese Phase neben den tausend Jahren ein weiterer Aspekt ist, der dieses Zeitalter der Gemeinde prägt (zeitlich und regional in unterschiedlicher Ausprägung), der sich aber mit Herannahen der Wiederkunft Christi immer mehr verstärkt und ausweitet (die rekapitulierenden und sich steigernden Zyklen der Offenbarung weisen hierauf hin; sog. progressive Rekapitualtion). Dabei können antichristliche irdische Macht- und Lehrsysteme und deren Repräsentanten als Vorläufer oder auch letztendliche Ausprägung des Antichristen (vgl. 1Jo 2,18), Babylons usw. verstanden werden. Viele amillennialistische Ausleger vertreten diese Sicht.

KAPITEL 11

Das Kommen des Königreichs in der Vision des Johannes – das Millennium im Himmel

Viele sind der Meinung, dass Prophetie zwar faszinierend, aber von vergleichsweise wenig praktischem Nutzen ist. Sie meinen, bei ihr gehe es nur um die ferne Zukunft oder nur um künftige Zeitalter, mit denen ein Christ kaum etwas zu tun hätte. Wenn man vom Dispensationalismus, dem populären System der Deutung von Prophetie ausgeht, ist diese Haltung verständlich. Doch selbst die umstrittensten prophetischen Schriftstellen sind, wenn man sie richtig auslegt, von enormem praktischem Wert. Dieses Kapitel verdeutlicht dies auf wunderbare Weise. Wir werden hier auf eine der schwierigsten prophetischen Stellen zu sprechen kommen, doch diese bietet dem Gläubigen eine herrliche Ermutigung: Offenbarung 20,4-6. Ich habe bereits oben als grobe Gliederung von Offenbarung 20,1-10 vorausgesetzt, dass es in den Versen 1-3 und 7-10 um das Millennium *auf Erden* geht, wogegen die Verse 4-6 das Millennium *im Himmel* entfalten. Die Grafik auf der folgenden Seite führt diese Auslegung weiter aus und verbindet sie mit der Zwei-Zeitalter-Struktur biblischer Eschatologie.

Johannes beschreibt seine Vision

Eine wörtliche Übersetzung des Berichts des Johannes über seine Vision bildet eine gute Grundlage für unsere Untersuchung dieser Verse.

> Und ich sah Throne, und sie setzten sich darauf, und das Gericht wurde ihnen übergeben; und ich sah die Seelen derer, die um des Zeugnisses Jesu und um des Wortes Gottes willen enthauptet worden waren, und die, welche das Tier und sein Bild nicht angebetet und das Malzeichen nicht an ihre Stirn und an ihre Hand angenommen hat-

Das Millennium in Offenbarung 20

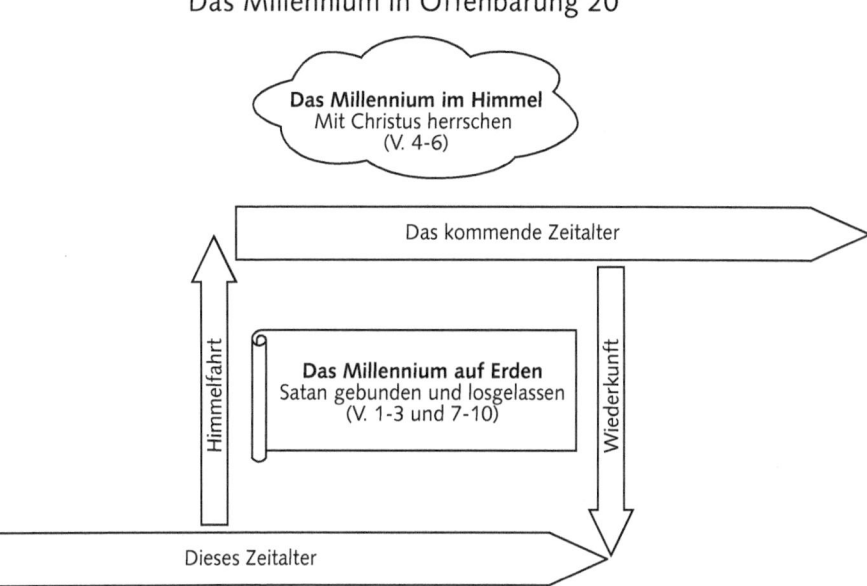

ten, und sie wurden lebendig* und herrschten mit dem Christus tausend Jahre. Die übrigen der Toten wurden nicht lebendig*, bis die tausend Jahre vollendet waren. Dies ist die erste Auferstehung. Glückselig und heilig, wer teilhat an der ersten Auferstehung! Über diese hat der zweite Tod keine Macht, sondern sie werden Priester Gottes und des Christus sein und mit ihm herrschen die tausend Jahre.[42]

Diese Vision kann man mit Hilfe dreier Fragen erklären:

1. Was sah Johannes zuerst?
Johannes sah Throne. In der Offenbarung befindet sich der Thron Gottes, Christi und seines Volkes stets im Himmel (Offb 3,21; 4,2; 5,6; 12,5). Erst in der neuen Schöpfung kommt der Thron Gottes her-

---

42 Den Aorist des Verbs »lebendig werden« (mit * markiert) kann man sowohl mit »leben« (»und sie lebten«) als auch mit »lebendig werden« übersetzen. Beides ist möglich und beide Übersetzungen sind mit der Deutung vereinbar, die ich darlegen werde. Ich gehe davon aus, dass dieses Wort »lebendig werden« bedeutet, und zwar im Sinne einer besonderen Art von Auferstehung.

ab, damit Gott bei den Menschen wohnt (21,3.22; 22,1). Die häufige Erwähnung von Thronen in der Offenbarung liefert uns den ersten Hinweis dafür, dass der Schauplatz der in Vers 4-6 geschilderten Szene der Himmel ist und dass diese Verse von der tausendjährigen Herrschaft Christi und seines Volkes im Himmel handeln.

2. Wer nimmt auf den Thronen Platz?

Der Aufbau dieser Stelle wirft die Frage auf, wer auf den Thronen Platz nimmt. Es werden Throne erwähnt und die, die sich darauf setzen; wer aber die sind, die sich darauf setzen, wird nicht gesagt. Erst am Ende dieses Abschnitts wird näher beschrieben, um wen es sich hierbei handelt.

Johannes gibt auf zweierlei Weise an, um wen es sich handelt. Er sagt uns *erstens*, dass »Seelen«, »die enthauptet wurden«, auf den Thronen Platz nehmen. Obwohl »Seele« in der Schrift gelegentlich den ganzen Menschen samt seinen Körper bezeichnet und nicht nur leiblose Geister, verlangt der Kontext hier, dass eine Seele ohne Körper gemeint ist. Das mit »enthauptet« übersetzte griechische Verb steht im Perfekt, und das bedeutet so viel wie »Seelen, die im Zustand des Enthauptetseins verbleiben«. Das Perfekt teilt uns schlicht und einfach mit, dass die Auswirkungen ihrer Enthauptung bis in die Gegenwart andauern. Darüber hinaus bezeichnet Offenbarung 6,9 mit »Seele« eindeutig körperlose Seelen.

Zweitens sagt Johannes uns, dass die auf den Thronen Platz nehmen, die nicht das Tier angebetet haben. Das war natürlich der Grund dafür, dass diese Seelen enthauptet wurden. Diese Märtyrer repräsentieren all diejenigen Christen, die mit Christus herrschen werden, weil sie mit ihm und für ihn hier auf Erden gelitten haben (Röm 8,17; 2Tim 3,12).

3. Von welcher Art ist die Herrschaft?

Die Herrschaft ist ein Leben und Herrschen mit Christus für tausend Jahre, von dem die übrigen Toten ausgeschlossen sind. Die Aussage, dass die übrigen Toten nicht lebendig wurden, bis die tausend Jahre vollendet waren, bedeutet nicht, dass sie nach den tausend Jahren lebendig werden. Da mit den »übrigen Toten« wahrscheinlich die verstorbenen Gottlosen gemeint sind, bedeutet diese Aussage, dass die verstorbenen Ungläubigen in dem hier gemeinten Sinn niemals lebendig werden. Das Wort »*bis*« besagt schlicht, dass die Gottlosen in den gesamten tausend Jahren niemals Anteil an diesem Leben und Herrschen mit Christus haben werden. Diese Bedeutung des Wortes »bis« wird auch im übrigen Neuen Testament bezeugt, z. B. in Offenbarung 17,17: »Denn Gott hat ihnen ins Herz gegeben, seinen Ratschluss auszuführen und in einem Sinn zu handeln und ihre Königsherrschaft solange dem Tier zur Verfügung zu stellen, *bis* die Worte Gottes erfüllt (d. h. vollkommen verwirklicht) sein werden.« Dieses »bis« bedeutet nicht, dass die zehn Könige ihre Königsherrschaft von dem Tier zurücknehmen und sie Christus übergeben, *nachdem* die Worte Gottes erfüllt wurden. Vielmehr werden die zehn Könige zusammen mit dem Tier untergehen. »Bis« bedeutet lediglich, dass die zehn Könige ihre Königsherrschaft dem Tier während der ganzen Zeit geben, bis die Worte Gottes endgültig erfüllt sind.

Johannes erklärt seine Vision

Auch hier bildet eine wörtliche Übersetzung von Johannes' Erläuterung zu seiner Vision eine gute Grundlage für unsere Untersuchung dieser Verse Offenbarung 20,5b-6.

> Dies ist die erste Auferstehung. Glückselig und heilig, wer teilhat an der ersten Auferstehung! Über diese hat der zweite Tod keine Macht, sondern sie werden Priester Gottes und des Christus sein und mit ihm herrschen die tausend Jahre.

Anhand dieser Erläuterungen werden wir untersuchen, wie die Vision zu verstehen ist.

Die Bezeichnung als »erste Auferstehung« in Vers 5b
Der Vision von Offenbarung 20,4-6 wird hier ein Name oder eine Überschrift gegeben: »*die erste Auferstehung*«. Diese Vision wird die erste Auferstehung genannt, weil diese »Seelen« mit Christus herrschen, indem sie seine Auferstehungsherrlichkeit teilen und Christus ja »der Erstling der Entschlafenen« ist. Die erste Auferstehung ist die Auferstehung Christi, die in seine triumphale tausendjährige Herrschaft mündet. 1. Korinther 15,20-23 verdeutlicht, warum sie so bezeichnet wird:

Nun aber ist Christus von den Toten auferweckt worden, und zwar als Erstling der Entschlafenen. Denn weil der Tod durch einen Menschen verursacht worden ist, erfolgt auch die Auferstehung der Toten durch einen Menschen. Wie nämlich in Adam alle sterben, so werden auch (entsprechend) in Christus alle wieder zum Leben gebracht werden, ein jeder aber in seiner besonderen Abteilung: als Erstling Christus, hierauf die, welche Christus angehören, bei seiner Ankunft ... (MEN)

Die Gegenpole in Offenbarung 20,4-6 sind einerseits die erste Auferstehung und andererseits der zweite Tod: »Glückselig und heilig, wer teilhat an der ersten Auferstehung! Über diese hat der zweite Tod keine Macht ...« (V. 6). Auf der einen Seite haben wir jene, die Anteil an der ersten Auferstehung haben und daher gerettet sind, und auf der anderen Seite jene, die keinen Anteil an der ersten Auferstehung haben, über die aber der zweite Tod die Macht hat.

Die Deutung der Vision in Vers 6

Der Segen der ersten Auferstehung entspricht anscheinend den Verheißungen an die Überwinder in den Sendschreiben in Offenbarung 2 und 3 (vgl. Offb 2,11.26; 3,5.12.21). Die dortigen Verheißungen an die Überwinder erfüllen sich (zumindest teilweise) im Zwischenzustand der verstorbenen Gläubigen; vgl. Offenbarung 3,5 mit 6,11; Offenbarung 2,7 mit Lukas 23,43 und 2. Korinther 12,4; vgl. auch Offenbarung 3,12 mit Offenbarung 6,11. Diese Verbindung zwischen Offenbarung 20,6 und den Verheißungen an die Überwinder ist sehr bedeutend. Wenn man dazu noch bedenkt, dass sich die Verheißungen an die Überwinder im Zwischenzustand erfüllen, dann ist dies ein sehr starkes Argument dafür, dass Offenbarung 20,4-6 von der Herrlichkeit im Zwischenzustand im Himmel spricht.

Diese Auslegung passt sehr gut in den historischen Kontext, in dem Johannes diese Visionen niederschrieb. Verstehen wir, wie wichtig die Verherrlichung im Himmel nach dem (Märtyrer-) Tod für die verfolgten Christen war? Welch triumphale Szene! Die Römer dachten, sie hätten diese Christen getötet. Sie dachten, sie hätten ihnen jegliche Macht und jede Einflussmöglichkeit genommen. Sie hatten sie behandelt wie niedrige Kreaturen, die nicht würdig sind, an der menschlichen Gemeinschaft teilzuhaben. Doch die schrecklichsten Verfolgungen hatten nur dazu geführt, dass die Christen zu

Offenbarung 20 und der Zwischenzustand

Herrschaft mit Christus	Verheißungen an die Überwinder	Zwischenzustand
Offb 20,6: der zweite Tod hat keine Macht	Offb 2,11: ...der wird keinen Schaden erleiden von dem zweiten Tod	Offb 6,9: unter dem Altar die Seelen derer, die geschlachtet worden waren...
Offb 20,4+6: sie werden mit Christus herrschen	Offb 2,26: ...dem werde ich Vollmacht geben über die Nationen	Offb 6,11: ...Und es wurde ihnen einem jeden ein weißes Gewand gegeben
Offb 20,6: Priester	Offb 3,12: eine Säule im Tempel Gottes	Lk 23,43: Heute wirst du mit mir im Paradies sein

einem glorreicheren Leben erhöht wurden: zur triumphalen Herrschaft mit Christus. Sie gelangten an einen Ort heiligen Gottesdienstes, der nicht lediglich in der Gegenwart von Menschen stattfindet, sondern in der Gegenwart des heiligen Gottes. Ihr Sterben gab ihnen Anteil an der *ersten Auferstehung*. Die hingegen, die vor dem Tier kapitulierten, waren – obwohl sie lebten – zum *zweiten Tod* verdammt.

Fazit

Am Anfang dieser Untersuchung haben wir gezeigt, dass Offenbarung 20 für den Prämillennialismus von tragender Bedeutung ist. Ohne die spezielle prämillennialistische Auslegung dieser Schriftstelle bricht der neutestamentliche Hauptbeleg des Prämillennialismus weg. Prämillennialisten müssen notwendigerweise begründen können, dass man diese Stelle nur mit ihrer Deutung richtig verstehen kann. Die obige Erklärung zeigt, dass es eine andere Deutung dieser Stelle gibt, die nicht nur ebenbürtig, sondern der prämillennialistischen Deutung weit überlegen ist und mit der gesamten Schrift und dem historischen Kontext harmoniert.

TEIL 3

FRAGEN ZUM JETZIGEN ZEITALTER

KAPITEL 12

Hat die Gemeinde Drangsal zu erwarten?

Mit diesem Kapitel beginnt der Fragenteil dieses Buches. Er widmet sich speziellen Fragen von praktischem Interesse, bei denen es um die unterschiedlichen Phasen biblischer Eschatologie geht. In den vorherigen Kapiteln habe ich bereits angemerkt, dass das *Eschaton*, die Endzeit bzw. die »letzten Tage« bereits mit dem ersten Kommen Christi begonnen haben. Das kommende Zeitalter ist bereits eingeläutet (»inauguriert«) und ist mit den Ereignissen des ersten Kommens Christi in die Weltgeschichte eingebrochen. Die jetzige Ära der Geschichte – oftmals das Zeitalter des Evangeliums oder der Gemeinde genannt – ist darum Teil der Eschatologie.

Bei der Beantwortung dieser speziellen Fragen zur Eschatologie ist es zweckdienlich, diese Fragen chronologisch anzuordnen. Da die erste Phase der Eschatologie das gegenwärtige Zeitalter des Evangeliums und der Gemeinde ist, beginnen wir in diesem Teil mit den Fragen, die sich auf das gegenwärtige Zeitalter der Gemeinde beziehen.

In den Kapiteln 12-14 behandeln wir zunächst Fragestellungen zur sichtbaren Welt und zu dem, *was die Gemeinde im Gemeindezeitalter erwartet*. In den Kapiteln 15-16 wird es dann um den Zwischenzustand nach dem Tod und um die unsichtbare Welt von Himmel und Hölle gehen.

Sowohl im Post- als auch Prämillennialismus haben pessimistische und optimistische Erwartungen über die Zukunft der Gemeinde oft zu Streit und Spaltungen geführt. Generell gesagt neigt der Postmillennialismus eher zu optimistischen Erwartungen, was die Zukunft der Gemeinde und ihre Expansion betrifft, und bagatellisiert die dunklen Seiten, nämlich die Drangsale. Der Prämillennialismus (besonders dessen heute vorherrschende Form) nimmt gewöhnlich die entgegengesetzte Position ein: Er betont die negativen Aspekte der irdischen »Restzukunft« der Gemeinde und bagatellisiert die positiven. Meiner Meinung nach sind beide Ansätze falsch.

Falsche Ansichten darüber, was in diesem Zeitalter auf die Gemeinde zukommt

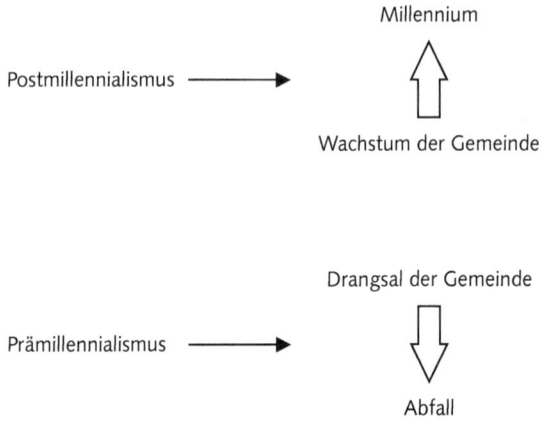

Millennium

Postmillennialismus ⟶

Wachstum der Gemeinde

Drangsal der Gemeinde

Prämillennialismus ⟶

Abfall

Das richtige Verständnis ergibt sich, wenn man beachtet, wie ausgewogen Jesus diese zwei Seiten im »Gleichnis vom Unkraut unter dem Weizen« präsentiert. Jesus sagt darin treffend: »Lasst beides zusammen bis zur Ernte wachsen« (Mt 13,30). Jesus offenbart hier, dass nach Gottes geheimnisvollem Ratschluss und Vorsehung sowohl die gute Saat (die später in Vers 38 als »die Söhne des Reiches« identifiziert wird) als auch das Unkraut (nach Vers 38 »die Söhne des Bösen«) wachsen dürfen, d. h. sie entfalten sich, reifen heran und gewinnen an Bedeutung, Größe und Einfluss, bis am Ende des Zeitalters das Gericht kommt. Dieses zweifache Wachstum von Weizen und Unkraut ist tatsächlich so eingetreten, auch wenn die meisten eschatologischen Schulen das fälschlicherweise nicht sehen. Postmillennialisten argumentieren etwa so: Wenn der Weizen wächst, dann wird er sich ausbreiten und das Unkraut vernichten. Prämillennialisten meinen hingegen: Wenn das Unkraut wächst, dann wird es dem Weizen schaden und dessen Wachstum verhindern. Obwohl es unserem Verstand paradox erscheinen mag, ist es laut Jesus so, dass sowohl Weizen als auch Unkraut – Gute und Böse – zusammen bis zur Ernte wachsen. Ich will hier dieses Paradox nicht detailliert erklären, sondern nur eine darin enthaltene tiefgründige Lehre herausstellen: Gerade das Zusammenspiel von Gut und Böse führt dazu, dass sowohl die gute als auch die schlechte Saat heranreifen. Der Hauptpunkt in diesem Gleichnis ist, dass die Gemeinde in diesem Zeitalter sowohl Negatives als auch Positives zu erwarten hat. Diese Spannung muss bei jeglicher Diskussion dieses Themas ausgewogen berücksichtigt werden.

Die biblische Sicht darüber, was in diesem Zeitalter auf die Gemeinde zukommt

»Lasst beides zusammen bis zur Ernte wachsen«

Drangsal und Abfall	Wachstum und Segen
Böse	Gute
Unkraut = »die Söhne des Bösen«	Weizen = »die Söhne des Reiches«

John Murray schrieb treffend über die Erwartung der Gemeinde zwischen den beiden Kommen Jesu: »Die Geschichte zwischen dem ersten und dem zweiten Kommen Christi zeichnet sich durch Drangsal, Aufruhr, Unfriede, Ratlosigkeit, Kriege und Kriegsgerüchte aus. Zugleich aber breitet sich die Gemeinde weltweit aus.«[43]

Auf die Lehrmeinung, dass die Gemeinde vor der Drangsal entrückt werde, werden wir ausführlich in Kapitel 19 und 20 eingehen und dort aus der Bibel aufzeigen, dass die Gemeinde Drangsale erwarten muss.

---

43 John Murray, *Collected Writings of John Murray, Bd. 2: Systematic Theology* (Edinburgh: Banner of Truth Trust, 1977), S. 387ff.

KAPITEL 13

Kontinuität – Die Zusammengehörigkeit von Israel und Gemeinde

Sind Israel und die Gemeinde zwei unterschiedliche Völker Gottes? Welcher Unterschied besteht zwischen Israel und der Gemeinde? Die Lehre des Dispensationalismus besagt, dass die Gemeinde und Israel zwei getrennte Völker Gottes sind, mit denen Gott abwechselnd im Laufe der Weltgeschichte handelt. Die aktuell populären Spekulationen, dass sich biblische Prophezeiungen im und am heutigen Staat Israel erfüllen, basieren auf dieser Vorstellung, dass die Gemeinde keine Erfüllung oder Fortführung Israels sei und nicht das neue, wahre Israel Gottes bilde. Dispensationalisten und ihre Anhänger meinen, allein das ethnische Israel stünde im Mittelpunkt der prophetischen Absichten Gottes. Wenn jedoch die Gemeinde und Israel keine zwei verschiedenen Völker Gottes sind, sondern wenn die Gemeinde das neue Israel Gottes ist, dann sind die meisten prophetischen Spekulationen über Nahost und den Staat Israel schlicht abwegig.

Wie Israel und Gemeinde zusammenhängen – welche Kontinuität und welche Diskontinuität zwischen alt- und neutestamentlichem Volk Gottes besteht –, ist die wohl wichtigste Frage, um den Dispensationalismus beurteilen zu können. Der führende Dispensationalist Charles Ryrie hat eine sehr aufschlussreiche Antwort auf die Frage gegeben: »Was ist das *Sine qua non* des Dispensationalismus – womit steht oder fällt diese Lehre?« Seine Antwort besteht aus drei Teilen, und schon im ersten Teil bringt er das wohl wichtigste Kennzeichen des Dispensationalismus auf den Punkt:[44]

---

44 C.C. Ryrie, *Dispensationalism* (Chicago: Moody Press, 1995), S. 45-48. Der zweite und dritte Teil der Antwort sind die Punkte »eine literalistische Hermeneutik« und »Gottes Absicht mit der Welt«.

Ein Dispensationalist hält Israel und die Gemeinde auseinander …
Wer Israel und die Gemeinde nicht trennt, wird zwangsläufig auch
nicht an dispensationalistischen Besonderheiten festhalten.

Zum Verhältnis zwischen Israel und der Gemeinde gibt es zwei
Positionen:[45] Die eine Position, der klassische Dispensationalismus,
besagt, dass Gott zwei verschiedene Völker habe, Israel und die Gemeinde. Diese müsse man strikt auseinander halten. Demnach erfüllen sich die an Israel gegebenen Verheißungen auch an Israel und
nicht an der Gemeinde.[46]

Die andere Position ist die im Christentum herkömmliche Sicht:
Gott hat über alle Zeitalter hinweg nur ein einziges Volk. Die Verheißungen an Israel werden am neuen Israel erfüllt, an der Gemeinde.
Ich bezeichne diese Position als die historische Position der Kirchengeschichte.[47] Das mag voreingenommen klingen, doch diese Bezeichnung ist berechtigt und wird durch zahlreiche kirchengeschichtliche
Tatsachen gestützt:

• Der Prämillennialismus der frühen Kirchenvätern kannte nicht
  diese Trennung zwischen Israel und der Gemeinde. Vielmehr
  hätte man eine solche Trennung offen verworfen. Justin der Märtyrer nennt die Gemeinde immer wieder das Israel Gottes. Justins
  Zeugnis als einer der ersten beiden nachweislich prämillennialistischen christlichen Schriftsteller ist sehr bedeutend. Hier nur
  eine stellvertretende Aussage von vielen:

  Das wahre, geistige Israel nämlich und die Nachkommen Judas,
  Jakobs, Isaaks und Abrahams, der trotz seiner Vorhaut [d. h. als

---

45 Mir ist bewusst, dass diese Zweiteilung wenig differenziert klingt. In manchen
   Kreisen, die ursprünglich dispensationalistisch geprägt sind, gibt es heute eine rege
   Diskussion darüber, in wieweit der Dispensationalismus biblisch ist. Doch letzten
   Endes kann man in dieser Frage grundsätzlich nur eine dieser beiden Positionen
   einnehmen.

46 John N. Darby schrieb: »Das Tausendjährige Reich ist direkt und viel enger mit
   dem Alten Testament verbunden als wir es sind. Das Tausendjährige Reich ist die
   Erfüllung des im AT verheißenen Neuen Bundes« (zitiert von A. Pieters in *The Ten
   Tribes in History and Prophecy*, Grand Rapids: Eerdmans, 1934, S. 77-78). Weitere
   klassische Dispensationalisten sind E. W. Bullinger, J. H. Brookes, C. I. Scofield,
   L. S. Chafer, John Walvoord, J. Dwight Pentecost und Ernest Pickering.

47 Näheres dazu siehe hier die kirchengeschichtliche Einleitung.

Unbeschnittener], infolge seines Glaubens, von Gott sein Zeugnis erhielt, von ihm gesegnet und zum Vater vieler Völker ernannt wurde, das sind wir, die wir durch diesen gekreuzigten Christus zu Gott geführt wurden, wie sich noch im Laufe des weiteren Gespräches zeigen wird.[48]

• Seitdem man im 4. Jahrhundert den frühen Prämillennialismus verworfen hatte, war in der Kirche der eschatologische Standpunkt des Amillennialismus vorherrschend. Von diesem Standpunkt aus hätte man die typisch dispensationalistische Trennung zwischen Israel und der Gemeinde ganz klar abgelehnt.

• Der Prämillennialismus an sich bekam in keinem einzigen der Glaubensbekenntnisse, die aus der Reformation hervorgingen, einen Platz. Das Glaubensbekenntnis von Westminster und dessen baptistisches Tochterbekenntnis von 1689 lehnen beide die dispensationalistische Trennung zwischen Israel und der Gemeinde ausdrücklich ab:[49]

Die katholische oder weltweite Gemeinde, die (im Blick auf das innere Wirken des Geistes und der Wahrheit der Gnade) unsichtbar genannt werden kann, besteht aus der Gesamtzahl der Erwählten, die in Vergangenheit, Gegenwart oder Zukunft unter Christus, ihrem Haupt, in einer einzigen Körperschaft vereint wurden oder werden. Sie ist die Braut, der Leib und die Fülle dessen, der alles in allem erfüllt (Hebr 12,23; Kol 1,18; Eph 1,10.22-23; 5,23.27.32).

• Als der Prämillennialismus im 17. Jahrhundert wieder aufkam, machten dessen Vertreter in der Regel keine Trennung zwischen Israel und der Gemeinde. Berühmte Prämillennialisten verwarfen diese Ansicht. Iain Murray bietet umfangreiche Belege dafür, dass z. B. Charles Haddon Spurgeon diese Trennung von Israel und Gemeinde nicht akzeptierte. Murray zitiert dazu das folgende interessante Beispiel:

---

48 Justin der Märtyrer, *Dialog mit dem Juden Trypho*, 11,5. Siehe dort insbesondere die Kapitel 11, 120, 123, 125 und 135.

49 Hier zitieren wir Abschnitt 1 aus Kapitel 26 des Baptistischen Glaubensbekenntnisses von 1689. Das Glaubensbekenntnis von Westminster (25,1) hat einen nahezu identischen Wortlaut.

Wir haben sogar schon die Behauptung vernommen, dass die, die vor dem Kommen Christi gelebt haben, nicht zur Gemeinde Gottes gehören sollen! Wir wissen nicht, was wir demnächst noch zu Ohren bekommen, und vielleicht ist es Gottes Erbarmen, dass solche Undinge nicht alle auf einmal zutage treten; denn dann können wir ihre Torheit ertragen, ohne gleich vor Schreck tot umzufallen.[50]

• Wie dieses Zitat zeigt, wurde die Trennung von Israel und Gemeinde erst im 19. Jahrhundert von Männern wie John Nelson Darby entwickelt.[51]

Die Frage, ob Israel und die Gemeinde zwei getrennte Völker Gottes sind, ist in vielerlei Hinsicht von großer praktischer Bedeutung. Eine strikte Trennung zwischen Israel und der Gemeinde würde bedeuten, dass ein großer Teil der Bibel in erster Linie »nicht für die Gemeinde« gilt. Häufig halten Dispensationalisten die Anwendung vieler Bibelstellen auf die Gemeinde für falsch.[52] Die Trennung zwischen Israel und der Gemeinde wirkte auf die Christenheit des 20. Jahrhunderts in praktischer Hinsicht ausgesprochen antinomistisch (»gegen das Gesetz gerichtet«). Die logische Konsequenz der Trennung zwischen Israel und der Gemeinde ist, dass auch die ethischen Normen des Alten Testaments keine Bedeutung mehr für den neutestamentlichen Gläubigen haben.

Das Ergebnis dieser Trennung ist, dass die Gemeinde auf ein Nebengleis im Plan Gottes versetzt wird. Sie muss sich die Bühne mit Israel teilen. Sie ist nicht der Höhepunkt dessen, worauf die Geschichte nach Gottes Willen hinausläuft. Dies bringt mit sich, dass man den Missionsauftrag der Gemeinde geringschätzt, und es beraubt uns der

---

50 Iain Murray, *The Puritan Hope* (London: The Banner of Truth Trust, 1971), S. 258-260; deutsche Ausgabe: *Die Hoffnung der Puritaner* (Hamburg: Reformatorischer Verlag Beese, 1999), dort S. 271-281.

51 Zens, *Dispensationalism*, S. 26f; vgl. auch Macpherson, *The Unbelievable Pre-Trib Origin*, sowie Clarence Bass, *Backgrounds of Premillennialism*.

52 Vgl. dazu z. B. die Einleitung der *Scofield-Bibel* ins Neue Testament. Scofield behauptet dort u. a., dass die Evangelien weder etwas über die Gemeinde noch über die Gnade lehrten. Die revidierte Fassung der *Scofield-Bibel* von 1967 wurde diesbezüglich etwas entschärft. In der originalen Version schreibt Scofield z. B. in der Einleitung zur Bergpredigt (Mt 5,3ff), diese sei »pures Gesetz« und diese Veredlung des mosaischen Gesetzes werde erst im künftigen Tausendjährigen Reich Geltung finden (*The Old Scofield Study Bible*, Oxford University Press 1907-1996, S. 1000).

Zuversicht, dass die Gemeinde Gottes alleiniges Werkzeug ist, um seinen Plan zu vollenden und die Welt zu evangelisieren. Auch die Erlösung durch Christus wird durch die Trennung zwischen Israel und der Gemeinde herabgesetzt: Wenn Gott noch einen anderen Plan in der Hinterhand hat, ist die Gnade in Christus, durch die er die Gemeinde erlöst und erkauft hat, nicht der alleinige Höhepunkt der Heilsgeschichte. Außerdem ist die logische Folge der Trennung zwischen Israel und der Gemeinde (wenngleich man dem lange widerstanden und es vielfach bestritten hat) unausweichlich die, dass man lehrt, es gäbe für Israel einen anderen Weg zum Heil.[53]

Aus diesen Gründen ist es entscheidend, dass wir prüfen, was die Bibel über diese wichtige Frage lehrt. Dazu werden wir in diesem und im nächsten Kapitel zwei biblische Gesichtspunkte untersuchen, die ein harmonisches Gesamtbild ergeben werden:

1. Hier in Kapitel 13: Die Einheit und Kontinuität von Israel und der Gemeinde
2. Im Kapitel 14: Die Überlegenheit der Gemeinde gegenüber Israel

Wir kommen in diesem Kapitel also zuerst zur Einheit und Kontinuität von Israel und der Gemeinde. Zu diesem Thema müssen wir zwei Fragen beantworten: Ist die Gemeinde ein und dasselbe wie Israel und dessen Fortführung – oder anders gefragt: ist sie das neue Israel Gottes? Wenn wir das ausdrücklich bejahen, stellt sich die zweite Frage: Wie kann das sein? Deshalb müssen wir die Einheit von Israel und Gemeinde zuerst *nachweisen* und dann *verteidigen*.

Der Nachweis, dass Israel und die Gemeinde eins sind

Sechs Argumente beweisen, dass die Gemeinde das wahre und neue Israel Gottes ist.

1. Der Ausdruck »Gemeinde« (ekklēsía) wird auch für die Versammlung Israels verwendet.
Dies lässt sich in zweifacher Hinsicht belegen, aus dem AT und dem NT: Die griechische Übersetzung des AT, die Septuaginta (Abk.

---

53 So z. B. in *The Old Scofield Study Bible*, S. 93, 1002, 115.

LXX) benutzt *ekklēsía*, um das hebräische *qahal* zu übersetzen. *Qahal*, das im Alten Testament verwendete Wort für »Versammlung«, wird von der LXX etwa siebzigmal mit *ekklēsía* übersetzt. Einige Beispiele:

> Und Mose redete vor den Ohren der ganzen *Versammlung* [griech. ekklēsía, »Gemeinde«, so auch im Folgenden] Israels die Worte dieses Liedes zu Ende ... (5Mo 31,30)
> Darauf wandte der König sein Angesicht und segnete die ganze *Versammlung* Israels, wobei die ganze *Versammlung* Israels dastand ... (1Kö 8,14)
> Darum wirst du niemanden haben, der je die Messschnur an einen Losanteil anlegt in der *Versammlung* des HERRN. (Mi 2,5)

Ekklēsia wird auch im Neuen Testament benutzt, um die Versammlung Israels zu bezeichnen:

> Dieser ist es, der in der *Gemeinde* in der Wüste gewesen ist mit dem Engel, der auf dem Berg Sinai zu ihm redete und mit unseren Vätern. Er empfing lebendige Aussprüche, um sie uns zu geben. (Apg 7,38)
> ... indem er spricht: »Kundtun will ich deinen Namen meinen Brüdern; inmitten der *Gemeinde* will ich dir lobsingen.« (Hebr 2,12 mit einem Zitat aus Ps 22,23)

Sowohl das Alte wie auch das Neue Testament verwenden denselben Ausdruck *ekklēsía* für das Volk Gottes. Das ist ein starkes Argument für die Einheit des Gottesvolks und es widerlegt klar die seltsame Behauptung vieler Dispensationalisten, die Gemeinde käme im Alten Testament nicht vor. Das heißt natürlich nicht, dass wir die neutestamentliche Gemeinde einfach mit der alttestamentlichen Gemeinde Israels gleichsetzen dürfen. Es legt jedoch nahe, dass beide nicht zwei verschiedene, voneinander getrennte Völker Gottes sind.

2. Israel und die Gemeinde gründen beide auf demselben Prinzip

Das Volk Gottes wird zum Gottesvolk, indem Gott es erwählt, erlöst und einen Bund mit ihm schließt. Auf diese Weise wurde Israel als Volk Gottes eingesetzt (5Mo 5,2; vgl. 2Mo 19,5; 5Mo 7,6f; 13,5; 14,2; 21,8). Die Gemeinde wurde Gottes Volk, indem Christus sie erwählte, erlöste und einen Bund mit ihr schloss. Wie viele Erwählungen und Erlösungen gibt es? Letzten Endes gibt es nur eine (Röm 3,25; Apg 4,12). Jesus starb für seine Braut, die Gemeinde (Eph 5,25-27). Aber starb er etwa nicht auch für die Gläubigen des Alten Testaments? Gehören sie etwa nicht zu seiner geliebten, erlösten Braut, für die er sein Leben gab?

Die Erwählung und Erlösung Israels war eine Vorschattung der Erwählung und Erlösung in Christus. Es kann also letztendlich nur ein einziges Volk Gottes geben. Die Erwählung Israels ist eine Vorschattung der Erwählung der Gemeinde. Wenn das, was Israel zum Volk Gottes machte, vorschattend und vorbereitend war, dann muss Israel wohl selbst auch eine Vorschattung sein. Dass aber Israel die Gemeinde vorschattet, bestätigt, dass das Volk Gottes eins ist. Anders gesagt: Es bestätigt, dass es letzten Endes nur ein einziges Volk Gottes gibt.

3. Das Neue Testament sagt ausdrücklich, dass die Gemeinde das wahre Israel Gottes ist

Fünf Stellen sollen dazu hier zitiert werden.

1. Korinther 10,18 fordert uns auf: »Seht auf das Israel nach dem Fleisch!« Charles Hodge schreibt treffend: »Das Israel nach dem Fleisch, d. h. die jüdische Nation, wird von dem Israel *nach dem Geist* oder dem geistlichen Israel oder dem wahren Volk Gottes unterschieden. Da »Israel« ein Ehrentitel war, benutzt Paulus den Begriff Israel für die Juden nur selten ohne eine solche nähere Kennzeichnung.«[54]

Römer 2,28-29 sagt sehr klar, wer die wahren Juden sind:

Denn nicht der ist ein Jude, der es äußerlich ist, noch ist die äußerliche Beschneidung im Fleisch Beschneidung; sondern der ist ein Jude, der es innerlich ist, und Beschneidung ist die des Herzens, im Geist, nicht im Buchstaben. Sein Lob kommt nicht von Menschen, sondern von Gott.

Manche möchten die in diesen Versen benutzten Ausdrücke allein auf Menschen jüdischer Abstammung einschränken. Diese ethnischen

---

54 Charles Hodge, *An Exposition of 1 and 2 Corinthians* (Wilmington, Delaware: Associated Publishers and Authors Inc., 1972), S. 111.

Juden wären dann also nicht nur buchstäblich beschnitten, sondern auch geistlich. Die folgenden Argumente widerlegen jedoch diesen Gedanken:

- Die Verse 26 und 27 erklären, dass es einem unbeschnittenen Heiden als Beschneidung angerechnet wird, wenn er den geistlichen Voraussetzungen der Beschneidung gerecht wird.
- Ein rein jüdisches Verständnis ist auch dadurch ausgeschlossen, wie absolut allgemein Paulus sich hier ausdrückt:»Denn nicht der ist ein Jude, der es äußerlich ist ..., sondern der ist ein Jude, der es innerlich ist, ... im Geist, nicht im Buchstaben.« Diese Absolutheit schließt aus, dass man diesen Worten noch einen anderen, eingeschränkt nationalen Sinn für das geistliche Jüdischsein unterschieben könnte.
- Die darauffolgenden Aussagen von Paulus in Römer 9 schließen ein rein ethnisch-jüdisches Verständnis ebenfalls aus.

Auf diesen Abschnitt in Römer 9 wollen wir jetzt näher eingehen. In *Römer 9,6-8* finden wir sehr klare Aussagen zu diesem Thema:

Nicht aber, dass das Wort Gottes nun hinfällig wäre! Denn nicht alle, die von Israel abstammen, sind Israel; auch sind nicht alle, weil sie Abrahams Same sind, Kinder, sondern »in Isaak soll dir ein Same berufen werden«. Das heißt: Nicht die Kinder des Fleisches sind Kinder Gottes, sondern die Kinder der Verheißung werden als Same gerechnet. (SCH)

Manche versuchen, auch diese Verse auf die geistlich beschnittenen, leiblichen Israeliten einzuschränken. Doch Vers 8 verbietet dies: »... die Kinder der Verheißung werden als Same gerechnet.« Wer sind »die Kinder der Verheißung«? Sie sind eindeutig Christen – es sind alle Christen, ja selbst die Heidenchristen von Galatien (Gal 4,28)!

Philipper 3,3 erklärt ebenfalls, dass die Voraussetzungen, um zur neuen, wahren Beschneidung zu gehören, nicht natürlicher Art sind (wie die Beschneidung im Fleisch): »Denn *wir* sind die Beschneidung, die wir im Geist Gottes dienen und uns in Christus Jesus rühmen und nicht auf Fleisch vertrauen ...« Paulus kontert hier die Behauptungen der Judaisten, auf die er in Vers 2 ironisch anspielt und sie »die Zerschneidung« nennt. Wir hingegen, die Christen, sind die eigentliche Beschneidung. Paulus sieht die christliche Gemeinde also als das Israel Gottes an. Mehrere Punkte bestätigen dieses Verständnis: a) Apostelgeschichte 16,13 zufolge gab es in Philippi keine jüdische Synagoge, sondern nur eine Gebetsstätte. Folglich waren die Gläubigen in Philippi überwiegend keine Juden –, sondern Heidenchristen. b) Der Ausdruck »Beschneidung« wird synonym zu »Israel« verwendet (Eph 2,11 und Röm 3,29f). c) Mit den Worten »nicht auf Fleisch vertrauen« in Philipper 3,3 und den nachfolgenden Ausführungen erklärt Paulus, dass man nicht aufgrund fleischlicher, leiblicher Voraussetzungen zur wahren Beschneidung gehören kann, sondern nur aufgrund geistlicher Gegebenheiten.

In *Galater 6,16* wird die Gemeinde als das Israel Gottes bezeichnet: »Und so viele dieser Richtschnur folgen werden, Friede und Barmherzigkeit über sie und über das Israel Gottes!« Manche wollen »das Israel Gottes« so verstehen, dass es »gläubige Juden« bedeute. Das widerspricht jedoch dem Kontext. Der gesamte Galaterbrief ist eine Widerlegung der Judaisten, die forderten, dass man nicht nur an Christus glauben, sondern auch formell jüdisch werden müsse. Sollte Paulus etwa nun am Schluss eines solchen Briefes meinen, nur ethnische Juden gehörten zum Israel Gottes? Das ist undenkbar. Das formelle und ethnische Judentum wird in diesem Brief ja klar in die Schranken gewiesen (Gal 3,29; 4,26; 5,6; 6,15)!

Einer meiner Professoren am theologischen Seminar sagte einmal als Gegenargument zu meiner Sicht, man könne geistliche Israeliten nur aus leiblichen Israeliten machen, geistliche Engländer nur aus leiblichen Engländern und gekochte Karotten nur aus rohen Karotten. Paulus würde dem aber nicht zustimmen. Er lehrt im Neuen Testament, dass das Evangelium aus leiblichen Heiden geistliche Juden machen kann; aus Ausländern Israels werden so eingebürgerte »Mitbürger« und »Hausgenossen Gottes« (Eph 2,19 und Kontext).

4. Die Titel und Vorrechte Israels werden auf die Gemeinde übertragen

Die zahllosen Belege hierfür werden der Einfachheit halber in der folgenden Tabelle zusammengefasst; die Stellenangaben sind nur Beispiele von vielen.

Bezeichnung	Das alte Israel / die alte Gemeinde	Das neue Israel / die neue Gemeinde
1. Heilige	4Mo 16,3; 5Mo 33,3	Eph 1,1; Röm 1,7
2. Erwählte	5Mo 7,6f; 14,2	Kol 3,12; Tit 1,1
3. Geliebte	5Mo 7,7; 4,37	Kol 3,12; 1Thes 1,4
4. Berufene	Jes 41,9; 43,1	Röm 1,6f; 1Kor 1,2
5. Gemeinde/Versammlung	Ps 89,6; Mi 2,5 LXX; Apg 7,38; Hebr 2,12	Eph 1,1; Apg 20,28
6. Herde	Hes 34; Ps 77,20	Lk 12,32; 1Petr 5,2
7. Heilige Nation	2Mo 19,5f	1Petr 2,9
8. Königreich von Priestern	2Mo 19,5f	1Petr 2,9
9. Gottes besonderes Eigentum	2Mo 19,5f	1Petr 2,9
10. Gottes Volk	Hos 2,1ff	1Petr 2,10
11. Heiliges Volk	5Mo 7,6	1Petr 1,15f
12. das Volk seines Erbteils	5Mo 4,20	Eph 1,18
13. Gottes Wohnung	3Mo 26,11	Joh 1,14
14. Gott wohnt und wandelt unter ihnen	3Mo 26,12	2Kor 6,16-18
15. Zwölfköpfiger Gründungsstamm	Zwölf Erzväter	Zwölf Apostel
16. Braut / Gattin Christi	Jes 54,5; Jer 3,14; Hos 2,18; Jer 6,2; 31,32	Eph 5,22.23; 2Kor 11,2
17. Kinder Abrahams	2Chr 20,7; Ps 105,6	Röm 4,11.16; Gal 3,7.29

5. Die klassischen Belegstellen über die Beziehung zwischen Israel und der Gemeinde lehren eindeutig ihre Einheit und Kontinuität

Hier möchte ich auf drei Schriftstellen eingehen, an denen Paulus demonstrativ die Beziehung der Gemeinde zu Israel anspricht.

Die erste Stelle ist *Galater 3,29:* »Wenn ihr aber Christus angehört, so seid ihr Abrahams Same und nach der Verheißung Erben« (SCH). Die Hauptaussage in den Versen 15-29 ist, dass die Verheißung des abrahamitischen Bundes heilsgeschichtlich dem Gesetz übergeordnet ist. Das bedeutet, dass nicht das Gesetz, sondern die Verheißung der entscheidende Faktor im Heilshandeln Gottes während der verschiedenen Bündnisse ist. Paulus zeigt, dass die Verheißung des Abrahambundes dem messianischen Nachkommen Abrahams galt (V. 16+19). In den Versen 23-29 stellt Paulus die Verbundenheit mit Christus durch den Glauben heraus und zeigt, was es bedeutet, in Christus Miterbe der Verheißung Abrahams zu sein. Durch den Glauben sind wir mit diesem messianischen Nachkommen vereint, unabhängig von unserer Nationalität. Durch ihre Einheit mit Christus gehört die Gemeinde zu Abrahams Nachkommenschaft. Paulus sagt den galatischen Heidenchristen in Vers 29: »Ihr seid Abrahams Same.«

Hiermit nimmt Paulus den Juden weg, wessen sie sich rühmten: ihre vermeintliche Nachkommenschaft von Abraham (wie auch Jesus es in Joh 8,33.39 tat), und überträgt diesen Ehrentitel auf die Gemeinde. Noch wichtiger: Er versteht den messianischen Samen und die, die mit ihm vereint sind, als die eine letztendliche, eschatologische Erfüllung dieses abrahamitischen Bundes.

Römer 11,16-24 ist die zweite Stelle, die das Verhältnis zwischen Israel und der Gemeinde offen anspricht:

> Ist die Erstlingsgabe vom Teig heilig, so ist auch der ganze Teig heilig; und wenn die Wurzel heilig ist, so sind auch die Zweige heilig. Wenn aber nun einige von den Zweigen ausgebrochen wurden und du, der du ein wilder Ölzweig warst, in den Ölbaum eingepfropft worden bist und teilbekommen hast an der Wurzel und dem Saft des Ölbaums, so rühme dich nicht gegenüber den Zweigen. Rühmst du dich aber, so sollst du wissen, dass nicht du die Wurzel trägst, sondern die Wurzel trägt dich. Nun sprichst du: Die Zweige sind ausgebrochen worden, damit ich eingepfropft würde. Ganz recht! Sie wurden ausgebrochen um ihres Unglaubens willen; du aber stehst fest durch den Glauben. Sei nicht stolz, sondern fürchte dich! Hat Gott die natürlichen Zweige nicht verschont, wird er dich doch wohl auch nicht verschonen. Darum sieh die Güte und den Ernst Gottes: den Ernst gegenüber denen, die gefallen sind, die Güte Gottes aber dir gegenüber, sofern du

bei seiner Güte bleibst; sonst wirst du auch abgehauen werden. Jene aber, sofern sie nicht im Unglauben bleiben, werden eingepfropft werden; denn Gott kann sie wieder einpfropfen. Denn wenn du aus dem Ölbaum, der von Natur wild war, abgehauen und wider die Natur in den edlen Ölbaum eingepfropft worden bist, wie viel mehr werden die natürlichen Zweige wieder eingepfropft werden in ihren eigenen Ölbaum. (LUT)

In diesen Versen wird das Volk Gottes mit einem Ölbaum verglichen. Mit »der Wurzel und dem Saft des Ölbaums« (V. 16f) sind eindeutig die Patriarchen Israels gemeint, mit denen der abrahamitische Bund geschlossen wurde (11,1.28ff). Das ethnische Israel wird mit den natürlichen Zweigen dieses kultivierten Ölbaums verglichen (V. 14-16.19.24; vgl. die alttestamentlichen Stellen, an denen Israel mit einem Ölbaum verglichen wird: Jer 11,16f; Hos 14,6). Viele dieser natürlichen Zweige – wenngleich nicht alle (V. 5.17) – wurden herausgebrochen und vom Bundessegen ausgeschlossen. Heidenchristen wurden entgegen der Natur eingepfropft, d. h. sie wurden zu Teilhabern des Bundessegens gemacht (V. 17.24). All das verdeutlicht die organische und auf dem Bund beruhende Einheit des Volkes Gottes. Es gibt nur einen einzigen Ölbaum! Er umfasst die Wurzel (Abraham und die Patriarchen), die natürlichen Zweige (das ethnische Israel) und die eingepfropften Zweige (die Heidenchristen). Sie alle gehören zu ein und demselben Ölbaum. Äußerst lehrreich ist auch das, was Paulus hier *nicht* sagt. Er sagt nicht, dass ein wilder Ölbaum zu einem edlen Ölbaum wird. Er sagt nicht, dass mit dem »Gemeindezeitalter« ein neuer Ölbaum oder etwa ein Feigenbaum gepflanzt worden wäre. Für die dispensationalistische Trennung von Israel und der Gemeinde ist die Lehre von Römer 11 eine existenzbedrohende Umgebung.

Als dritte Schriftstelle zum Verhältnis zwischen Israel und der Gemeinde betrachten wir *Epheser 2,11-19:*

Darum gedenkt daran, dass ihr, die ihr einst Heiden im Fleisch wart und Unbeschnittene genannt wurdet von der sogenannten Beschneidung, die am Fleisch mit der Hand geschieht – dass ihr in jener Zeit ohne Christus wart, ausgeschlossen von der Bürgerschaft Israels und fremd den Bündnissen der Verheißung; ihr hattet keine Hoffnung und wart ohne Gott in der Welt. Jetzt aber, in Christus Jesus, seid ihr, die ihr einst fern wart, nahe gebracht worden durch das Blut des Christus. Denn er ist unser Friede, der aus beiden eins gemacht und die Scheidewand des Zaunes abgebrochen hat, indem er in seinem Fleisch die Feindschaft, das Gesetz der Gebote in Satzungen, hinwegtat, um die zwei in sich selbst zu einem neuen Menschen zu schaffen und Frieden zu stiften, und um die beiden in einem Leib mit Gott zu versöhnen durch das Kreuz, nachdem er durch dasselbe die Feindschaft getötet hatte. Und er kam und verkündigte Frieden euch, den Fernen, und den Nahen; denn durch ihn haben wir beide den Zutritt zu dem Vater in einem Geist. So seid ihr nun nicht mehr Fremdlinge ohne Bürgerrecht und Gäste, sondern Mitbürger der Heiligen und Gottes Hausgenossen. (SCH)

Dieser wichtige Abschnitt präsentiert uns wiederholt und noch ausdrücklicher als die anderen die Aussage, dass die Gemeinde und Israel eins sind. Die Lehre dieses Abschnitts kann man in drei Thesen zusammenfassen:

1. Die Heiden waren »einst fern«. Vers 11 macht deutlich, dass Paulus hier zu Heidenchristen spricht. Vers 12 schildert, in welchem Zustand sich die Heidenchristen befanden. Sie waren

- ohne Christus;
- ausgeschlossen von der Bürgerschaft Israels;
- fremd den Bündnissen der Verheißung;
- ohne Hoffnung;
- ohne Gott in der Welt.

2. Jetzt sind die Heidenchristen »nahegebracht worden«. In Vers 13 wiederholt Paulus nicht ausdrücklich, wem oder was die Heidenchristen nahegebracht worden sind; aber aus dem Kontext ergeben sich zwei Erwägungen, die diese Frage eindeutig beantworten. Dieses »Nahebringen« in Vers 13 ist als Gegensatz zum Getrenntsein und Ausgeschlossensein von Vers 12 zu verstehen. Die Verse 11 und 12 beziehen sich offenkundig aufeinander und erklären sich gegenseitig. Vers 12 zählt die Segnungen auf, denen die Heiden einst fern waren, jetzt aber nahegebracht wurden, u. a. »Christus«, »Hoffnung« und »Gott«, aber offenbar auch die Einbürgerung in das Bürgerrecht Israels und die Teilhabe an den Bündnissen. Auch der nachfolgende Kontext verdeutlicht, was mit »nahebringen« gemeint ist. In Vers 19 zieht Paulus Resümee[55] und sagt dabei ausdrücklich, wohin die Heiden nahegebracht wurden: sie sind jetzt »Mitbürger der Heiligen«. »Heilige« ist hier offenkundig eine Bezeichnung der jüdischen Gläubigen bzw. des Volkes Gottes. Das griechische Wort für »Mitbürger« ist mit dem Wort für »Bürgerrecht« verwandt, das in Vers 12 im Ausdruck »Bürgerrecht Israels« enthalten ist.[56] Dies macht klar, was mit dem »neuen Menschen« in Vers 15 gemeint ist. Die Vereinigung von Juden und Heiden erfolgt nicht durch die Erschaffung eines neuen Gemeinwesens, das mit Gottes früheren Bündnissen nichts zu tun hätte. Juden und Heiden werden als Mitbürger im »neuen« Israel vereint. Der »*eine* neue Mensch« von Vers 15 ist praktisch dasselbe wie das neue Israel. Juden und Heiden werden nicht in einer Gemeinde vereint, die in keiner Beziehung zu Israel stehen würde, sondern im neuen Israel. Sie sind vereint, weil das Volk Gottes ergänzt wird durch Heiden, die darin einverleibt und den Segnungen der Volkszugehörigkeit Israels nahegebracht werden (vgl. die Grafik auf S. 152).

3. Das Nahebringen der Heiden geschieht durch das Heilswerk Christi (V. 13-18). Christus hat die Trennwand niedergerissen, die die Heiden von Israel fernhielt. Jede Lehre, die sich eine zukünftige Erneuerung des ethnischen Israel als Gottes Bundesvolk ausmalt, richtet diese Trennwand im Grunde wieder auf und ist ein Affront gegenüber Christus, der diese Wand durch sein Werk am Kreuz endgültig niedergerissen hat. Diese Endgültigkeit und der eschatologische Charakter des Kreuzes Christi verbieten, dass auch nur eine der dadurch erwirkten Folgen rückgängig gemacht wird.

Wenn man Galater 3, Römer 11 und Epheser 2 studiert, stellt man fest: Paulus hätte einer Trennung von Israel und Gemeinde, wie der Dispensationalismus sie lehrt, kaum deutlicher und gründlicher widersprechen können als in diesen Abschnitten.

---

[55] Eine doppelte Konjunktion *ára oûn* (»folglich also«) betont, dass hier eine Schlussfolgerung folgt.

[56] Das griechische Wort *sympolítai* (»Mit-Bürger«) erinnert an das *politeías* (Bürgertum, Gemeinwesen, Staat) in V. 12. Somit sagt Paulus hier ausdrücklich, dass die Heiden in die Bundesvolksgemeinschaft Israels einverleibt worden und Mitteilhaber des konstituierenden Bundes Israels geworden sind. Der Gedanke der uneingeschränkten »Integration« wird durch die Vorsilbe *sym* (»mit«, »zusammen«) in *sympolítai* und durch das nachfolgende »Gottes Hausgenossen« klar zum Ausdruck gebracht.

6. Die Schrift lehrt die eschatologische Einheit des Volkes Gottes. Die Weltgeschichte findet der Bibel zufolge ihre endgültige Erfüllung in einem einzigen Gottesvolk.

Wenn man die Bibel erforscht, stellt man fest, dass das Volk Gottes in allen Zeitaltern ein einziges Volk war. Doch was ist mit der Ewigkeit, dem kommenden Zeitalter? Wird es dann zwei verschiedene Völker Gottes geben? Mehrere eindeutige Bibelstellen zwingen dazu, diese Frage zu verneinen. Matthäus 8,11-12 ist klar:

> Ich sage euch aber: Viele werden kommen vom Osten und vom Westen und werden im Reich der Himmel mit Abraham, Isaak und Jakob zu Tisch sitzen, aber die Kinder des Reiches werden in die äußerste Finsternis hinausgeworfen werden; dort wird Heulen und Zähneknirschen sein. (SCH)

Von den Heiden werden einige gerettet und ins Himmelreich geführt; von den Juden – den »Kindern des Reiches« – werden einige hinausgeworfen. Das bedeutet natürlich, dass gerettete Juden drinnen bleiben. Juden und Heiden sind somit im eschatologischen Reich eins mit Abraham, Isaak und Jakob.

Johannes 10,16 ist ebenfalls eindeutig:

> Ich habe andere Schafe, die nicht aus diesem Hof sind; auch diese muss ich bringen, und sie werden meine Stimme hören, und es wird eine Herde, ein Hirte sein.

Es wird nur eine einzige Herde geben, die aus heidnischen und jüdischen Schafen besteht. Dies ist bereits jetzt im gegenwärtigen Zeitalter des angebrochenen Königreichs verwirklicht. Ebenso wird es auch im vollendeten Königreich des kommenden Zeitalters sein.

Hebräer 11,39-40 lehrt ebenfalls genau dasselbe:

> Diese alle, die durch den Glauben ein Zeugnis erhielten, haben die Verheißung nicht erlangt, da Gott für uns etwas Besseres vorgesehen hat, damit sie nicht ohne uns vollendet werden sollten.

Der Schreiber des Hebräerbriefes hat zuvor viele alttestamentliche Glaubenshelden aufgezählt. Jetzt erklärt er, dass sie zwar ein Zeugnis erhalten, die Verheißung aber noch nicht erlangt haben: Gott will, dass sie nicht ohne »uns« vollendet werden. Mit »uns« meint er eindeutig die neutestamentlichen Gläubigen. »Vollendet werden« bezieht sich auf die »Verheißung« oder das »Ziel«, das im vorangehenden Kontext wiederholt genannt wird (4,1; 8,6; 9,15; 11,3.13.17). Hier wird also ausdrücklich gelehrt, dass sowohl die Gläubigen des Alten wie des Neuen Testaments sich gemeinsam als einziges, zusammengehöriges Volk Gottes des ewigen Erbes erfreuen werden.

In Offenbarung 21,9-14 gipfeln alle Aussagen des Neuen Testaments, dass das Volk Gottes letztlich ein einziges Volk ist:

Und es kam einer von den sieben Engeln, welche die sieben Schalen hatten, voll der sieben letzten Plagen, und redete mit mir und sprach: Komm her! Ich will dir die Braut, die Frau des Lammes, zeigen. Und er führte mich im Geist hinweg auf einen großen und hohen Berg und zeigte mir die heilige Stadt Jerusalem, wie sie aus dem Himmel von Gott herabkam, und sie hatte die Herrlichkeit Gottes. Ihr Lichtglanz war gleich einem sehr kostbaren Edelstein, wie ein kristallheller Jaspisstein; und sie hatte eine große und hohe Mauer und hatte zwölf Tore und an den Toren zwölf Engel und Namen darauf geschrieben, welche die Namen der zwölf Stämme der Söhne Israels sind: nach Osten drei Tore und nach Norden drei Tore und nach Süden drei Tore und nach Westen drei Tore. Und die Mauer der Stadt hatte zwölf Grundsteine und auf ihnen zwölf Namen der zwölf Apostel des Lammes.

In der neuen Schöpfung gibt es nur eine einzige Stadt und eine einzige Braut. Die Tore der Stadt tragen die Namen der zwölf Stämme Israels. Auf ihrem Fundament stehen die Namen der zwölf Apostel des Lammes. Die Symbolik könnte die eschatologische Einheit des Volkes Gottes aus Neuem und Altem Testament nicht besser verdeutlichen.

Der hier erbrachte Nachweis, dass die Gemeinde das neue und wahre Israel Gottes ist, unterstreicht mehrere Lektionen: Es ist legitim, alttestamentliche Prophetie über die Zukunft Israels direkt auf die Gemeinde anzuwenden; so wie es Paulus z. B. in Galater 4,27 durch sein Zitat von Jesaja 54,1-3 tut (»juble, du Unfruchtbare ...«). Die Geschichte der Bibel hat nur ein einziges Generalthema: die Erlösung. Mit diesem Blick sollte und muss man die Bibel lesen. Die

Lehren des Neuen Testaments muss man im Licht ihres alttestamentlichen Hintergrunds verstehen, und nur so kann man sie richtig verstehen. Die Würde der Gemeinde wird erhöht, wenn man erkennt,
dass sie in der Kontinuität des alttestamentlichen Israel steht. In der
Gemeinde gipfelt Gottes Jahrtausende währender Erlösungsplan; sie
ist der Gegenstand all seines Handelns in allen Bündnissen und erbt
die Verheißungen dieser Bündnisse.

Die Verteidigung, dass Israel und die Gemeinde eins sind

Das Problem erkannt
Wir haben gesehen, dass die Gemeinde im Neuen Testament als das
neue Israel betrachtet wird. Wie aber kann das sein? Warum ist es
richtig, dass die vorwiegend heidenchristliche Gemeinde als »Israel«
angesehen wird, als das neue und wahre Israel Gottes? Wenn dieses
Verständnis richtig ist, wie lässt sich es sich dann verteidigen, da die
Gemeinde doch überwiegend heidenchristlich geprägt ist?

Das Problem erklärt
Um das Problem noch besser zu verstehen, betrachten wir, was das
Alte und das Neue Testament über den Neuen Bund sagen. In Jeremia 31,31-34 richtet sich die Verheißung des Neuen Bundes klar und
ausdrücklich an Israel – und um genau zu sein, an »das Haus Israel« und »das Haus Juda«. Jeremia 31,31 betont: »*Siehe, Tage kommen,
spricht der HERR, da schließe ich mit dem Haus Israel und mit dem Haus
Juda einen neuen Bund …*« Das Neue Testament wendet diese Verheißungen des Neuen Bundes aber ebenso klar und ausdrücklich auf
die Gemeinde an. Der Kelch des Neuen Bundes ist der Kelch, den
die Gemeinde am Tisch des Herrn trinkt (Mt 26,28; 1Kor 11,23-25).
Der Heidenapostel Paulus und seine Mitarbeiter sind »Diener des
Neuen Bundes« (2Kor 3,2-6). Jesus ist auf Grundlage des Neuen
Bundes der Mittler und Hohepriester der Gemeinde (Hebr 8,6-13;
10,16-18; 13,7.17; 13,20f).

All das ist natürlich ein weiterer Beweis für die Einheit von Israel
und Gemeinde. Wenn sich die an Israel gerichtete Verheißung an
der Gemeinde erfüllt, dann muss die Gemeinde in einem gewissen
Sinne Israel sein. Diese neutestamentlichen Schriftstellen widerlegen
daher die sogenannte wörtliche oder nationale Deutung des Neuen

Bundes und bestätigen ein Prinzip der Bibelauslegung, das für eine richtige Eschatologie unentbehrlich ist. Die höchste Deutungsautorität für das Alte Testament ist das Neue Testament. Jede Deutung, die das Vorkommen einer alttestamentlichen Stelle im Neuen Testament ignoriert oder diesem neutestamentlichen Gebrauch des AT widerspricht, ist falsch. Es ist erstaunlich, wie viele Christen sich mehr auf ihre eigenen Auslegungsprinzipien verlassen als auf die des Neuen Testaments!

Doch die Frage ist: Wie kann es sein, dass der Neue Bund in und an der Gemeinde erfüllt wird? Wie kann sich der Heidenapostel Paulus »Diener des Neuen Bundes« nennen? Wie können sich Verheißungen, die Israel gegeben wurden, an einer vorwiegend heidenchristlichen Gemeinde erfüllen? Wie kann dieses Vorgehen Gottes erklärt werden? Mit welchem Recht kann man die heidenchristlich geprägte Gemeinde als das neue Israel betrachten?

Das Problem gelöst
Zwei Lehrwahrheiten erklären und bestätigen, warum das Neue Testament die Gemeinde als das neue Israel identifiziert.

Die erste Lehrwahrheit besagt, dass die Verheißungen, die Israel gegeben wurden, sich deshalb an der Gemeinde erfüllen, *weil der erwählte Überrest des Volkes Israel den Kern und Keim der Gemeinde bildete.*

Die Verheißungen an das Volk Israel waren zum Teil an Bedingungen geknüpft: »*Wenn* ihr ... hört ... haltet ... *dann* ...« (2Mo 19,5f). Nur gläubige Juden können die Verheißungen in Anspruch nehmen. Dass es solche gläubigen Juden stets gab, dafür sorgte Gottes souveräne Vorsehung; aber dass alle Juden gläubig würden, wird nirgends garantiert (Röm 11,3f).

Es ist ein wiederkehrendes Muster, dass sich die Verheißungen an Israel stets nur an einem Überrest gläubiger Israeliten erfüllten. So war es schon beim Auszug aus Ägypten. Fast eine ganze Generation, der das Gelobte Land verheißen worden war, starb, ohne es zu betreten. Beim Babylonischen Exil war es ebenfalls so. Die Verheißung der Rückkehr ins Land (Jer 29,10-14) erfüllte sich nicht an allen, sondern nur an einigen – einem gläubigen Überrest. Und auch die Verheißung des Neuen Bundes erfüllt sich nur an einem gläubigen Überrest. So heißt es in Römer 9,27 »Wäre die Zahl der Söhne

Israels wie der Sand des Meeres, nur der Überrest wird errettet werden« (ein Zitat aus Jes 10,22). Und in Römer 11,5: »So ist nun auch in der jetzigen Zeit ein Überrest nach Auswahl der Gnade entstanden« (vgl. Jes 59,20f).

Außerdem war prophezeit, dass die Verheißungen des Neuen Bundes auch über den jüdischen Überrest hinaus auf die Heiden ausgedehnt werden würden. Wie Jeremia prophezeite auch Jesaja den Neuen Bund (Jes 54,8-10; 55,3). Er sagte klar voraus, dass der Segen, den Israel empfangen wird, bis zu den Heiden überströmen werde (Jes 19,25; 42,1-6; 49,5f; 52,13-15; 54,1-3; 56,1-8).

Die zweite Lehrwahrheit, die rechtfertigt und erklärt, dass die Gemeinde das neue Israel ist, besagt: *Das Haupt der Gemeinde ist der Messias Israels.* Sowohl Galater 3,6-29 als auch 2. Korinther 1,19f lehren, dass die an Israel ergangenen Verheißungen *in Christus* erfüllt sind bzw. werden. Er ist im eigentlichen Sinne der »Same« und das Israel, dem die Verheißungen gelten und in dem sie erfüllt werden. Als Inbegriff und Verkörperung des gläubigen Israel ist er es, dem alle Verheißungen gehören. Das ist eine Erfüllung der Verheißungen, wie sie buchstäblicher nicht sein kann, denn Jesus war Jude – ja, er ist der Zielpunkt der gesamten jüdischen Abstammungslinie.

> Denn der Sohn Gottes, Christus Jesus, der unter euch durch uns gepredigt worden ist, durch mich und Silvanus und Timotheus, war nicht Ja und Nein, sondern in ihm ist ein Ja geschehen. Denn so viele Verheißungen Gottes es gibt, in ihm ist das Ja, deshalb auch durch ihn das Amen, Gott zur Ehre durch uns. (2Kor 1,19)

Wenn ihm jedoch die Verheißungen nach Gottes Willen gehören, dann kann er gewiss auch daran teilhaben lassen, wen er will. Oder anders gesagt: Wer eins mit Christus ist, ist durch ihn Teilhaber der Verheißung. Das aber ist natürlich genau das, was Galater 3,29 sagt:

> Wenn ihr aber Christus angehört, so seid ihr Abrahams Same und nach der Verheißung Erben. (SCH)

Die neutestamentliche Lehre, dass die Gemeinde das neue Israel Gottes ist, entspricht einer sehr exakten Erfüllung der Verheißungen des Alten Testaments.

KAPITEL 14

Diskontinuität – die Gemeinde ist mehr als Israel

Im vorigen Kapitel betonten wir die Einheit von und die Kontinuität zwischen Israel und der Gemeinde. Nun müssen wir einen anderen Aspekt der Heilsgeschichte herausstellen: die Unterschiede und die Diskontinuität zwischen Israel und der Gemeinde. Wir haben festgestellt, dass die Gemeinde das neue *Israel* ist. Jetzt müssen wir zeigen, dass die Gemeinde das *neue* Israel ist. Obwohl zwischen Israel und der Gemeinde eine grundlegende Einheit besteht, zeichnet sich die Gemeinde auch durch Entwicklung, Fortschritt und Überlegenheit gegenüber Israel aus. Man kann die Gemeinde als das wahre Israel und somit als Fortsetzung des alttestamentlichen Bundesvolkes sehen. Man kann sie auch als das neue Israel und somit als einen Neuanfang Gottes sehen. Wir werden dieses Thema unter drei Gesichtspunkten untersuchen: Der Nachweis für die Überlegenheit des neuen Israels, die Erklärung für die Überlegenheit des neuen Israels und die Beschreibung für die Überlegenheit des neuen Israels.

Der Nachweis für die Überlegenheit des neuen Israels

Zwei klassische Belegstellen zeigen, dass die Gemeinde als das neue Israel mehr ist als das alte Israel.

Matthäus 16,16-20

In Vers 18 sagt Jesus den berühmten Satz: »Du bist Petrus, und auf diesem Felsen werde ich meine Gemeinde bauen.« Es ist nicht nötig, hier im Detail auf die zahlreichen exegetischen Herausforderungen einzugehen, vor die dieser Satz uns stellt. Für unseren Zweck genügt es, drei Punkte aufzustellen.

Erstens: Petrus und die übrigen Apostel sind der Fels oder das Fundament der Gemeinde. Das ist der völlig natürliche Sinn dieser Stelle, und Paulus bekräftigt dies, wenn er in Epheser 2,20 über Matthäus 16,18 reflektiert: »Ihr seid aufgebaut auf der Grundlage der Apostel und Propheten, wobei Christus Jesus selbst Eckstein ist.« Die paulinische Auslegung von Matthäus 16,18 macht klar, dass alle Apostel und nicht allein Petrus die Grundlage der Gemeinde bilden. Es ist wichtig hervorzuheben, dass mit den »Propheten« in Epheser 2,20 nicht die alttestamentlichen Propheten gemeint sind. Die Reihenfolge zeigt dies, denn Paulus sagt nicht: »Propheten und Apostel«, sondern vielmehr: »Apostel und Propheten«. Der Ausdruck »Apostel und Propheten« kommt in dieser Form noch zwei weitere Male im nachfolgenden Kontext vor. Sowohl in Epheser 3,5 als auch in 4,11 sind eindeutig neutestamentliche Propheten gemeint.

Zweitens: Die Apostel sind nicht aufgrund ihrer Person, sondern aufgrund ihres Amtes die Grundlage der Gemeinde. Anders gesagt: Ihre Lehrerkenntnis bildet diese Grundlage. Das ist, worauf es in Matthäus 16,18 wirklich ankommt. Petrus wird »Fels« genannt, weil er unmittelbar zuvor die bedeutende Erkenntnis und das Bekenntnis ausspricht, wer Jesus ist (Mt 16,16). In ihrer Eigenschaft als Apostel – das sind die, die bezeugen, dass Jesus der HERR ist – sind sie der Fels, auf den die Gemeinde gegründet ist (1Kor 3,10f). Die Apostel waren die Träger der Wahrheit, die durch Christus in die Welt gebracht worden war und auf der die Gemeinde als Basis ruht (Joh 1,14-18; Hebr 1,1f).

Drittens: Es ist wichtig zu beachten, dass Jesus hier eine Prophezeiung im Futur ausspricht: »Ich *werde* meine Gemeinde bauen.« Wenn die Apostel das Fundament der Gemeinde sind, die Christus bauen *wird*, dann muss dies zumindest in einem gewissen Sinn begonnen haben, während sie lebten und wirkten – und nicht bereits davor.

Matthäus 21,33-43

In Vers 43 sagt Jesus zu den führenden Juden: »Deshalb sage ich euch: Das Reich Gottes wird von euch weggenommen und einem Volk gegeben werden, das seine Früchte bringen wird«. Diese Stelle setzt offensichtlich die Kontinuität von Israel und der Gemeinde voraus. Es ist ein und derselbe *Weinberg* oder dasselbe *Königreich*, das sowohl den alten als auch den neuen Winzern gegeben wurde. Trotzdem zeigt sich hier deutlich, dass die Gemeinde ein Neuanfang ist. Das alte Volk, gelenkt von korrupten Führern, steht vor dem Untergang. Ein neues Volk (mit zwölf neuen Führern, den Aposteln) wird das Reich empfangen. Es ist wichtig festzustellen, dass der Ausdruck »Volk« oder »Nation« hier nicht im Plural steht, d. h. damit sind nicht die Nationen oder die Heiden gemeint. Der Ausdruck steht im Singular und beschreibt somit die Gemeinde als Gottes neues Volk, sein neues Israel (1Petr 2,9). Diese Übertragung der Vorrechte wurde bereits im Alten Testament prophezeit (Jes 65,12-15; 62,1f).

Die Erklärung für die Überlegenheit des neuen Israels

Die neutestamentliche Lehre über das Verhältnis von Gemeinde und Israel scheint paradox. Wie kann die Gemeinde so alt wie Adam und zugleich so neu sein, dass es sie erst seit dem Kommen Christi gibt? Wie kann die Gemeinde dasselbe wie Israel sein, zugleich aber doch etwas anderes? Die Natur liefert ein wunderbares Bild dafür: die Raupe. Sie verwandelt sich aus einem unscheinbaren, kriechenden Wurm in einen schönen Schmetterling. Der Schmetterling hat Merkmale und Fähigkeiten, welche die Raupe nicht hatte, aber er ist tatsächlich dasselbe Tier. Albertus Pieters, der den folgenden Text zur Zeit der Weltwirtschaftskrise der 1930er Jahre schrieb, bietet eine weitere Veranschaulichung:

Kürzlich hatten viele Banken vorübergehend geschlossen, wurden reorganisiert und haben dann den Geschäftsbetrieb wieder aufgenommen – manchmal unter demselben Namen, manchmal unter einem neuen. In einem solchen Fall ist es oft durchaus angemessen, von der reorganisierten Institution als einer neuen Bank zu sprechen. Neues Kapital wurde gezeichnet, neue Geschäftsbedingungen übernommen, neue Direktoren gewählt, ein neuer Vorstandschef und ein neuer Geschäftsführer ernannt. Es ist eine neue Institution. Dennoch handelt es sich in einem anderen Sinne um die Fortführung der früheren Bank, besonders was das Vermögen betrifft. Wer einen Schuldschein gezeichnet hat, der auf den Namen der Bank lautet, bevor sie reorganisiert wurde, muss die Schuld gegenüber der neuen Bank begleichen. Wer ein Konto bei der alten Bank hatte, hat dieses Guthaben nun bei der neuen. In diesem Sinne ist sie dieselbe alte Bank. Genauso verhält es sich mit Israel und der Gemeinde. Keineswegs ist die Gemeinde das »geistliche Israel« im Sinne eines anderen Israel, sondern sie ist das reorganisierte Israel. Entgegen mancher Behauptungen allegorisieren oder vergeistlichen wir die Prophetien nicht, sondern erkennen schlicht die historische Tatsache an, dass es diese Reorganisation gab. Als ein solches »reorganisiertes« Israel ist die Gemeinde vollkommen rechtmäßig und in ununterbrochener Fortführung in Besitz der Güter (also Verheißungen) des ethnischen Israels – und zwar nicht nur einiger, sondern aller. Die Gemeinde hat die Güter Israels übernommen, weil sie im rechtlichen und prophetischen Sinne Israel ist; sie ist die einzige Körperschaft, die einen rechtmäßigen Anspruch auf diese Bezeichnung hat.[57]

In Hebräer 9,8-10 gibt uns die Bibel selbst eine Erklärung dafür, wie sie auf solche Weise von einer Erneuerung Israels spricht.

Die »Einführung des Neuen Bundes« und das neue Israel

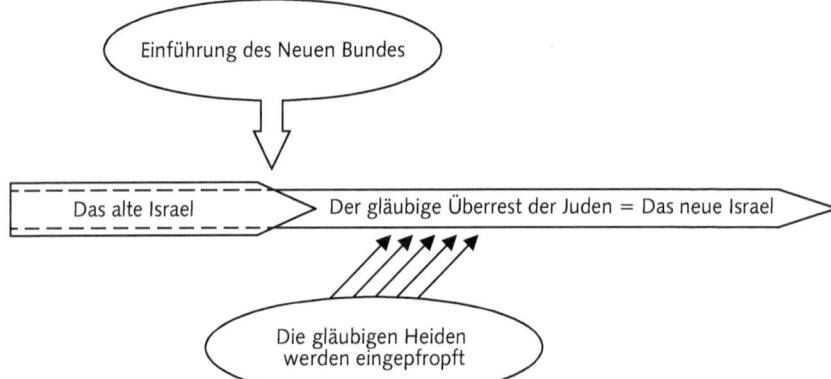

Eine Beschreibung der Überlegenheit des neuen Israel

Hier stellt sich die Frage: In welcher Hinsicht ist die Gemeinde *neu und überlegen?* Darauf gibt es zwei grundlegende Antworten.

---

57 Albertus Pieters, *The Ten Tribes in History and Prophecy* (Grand Rapids: Eerdmans, 1934), S. 81.

Erstens ist die Gemeinde im Gegensatz zu Israel *universal*. Das heißt, Gottes Volk erstreckt sich jetzt über alle Völker. Das ist das Thema etlicher umfangreicher Prophezeiungen im Alten Testament (Ps 22,26-32; 72,8-11.17; Jes 19,19-25; 42,1-6; 49,5f; 52,13-15; 54,1-3; 62,1f; 65,12-15; 56,1-8; 66,21). Das Neue Testament versteht die Aufnahme der Heiden in das Volk Gottes als die Erfüllung der Prophetie (Apg 15,15-17; Röm 9,24-29; 15,7-12). Paulus erwähnt dieses Merkmal des neuen Israels mehrmals (Gal 3,23-29; Eph 3,1-11; Kol 1,25-27; Röm 16,25f). An diesen Stellen wird ersichtlich, dass das Geheimnis der Gemeinde darin besteht, dass sie universal ist. Der klassische Dispensationalismus lehrt, dass ein Geheimnis etwas sei, das zuvor nicht prophezeit worden ist. Er sieht das Zeitalter der Gemeinde als einen nicht vorhergesagten Einschub in der Weltgeschichte. So versteht das Neue Testament den Begriff »Geheimnis« allerdings nicht. Ein Geheimnis ist etwas, das zuvor zwar prophezeit, aber bisher nicht verstanden oder erfahren wurde (Mt 13,11-17; Röm 16,25f).

Zweitens ist die Gemeinde – das neue Israel – im Gegensatz zum alten Israel *geistlich*. Wie ein roter Faden ziehen sich viele Voraussagen vom Alten Testament bis in die Evangelien, die prophezeien, dass der Heilige Geist in neuartiger Weise auf Gottes Bundesvolk kommen wird (Jes 44,1-5; 59,20f; 11,1f; 42,1; Hes 36,26f; 39,29; Joel 3,1f; Sach 12,10; Mt 3,11par.; Lk 24,49). Am Pfingsttag erfüllten sich diese Prophezeiungen. Sowohl die Symbolik der Taufe als auch der Ausdruck »Ausgießen des Geistes« beinhalten, dass der Heilige Geist überströmend, reichlich und wie eine Flut kommen wird (Joh 7,37-39; Apg 1,5.8). Mit dem Kommen des Heiligen Geistes am Pfingsttag haben all diese Vorhersagen sich zu erfüllen begonnen (Apg 2,5-47 und die nachfolgenden »Geistesausgießungen« in der Apostelgeschichte). Die zu Pfingsten geschehenen Zeichen zeigen an, dass der Messias zum König gekrönt wurde (Apg 2,29-36) und dass eine neue Ära des Geistes für das Volk Gottes angebrochen ist. Im Alten Testament war Zion quasi nur tröpfchenweise mit dem Heiligen Geist besprengt worden. Doch jetzt zeichnete sich Zion nicht mehr durch seine natürlichen Quellen und Wasserläufe aus (Ps 87,7: »alle meine Quellen sind in dir«), sondern durch die Wasserquellen des Heiligen Geistes. Der Heilige Geist war nun in ganzer Fülle ausgegossen. Zion wurde buchstäblich in den Geist getaucht und getränkt. Mutter Zion war einst nur besprengt, doch jetzt wird sie getauft (d. h. untergetaucht).

Dass der Heilige Geist ausgegossen wurde, muss sicher eine prägende, stärkende und regelrecht verjüngende Auswirkung auf unseren Glauben, unsere Hoffnung und unser Streben haben, auf unseren geistlichen Dienst und unser Gemeindeleben. Wie sehr sollte es uns ermutigen, darüber nachzusinnen, dass wir im Zeitalter des Heiligen Geistes leben, das die Propheten vorausgesagt haben! Der Heilige Geist verleiht der Mission eine neue Dynamik. Die Ausgießung des Heiligen Geistes ist die Antriebskraft für die universale, weltweite Ausbreitung des Volkes Gottes. Es ist die Kraft des Heiligen Geistes, die die Gemeinde in ihrem Missionsauftrag an alle Völker antreibt (Joh 16,7-14; Apg 1,8; 2,3f). Das verdeutlicht uns, wie wichtig der Missionsauftrag für die Gemeinde ist. Er ist eine der herausragendsten Aufgaben der Gemeinde im Neuen Bund.

Die neue geistliche Qualität der Gemeinde durch die Ausgießung des Heiligen Geistes hat enorme Bedeutung für die Einheit der Gemeinde als Christi Leib. Der Heilige Geist wohnt nun gemeinschaftlich im Volk Gottes als zusammenhänge Körperschaft. Die Gemeinde als Ganze bildet einen geistlichen Tempel (1Kor 3,16; Eph 2,22; 1Petr 2,5). Der Heilige Geist wirkte einst individuell in einzelnen Israeliten, doch jetzt wirkt er kollektiv in der Körperschaft der ganzen Gemeinde und durchdringt sie, um die Gläubigen zu einem festen, aber geistlichen Tempelgebäude zusammenzuschweißen.

Wenn Paulus die Gemeinde als »Leib Christi« beschreibt, hat dies sicherlich den Hintergrund, dass im Alten Testament das Aufkommen eines Volkes prophezeit wurde, dass durch den Heiligen Geist eine vereinigte Körperschaft bildet. Der Ausdruck »Leib Christi« erinnert Kenner des Alten Testaments an diese eschatologischen Prophezeiungen. Juden verstanden unter dem »Leib des Messias« das eschatologische Gottesvolk (Röm 12,5; Kol 3,15; Eph 4,3-7; 1Kor 11-13). Das alttestamentliche Israel besaß nicht die geistliche Gemeinschaft und Einheit des Leibes Christi. Die durch den Heiligen Geist vereinte Verbundenheit der Gemeinde gab es im alttestamentlichen Israel nicht. Jonathan und David waren zwar herzlich einander verbunden, doch beteten auch Joab, Abner und Saul mit ihnen zusammen in derselben Versammlung Israels Gott an. Es gab eine Einheit im Fleisch, aber nicht im Geist. Es gab wiedergeborene Israeliten, aber kein wiedergeborenes Israel. Sein Zustand war nicht geistlich, sondern fleischlich. Welch ein Vorrecht ist für uns die Gemeinschaft einer echten neutestamentlichen Gemeinde! Die Gläubigen des Alten Bundes hatten von solchen Vorrechten nur eine dunkle, schattenhafte Ahnung.[58]

---

58 Auch die Frage, wer getauft werden soll, hat damit zu tun, dass die Gemeinde ein *geistliches* Volk Gottes ist. Natürliche Nachkommen des Volkes Gottes gehören nicht mehr automatisch zum geistlichen Volk Gottes. Im Neuen Bund vermehrt sich Gottes Volk nicht durch natürliche Geburt, sondern durch geistliche Geburt (Joh 1,12f). Somit hat jetzt – im Gegensatz zum fleischlichen und schattenhaften Zustand des alttestamentlichen Israel – jeder wahre Israelit den HERRN erkannt, Vergebung der Sünden empfangen und Gottes Gesetz ins Herz geschrieben bekommen (Jer 31,31-34). Mehr dazu in Samuel Waldron: *Biblical Baptism: A Reformed Defense of Believers' Baptism* (Grand Rapids: Truth For Eternity Ministries, 1998).

KAPITEL 15

Was sagt die Bibel über den Himmel?

Im Rahmen der Fragen zum jetzigen Zeitalter werden wir uns nun mit dem so genannten Zwischenzustand, der Zeit zwischen Tod und Auferstehung, befassen. Dieser Zwischenzustand der Seele ist besonders geheimnisvoll, sogar im Vergleich mit anderen eschatologischen Fragen. Bei dieser Frage müssen wir besonders auf der Hut vor Irrtümern sein. In diesem Kapitel möchte ich deshalb eine Einführung in das Thema vorstellen, die uns mit der Ansicht unserer reformierten und puritanischen Vorväter vertraut macht. Ich hoffe, dass eine Untersuchung ihrer klassischen Aussagen zu diesem Thema uns einen Schutzschild gegen Abweichungen und Irrtümer bietet.

In diesem Kapitel konzentrieren wir uns auf das wunderbare Thema des Zwischenzustands der Gerechten. Ich werde die Lehre der Bibel dabei ähnlich wie in einem Katechismus mit Frage und Antwort vermitteln.

Frage 1: *Wohin geht der Geist des Gläubigen beim Tod?*
Antwort: Er geht zu Christus, um bei ihm zu sein (Phil 1,19-24; 2Kor 5,6-9; Lk 23,43; Hebr 12,23f; Offb 14,13).

Die alttestamentlichen Gläubigen besaßen grundsätzlich die Gewissheit, dass der Tod die Bundesbeziehung zu ihrem Gott nicht zerstören konnte (1Mo 5,24; 2Kö 2,1-14; Ps 23,6; 73,24ff; vgl. Ps 16,9-11; 49,16). Diese alttestamentlichen Stellen enthalten sehr grundlegende Lehren. Sie offenbaren, dass Jahwe der Herr über den Tod ist und daher sogar anordnen kann, dass einige aus seinem Volk überhaupt nicht sterben werden. Bei den Psalmstellen ist nicht eindeutig, ob dort der Zwischenzustand des Menschen nach dem Tod oder die Auferstehung gemeint ist. Trotzdem ist recht klar, welche grundlegende Zuversicht diese Verse über das Leben nach dem Tod vermitteln: Der Gott der Bundestreue, den ich erkannt habe und der mir im Leben seine Fürsorge erwiesen hat, wird mich auch im Tod nicht verlassen.

Diese grundlegende Gewissheit des Alten Testaments wird im Neuen Testament noch umfassender und in aller Klarheit offenbart. So wie sich der Bundesgott vollkommen in Jesus Christus offenbart, so rückt auch die Heilsgewissheit des Christen klar in den Mittelpunkt. Dies findet in der Zuversicht Ausdruck, dass selbst der Tod uns nicht »zu scheiden vermag von der Liebe Gottes, die in Christus Jesus ist, unserem Herrn« (Röm 8,37-39 SCH). Gläubige sterben im Herrn (1Thes 4,14; Offb 14,13). Es ist der Wille Christi, dass die Seinen dort sind, wo er ist (Joh 14,2; 17,24). Wenn sie sterben, werden sie deshalb bei Christus sein (Lk 23,43; 2Kor 5,6-8; Phil 1,23; Hebr 12,23f).

Die Zuversicht des Lebens nach dem Tod ist untrennbar mit dem Leben mit und für Christus verbunden. Wo keine persönliche Erkenntnis des lebendigen Gottes und keine echte Beziehung zu ihm ist, da kann auch keine biblische Gewissheit darüber sein, wo man nach dem Tod sein wird. Es gibt deshalb gute Gründe anzunehmen, dass die persönliche Heilsgewissheit im direkten Verhältnis zum eigenen Lebenswandel mit Jesus Christus steht.

Der größte postmortale Segen und zugleich Ursprung aller anderen Segnungen für die Gläubigen nach dem Tod ist, bei Christus zu sein. Allein die Liebe zu Christus und der Wunsch, bei ihm zu sein, machen den Tod für uns wünschenswert. Das populäre, aber fleischliche und außerbiblische Interesse am Leben nach dem Tod (sowie an Nahtod-Erfahrungen), das heute so weit verbreitet ist, ist der Bibel vollkommen fremd.

Frage 2: *Wo ist Christus?*
Antwort: Christus ist hoch im Himmel erhöht (Joh 16,28; Mt 6,9; Apg 3,21; Hebr 1,3; Eph 4,10).

Die Bibel macht an vielen Stellen deutlich, dass Christus im Himmel ist. In Johannes 16,28 sagt Jesus ausdrücklich, dass er zum Vater geht; und in Matthäus 6,9 lehrt er, dass der Vater im Himmel ist. In Apostelgeschichte 3,21 erklärt Petrus, dass der Himmel Christus aufnehmen muss, bis die »Zeiten der Wiederherstellung aller Dinge« kommen. Hebräer 1,3 unterstreicht, dass Christus »zur Rechten der Majestät in der Höhe« sitzt. In Epheser 4,10 betont der Apostel, dass Christus »hoch über alle Himmel hinaus aufgestiegen ist«.

Frage 3: *Was ist der Himmel?*

Antwort: Der Himmel ist der besondere Wohnort Gottes, wo er insbesondere seine Herrlichkeit offenbart (Ps 23,6; 1Kö 8,27-49; Jes 63,15; 66,1).

Zwar benutzt die Bibel das Wort »Himmel« oft für das materielle Weltall, das für uns sichtbar ist, aber sie meint mit »Himmel« auch häufig den für uns unsichtbaren Ort, der der besondere Wohnsitz Gottes und seiner Engel ist. Dies hat dazu geführt, dass man landläufig zwischen drei Arten von Himmel unterscheidet: dem Lufthimmel (die Atmosphäre mit den Wolken), dem Sternenhimmel (das Weltall) und dem Himmel Gottes. Ein biblischer Präzedenzfall für eine solche Unterscheidung findet sich dort, wo Paulus davon spricht, dass er »bis in den dritten Himmel entrückt wurde« (2Kor 12,4). Den biblischen Gebrauch des Ausdrucks »Himmel« kann man diesen drei Bedeutungen zuordnen.

Den Himmel Gottes kann man als den besonderen Wohnort Gottes definieren, an dem er insbesondere seine Herrlichkeit offenbart. Obwohl Gott allgegenwärtig ist, ist er doch an bestimmten Orten auf besondere Weise gegenwärtig. Wilbur M. Smith schreibt hierzu:

> Es stimmt zwar, dass laut der Schrift »der Himmel und die Himmel der Himmel Gott nicht fassen« können (1Kö 8,27) und dass Gott überall im Universum gegenwärtig ist; dennoch lehrt die Bibel auch klar und deutlich, dass der Himmel auf besondere Weise der Wohnsitz Gottes ist.[59]

1. Könige 8 schildert die Einweihung des irdischen Tempels, den Salomo als Gottes Haus auf Erden errichtete. Allerdings denkt gerade Salomo hier wiederholt über Gottes himmlisches Haus nach, für das der irdische Tempel ein Abbild ist (1Kö 8,10-13.27.30.32.34.36.39.43.45.49; vgl. Ps 23,6; Jes 57,15; 63,15; 66,1). Der Himmel ist der Ort der besonderen Gegenwart Gottes, an dem er seine Herrlichkeit und seine Eigenschaften auf besondere Weise offenbart. Er ist der allerhöchste und allerheiligste Ort im Universum.

---

59 Wilbur M. Smith, *Biblical Doctrine of Heaven* (Chicago: Moody Press, 1968), S. 50.

Frage 4: *Ist der Himmel somit ein Ort?*

Antwort: Ja, dass Henoch, Elia und insbesondere unser Herr jetzt leiblich im Himmel sind, beweist, dass der Himmel ein physischer Ort ist (1Mo 5,21-24; 2Kö 2,10-18; Lk 24,36-43; Apg 1,1-11; Joh 19,40f; Hebr 12,24).

Der Himmel ist ein Ort mit räumlichen Dimensionen; er nimmt Raum ein. Er ist ein ebenso realer Ort wie London, Manila oder New York City. Dass der Himmel ein tatsächlicher Ort ist, wird dadurch bewiesen, dass sich darin tatsächliche Dinge bzw. leibliche Personen befinden. Im Himmel sind Henoch, Elia und unser Herr Jesus leiblich gegenwärtig (1Mo 5,21-24; 2Kö 2,10-18; Lk 24,36-43; Apg 1,3.4.9-12; 3,21; Joh 19,40–20,17; Hebr 2,14-18; 4,14f; 6,20; 8,1; 9,24; 12,22-24).

Frage 5: *Gibt es Zeit im Himmel?*

Antwort: Ja, denn nur Gott steht über der Zeit; die Geschöpfe im Himmel unterliegen nicht nur den Einschränkungen des Raumes, sondern auch der Zeit (1Tim 1,17; Offb 6,11; 20,4-6; Eph 1,20; 2,7).

Da Gott »unbegrenzt, ewig und von unveränderlichem Wesen« ist, unterliegt er nicht den Begrenzungen von Zeit und Raum. Laut 1. Timotheus 1,17 ist er der Zeit nicht unterworfen, sondern (buchstäblich übersetzt) der »König der Zeitalter«. Durch den Einfluss der griechischen Philosophie, insbesondere durch den Platonismus, überträgt man diese einzigartige Eigenschaft Gottes ohne jeden biblischen Grund oft auf den ganzen Himmel und seine Bewohner. Allerdings zeigen mehrere Argumente, dass es im Himmel Zeit gibt:

1. Da allein Gott über der Zeit steht, könnte ein Geschöpf der Zeit nur entfliehen, indem es vergöttlicht würde. Die Bibel lehrt jedoch nirgends eine solche Häresie. Was auch immer mit dem Ausdruck »in die Ewigkeit eingehen« genau gemeint sein mag, so kann man darunter jedenfalls nicht verstehen, dass wir dann so wie Gott über die Zeit erhaben wären.

2. Die Bibel lehrt schlicht, dass die Seelen im Himmel der Zeit unterworfen sind: In Offenbarung 6,11 fragen sie: »… Wie lange noch …?« Außerdem markiert Christi Himmelfahrt eine neue Ära, Epoche oder Zeit in der Geschichte des Himmels.

3. In der Ewigkeit existiert Zeit. Die Ewigkeit wird das bzw. die kommende(n) Zeitalter genannt (Mk 10,30; Lk 20,34f; Eph 1,21;

2,7). Dieses Wort bedeutet »Welt-Zeitalter« und besagt in der Tat, dass die Ewigkeit sowohl in einer räumlichen als auch einer zeitlichen Dimension existiert. Oft stellt man sich den Himmel wie auch die Ewigkeit beide als zeitlos vor. Wenn die Ewigkeit aber nicht zeitlos ist, dann legt dies nahe, dass auch der Himmel nicht zeitlos ist.

4. Um die Vorstellung zu stützen, dass es keine Zeit im Himmel oder in der Ewigkeit gäbe, beruft man sich oft auf Offenbarung 10,6. Manche Bibelausgaben übersetzen den letzten Satz dieses Verses so: »Es wird keine Zeit mehr sein« (u. a. LUT, SCH und ZÜR.) Um diese Behauptung zu widerlegen, genügt der Hinweis, dass viele andere gute Bibelübersetzungen[60] sowie die maßgeblichen Griechisch-Wörterbücher diesen Vers so verstehen: Künftig wird bei der Ausführung des Ratschlusses Gottes »kein Verzug mehr sein« (MEN). Das griechische Wort *chronos* (Zeit, Zeitspanne) bedeutet in seiner Verbform oft »verzögern« (Mt 24,48; 25,5; Lk 1,21; 12,45; Hebr 10,37) und meint hier so viel wie »Frist«; so wie man auch in unserer Sprache bei Eile oder Verzug sagt: »Ich habe keine Zeit.«

All dies verdeutlicht uns nachdrücklich die eine Hauptsache: dass die Herrlichkeit des Himmels real ist. Der Himmel ist tatsächlich ein Ort, an dem Menschen in einer leiblichen Existenz wohnen. Henoch, Elia und unser Herr wohnen dort. Wenn wir dort wären, könnten wir unseren Retter sehen und berühren. Natürlich darf man diese biblische Wahrheit nicht verdrehen. Die Bibel lehrt, dass der Himmel ein Ort ist, aber sie offenbart nicht, wo dieser Ort ist. Wir dürfen uns nicht auf die Suche machen, um die Koordinaten des Himmels im Weltraum zu ermitteln. Biblisch ausgewogen sieht es schlicht so aus: Wir wissen, dass der Himmel ein Ort ist, aber wir wissen nicht, wo dieser Ort ist.

Frage 6: *Wie beschreibt die Bibel den Himmel?*
Antwort: Sie beschreibt ihn als Gottes Stadt und als Gottes Paradies (Hebr 12,22-24; Gal 4,24-31; Lk 23,43; 2Kor 12,2-4).

---

60 Der Autor nennt hier im Original die englischen NIV, NASB, *New King James Version* und die *Amplified Bible*. Neben MEN übersetzen im Deutschen hier u. a. ELB, GNB, NGÜ und NLB richtig (Anm. d. Übers.).

Diese Antwort wird zwar der komplexen Lehre der Bibel über den Himmel nicht ganz gerecht, fasst aber die meisten biblischen Beschreibungen des Himmels zusammen. Die zwei hier genannten Beschreibungen des Himmels, Gottes Stadt und Paradies, sind in der Bibel die zwei häufigsten Bezeichnungen für den Himmel.

Der Himmel ist die Stadt Gottes (Hebr 12,22-24; Gal 4,24-31). Als Gottes Stadt ist er der Ort, an dem Gottes Tempel und Thron stehen. Dass die Bibel den Himmel oft als Gottes Tempel und Thron beschreibt, kann man unter dem Begriff »Gottes Stadt« zusammenfassen. Es ist jedoch wichtig anzumerken, dass der Himmel nicht *irgendeine* Stadt ist; er ist Jerusalem! Jerusalem war die Hauptstadt des Gelobten Landes (Hebr 11,16).

Der Himmel ist das Paradies Gottes. Dieses Wort bezeichnet im buchstäblichen Sinn einen schönen Park oder Garten, und so beschreibt die Bibel den Himmel an zwei Stellen ausdrücklich: Das Wort »Paradies« in Offenbarung 2,7 erinnert an den Garten Eden, wo der Baum des Lebens stand. Dort hatte der Mensch Gemeinschaft mit Gott in vollkommener Gerechtigkeit und Glückseligkeit. Der Himmel ist die Wiederkehr des Garten Edens.

Eng damit verwandt ist das Beispiel des Gelobten Landes Kanaan, der Ruhe, die dem Volk Gottes verheißen ist (Hebr 11,16; 3,18–4,1; Offb 6,11; 14,13). Die Ruhe im Land Kanaan, das von Milch und Honig überfließt, war die große Verheißung, auf die Israel während der ermüdenden Jahre der Wüstenwanderung sah. Der Himmel ist das Erbe, auf das Christen sehen. Über diese bildliche Darstellung nachzusinnen, kann uns viel Einsicht in die Natur des Himmels geben.

Dass der Himmel als Gottes Stadt und Gottes Paradies beschrieben wird, wirft eine Frage auf: Werden diese beiden Bilder nicht auch benutzt, um die Ewigkeit zu beschreiben? Natürlich! (Offb 21,1-4; Hebr 13,14; 9,15.) Dies führt uns zu einem wichtigen Grundsatz zur Lehre des Zwischenzustands: Der Zwischenzustand geht der Ewigkeit voraus. Im Himmel wird jetzt schon vorweggenommen, was unsere Hoffnung für die Zukunft ist. Ein Christ hat nicht zweierlei Hoffnung. Seine Hoffnung ist die Wiederkunft Christi, die Auferstehung der Toten und das ewige Erbe, das er zu diesem Zeitpunkt empfangen wird. Er hat nur eine einzige Hoffnung. Doch diese einzige Hoffnung wird in der himmlischen Existenz der Seelen der Gläubigen vorweggenommen.

Frage 7: *In welchem glückseligen Zustand befinden sich die Seelen der Gläubigen im Himmel?*

Antwort: Sie werden unveränderlich und vollkommen heilig und glücklich gemacht (Hebr 12,23; Lk 23,43; 2Kor 5,8; Phil 1,23; Offb 14,13).

Diese Antwort drückt mehrere Aspekte des Zustands der Gläubigen im Himmel aus:

Erstens: Dieser Zustand ist unabänderlich. Dies folgt aus der überaus wichtigen Tatsache, dass das Heil das Resultat des souveränen Willens Gottes ist: »Denn die Gnadengaben und die Berufung Gottes sind unbereubar« (Röm 11,29). Der Segen, den man in der himmlischen Stadt erlangt, ist somit unabänderlich. Wäre der menschliche freie Wille der Ursprung des Heils, dann könnte man selbst noch in der himmlischen Herrlichkeit von Gott abfallen. Da das Heil allerdings allein von Gott abhängt, ist das Erlangen der himmlischen Herrlichkeit unabänderlich ewig. Das erlangte Ziel ist »die Stadt, welche die festen Grundmauern hat, deren Erbauer und Werkmeister Gott ist« (Hebr 11,10 MEN). Die Stadt Gottes ist ein Ort absoluter Sicherheit. Es ist ja der Sinn von Städten, Sicherheit zu bieten (Ps 48,4.9), und Gottes Stadt bietet vollkommene Sicherheit. Dies wird auch dadurch ausgedrückt, dass in Hebräer 12,23 die entschlafenen Gläubigen als »die Geister der vollendeten Gerechten« bezeichnet werden. Das Wort »vollendet« bedeutet wörtlich »zum Ziel gebracht«. Dieses Ziel ist unumkehrbar und unwandelbar, da es das Ziel des souveränen Gottes ist.

Zweitens besagt diese Antwort, dass die Gläubigen im Himmel in einem Zustand vollkommener Heiligkeit sind. Drei Überlegungen führen zwingend zu diesem Schluss. a) Dies sagt die Schrift ausdrücklich in Hebräer 12,23. Dieser Vers spricht von »den Geistern der vollendeten Gerechten«, was besagt, dass sie vollkommen gemacht wurden, und zwar genauer gesagt in ihrem Wesen als Gerechte. b) Der Aufenthaltsort der Geister der Gerechten macht notwendig, dass sie vollkommen heilig gemacht werden. Sie sind in der heiligen Stadt und im Paradies Gottes. Die dortige Existenz verlangt jedoch vollkommene Heiligkeit (Offb 21,27 und 1Mo 3). Der Mensch wurde aus dem Garten Eden verbannt, als er in Sünde fiel. Er darf nicht in die Gegenwart Gottes zurückkehren, solange er nicht nach Gottes Maßstab vollkommen wiederhergestellt ist. In jener Stadt zu wohnen, die vom unverhüllten Licht der Herrlichkeit Gottes erstrahlt wird, verlangt moralische Vollkommenheit (Hebr 12,23). Und c) erfordert ihre unmittelbare Gemeinschaft mit Christus zwingend, dass die Geister der Gläubigen moralisch vollkommen sind: Sie sterben, um bei Christus zu sein. Sie wandeln vom Zeitpunkt ihres Todes an nicht mehr im Glauben, sondern im Schauen (2Kor 5,6-8). Doch Christus zu sehen heißt, ihm gleichgestaltet zu werden (1Jo 3,1-3).

Drittens besagt diese Antwort, dass die Gläubigen im Himmel in einem Zustand vollkommenen Glücks sind. Wer im Paradies Gottes wohnt, in der Stadt Gottes und beim Sohn Gottes, muss vollkommen glücklich sein.

Viertens besagt sie, dass dieser Zustand unvollständig ist. Sie sind nur *in sich* glücklich und heilig, d. h. in ihrem Geist.

Frage 8: *Was tun diese Geister im Himmel?*
Antwort: 1. Sie ruhen im himmlischen Kanaan. 2. Sie haben Gemeinschaft mit ihren Mitbürgern im himmlischen Jerusalem. 3. Sie herrschen mit Christus. 4. Sie schauen Gott und das Lamm Gottes im wahren Tempel, wo sie als Priester Gott dienen und ihn anbeten (Offb 6,11; 14,13; Lk 23,43; Hebr 12,23; Offb 20,4-6 zus. mit 3,12.21).

Erstens: Sie ruhen im himmlischen Kanaan (Offb 6,11; 14,13). Kanaan war der Ruheort des Volkes Gottes: Das Land, wo sie Gott dienen konnten, ohne vom Pharao unterdrückt zu werden und ohne die Gefahren, denen sie in der Wüste begegnet waren. Sie sollten dort von den Mühen und Nöten ruhen, die sie zuvor erfahren hatten. Dieser Gedanke, dass die Mühe und Nöte aufhören, findet sich eindeutig in Offenbarung 14,13: »Glückselig die Toten, die von jetzt an im Herrn sterben! Ja, spricht der Geist, damit sie ruhen von ihren Mühen, denn ihre Werke folgen ihnen nach.« Sie ruhen von ihren *Mühen*. Das Wort steht im Plural. Auf dieser Welt ist es nötig, darin auszuharren, die Gebote Gottes zu halten und an Jesus zu glauben. Zum Ausharren gehört, Widerstand gegen diese Bemühungen, Christus zu dienen, zu erdulden. Der Kontext von Offenbarung 14,13 zeigt, dass dieser Widerstand vorwiegend von der Welt und vom Teufel kommt. Doch auch unser eigenes Fleisch macht den Dienst für Gott mühsam. Die himmlische Ruhe bedeutet: Diese Kämpfe sind zu Ende; wir sind fähig, Gott ohne solche Hindernisse zu gehorchen, anzubeten und zu dienen, und wir erfreuen uns (in vorläufiger Weise) der Belohnung, die Gott für treuen Dienst verleiht. Was

Kanaan für Israel war, was der wöchentliche Ruhetag des Herrn für einen müden Christen ist – all das und weit mehr wird der Himmel für die Geister der Gläubigen sein.

Zweitens: Sie haben Gemeinschaft mit ihren Mitbürgern in der Stadt Gottes. Werden wir im Himmel einander erkennen und Gemeinschaft miteinander haben? Allein die Tatsache, dass der Himmel als Gottes Stadt geschildert wird, erfordert, dass man hier an Gemeinschaft und Kommunikation mit den anderen Einwohnern der Stadt denken muss. Eine Stadt ist in der Bibel eine Gesellschaft. Eine Gesellschaft setzt per Definition Kommunikation und persönliche Beziehungen voraus. Der Himmel als Gottes Stadt ist eine solche Gesellschaft. Dass wir im Himmel einander erkennen und miteinander kommunizieren werden, wird außerdem dadurch bestätigt, dass wir im Zwischenzustand bei Christus sein werden. Dieses »bei Christus daheim zu sein« schließt sicher auch ein, mit ihm zu kommunizieren. Wenn klar ist, dass wir unseren Herrn erkennen und mit ihm kommunizieren werden, dann ist es vernünftig anzunehmen, dass wir auch die anderen Seelen erkennen und mit ihnen kommunizieren werden.

Drittens: Sie herrschen mit Christus. Schon jetzt sind die Christen – rechtlich gesehen – mit Christus in die Himmelswelt versetzt. D. h. durch unsere Gemeinschaft mit Christus haben wir schon jetzt Anteil an seiner glorreichen Herrschaft (Eph 2,6; Kol 3,1-3). Doch was wir jetzt nur aus rechtlich-stellungsmäßiger Sicht haben, das werden wir persönlich erfahren, wenn wir sterben, um bei Christus zu sein. Dann wird unser Geist zu ihm, der zur Rechten Gottes herrscht, gehen (Phil 1,23). Die wichtigen Schriftstellen über den Zwischenzustand, Offenbarung 3,21 und 20,4-6, sagen ausdrücklich, dass Christen nach ihrem Tod mit Christus auf seinem Thron sitzen und mit ihm herrschen.

Viertens: Sie schauen Gott und das Lamm Gottes im wahren Tempel, wo sie als Priester Gott dienen (unter Christus als Hohepriester; Hebr 6,20; 8,1) und ihn anbeten (Offb 3,12; 20,6). Ein alter Puritaner merkte hierzu an: Auf Erden haben wir nur eine dunkle Ahnung von Christi hohepriesterlicher Fürbitte; dann aber werden wir ihn bei diesem Werk sehen. Sicher muss dies einen tiefen, gebührenden und herrlichen Eindruck auf die Seelen der Gläubigen machen.

Frage 9: *Wann geht der Geist des Gläubigen in den Himmel ein?*
Antwort: Der Geist jedes Gläubigen geht sofort im Augenblick des Todes in den Himmel ein (Lk 23,43; Phil 1,23; 2Kor 5,6-8).

Das Schlüsselwort hier lautet »*jedes*«. Diese Frage und Antwort betrifft das Thema Fegefeuer. Der Lehre vom Fegefeuer fehlt absolut jede biblische Grundlage. Sie setzt auch viele andere falsche Lehren des Katholizismus voraus, wie etwa die Unterscheidung zwischen Todsünden und lässlichen Sünden.[61] Es gibt keine Bibelstelle, die lehrt, dass sich die Geister der entschlafenen Gläubigen an einem anderen Ort aufhalten als im Himmel. Aber jede Bibelstelle, die etwas über den Aufenthaltsort der Geister der entschlafenen Gläubigen sagt, identifiziert diesen Ort mit dem Himmel.

Hierfür sind zwei Stellen von besonderer Bedeutung. Die erste ist Lukas 23,42f. Manche Vertreter der Lehre, dass die Gläubigen nicht sofort beim Tod in den Himmel eingehen, versuchen diesen Vers wie folgt zu übersetzen: »Wahrlich, ich sage dir heute: du wirst mit mir im Paradies sein.« Sie setzen den Doppelpunkt erst nach dem Wort »heute« und verbinden es mit dem Satzteil »Wahrlich, ich sage dir ...« An dieser Übersetzung sind mindestens drei Dinge verkehrt. Erstens lässt man dadurch Jesus banalen Unfug reden. Wann sonst außer heute hätte Jesus es sagen sollen? Zweitens verstößt es gegen den natürlichen Wortsinn dieser Stelle. Der Schächer hatte Jesus gebeten, an ihn zu denken, wenn er seine Königsherrschaft antritt. Jesu Antwort lautet: »Noch heute wirst du mit mir im Paradies sein.« Drittens missachtet sie den Kontext in den direkt darauf folgenden Versen, die betonen, dass Jesus am selben Tag starb (V. 44-46).

Die zweite Stelle ist 2. Korinther 5,6-8. Dort zeigt sich Paulus zuversichtlich, dass sein Tod bedeutet, dass er daheim beim Herrn im Himmel sein wird. Zwei Dinge unterstreichen, wie wichtig diese Stelle ist, und zeigen, dass dies nicht nur auf Paulus, sondern auch auf alle anderen Gläubigen zutrifft: Erstens benutzt Paulus an dieser Stelle durchgängig das Pronomen »wir«. Demnach erwartet er,

---

61 Loraine Boettner, *Roman Catholicism* (Philadelphia: Presbyterian and Reformed Publishing Company, 1962), S. 218-234. Auf Deutsch vgl. zum Thema »Todsünden und lässliche Sünden« bspw. Hans-Werner Deppe, *Sind Sie auch katholisch?* (Oerlinghausen: Betanien, 2011), S. 61ff, und James G. McCarthy, *Das Evangelium nach Rom*, 2. Aufl. (Bielefeld: CLV, 2010), S. 83f; zum Thema »Fegefeuer« vgl. Deppe, a.a.O., S. 77-80, und McCarthy, a.a.O., S. 102-104 (Ergänzung des Übers.).

dass seine Mitarbeiter denselben Segen empfangen werden. Zweitens verdeutlicht die Art und Weise, wie Paulus das Wortpaar »einheimisch / ausheimisch« wiederholt (V. 6, 8 und 9), dass nur diese beiden Alternativen möglich sind. Dieser Schluss wird außerdem durch die zahlreichen Hinweise auf die entschlafenen Gläubigen im Himmel bestätigt (Phil 1,21-24; Hebr 12,23; Offb 6,9-11; 14,13; 20,4). Der Schächer am Kreuz, Paulus und seine Mitarbeiter, die Geister der vollendeten Gerechten, die Märtyrer, die Toten, die im Herrn sterben: sie alle sind ohne Ausnahme im Himmel. Wenn a) diese alle im Himmel sind, wenn b) kein anderer Aufenthaltsort für die Geister der Gläubigen offenbart ist, und wenn c) alle Christen gleichermaßen in Gemeinschaft mit Christus sind, ihnen allen gleichermaßen vergeben wurde und sie alle gleichermaßen Miterben der Herrlichkeit sind, dann müssen wir daraus schließen, dass die Geister aller Gläubigen zum Zeitpunkt ihres Todes direkt in den Himmel eingehen.

Frage 10: *Ist die Glückseligkeit, die diese Geister erfahren, vollendet?*
Antwort: Nein! Im Zwischenzustand ist ihre Glückseligkeit nicht vollendet: 1. Sie haben noch nicht die Erlösung ihres Leibes empfangen. 2. Ihre Brüder aus dem erwählten Volk Christi sind noch nicht alle gerettet. 3. Sie haben ihr Erbe, eine erlöste Schöpfung, noch nicht empfangen. 4. Sie sind noch nicht durch das Jüngste Gericht öffentlich gerechtfertigt worden. 5. Ihre Feinde wurden noch nicht gerichtet (2Kor 5,1-8; Offb 6,11; 21,1).

Wir haben bereits gesehen, dass der Zwischenzustand eine vorläufige Form des Segens der Ewigkeit ist. Es gibt somit eine gewisse Kontinuität zwischen diesem Zustand und der Ewigkeit. Der Zwischenzustand ist sowohl vollkommen als auch unvollkommen. Er ist zwar ein Zustand vollkommener Heiligkeit und in gewissem Sinn auch vollkommenen Glücks, doch ist er aus anderer Sicht nur unvollkommen. Zwei Bibelstellen sagen das ausdrücklich. Manche meinen vielleicht, die Bibel würde nichts Negatives über den Zwischenzustand der Gläubigen sagen. Es ist allerdings wichtig zu verstehen, dass die Bibel den Zustand des Entleibtseins niemals idealisiert und immer eine letztendliche Vollendung betont. Erst diese noch künftige materielle Vollendung mit einem echten Leib ist die wahre Hoffnung der Gläubigen.

Offenbarung 6,9-11 verdeutlicht mehrere unbefriedigende Aspekte des Zwischenzustands. Am hervorstechendsten ist die öffentliche Rechtfertigung. Die Seelen der Gerechten empfinden diesen Mangel gegenüber ihren Feinden, weil diese noch nicht gerichtet wurden. Zwei weitere unbefriedigende Aspekte finden sich eher implizit. Der Ausdruck »die Seelen derer, die geschlachtet worden waren« in Vers 9 weist darauf hin, dass der zeitweilig körperlose Zustand der Gläubigen nur ein vorübergehender Kompromiss ist. Und dass Vers 11 »ihre Mitknechte und Brüder« erwähnt, »die ebenso wie sie getötet werden sollten«, erinnert uns daran, dass das auserwählte Volk Gottes eine Einheit bildet. Die Glückseligkeit der Geister der Gläubigen muss unvollständig sein, so lange ihre Brüder noch der Feindschaft einer grausamen Welt ausgesetzt sind.

Die zweite Stelle über die unbefriedigenden Aspekte des Zwischenzustands findet sich nicht in der Offenbarung, die ja im höchsten Maße Bildrede benutzt, sondern in der mehr alltäglichen Atmosphäre und Sprache des zweiten Korintherbriefs. Wenn Paulus in 2. Korinther 5 davon spricht, »nackt« (V. 3) und »entkleidet« (V. 4) zu sein, dann spielt er auf den Zwischenzustand an, in den man mit dem Tod eintritt, und vom entleibten Zustand, den der Tod nach sich zieht. Darüber hinaus sagt Paulus in diesen Versen ausdrücklich, dass er wünscht, nicht »nackt« oder entkleidet zu sein, sondern vielmehr, dass sein sterblicher Leib – wenn möglich – mit dem verwandelten Leib überkleidet werden möge. D. h. er hofft, nicht sterben zu müssen, sondern dass sein sterblicher Leib noch zu Lebzeiten bei der Wiederkunft Christi mit dem Herrlichkeitsleib überkleidet wird. Sowohl in Vers 2 als auch in Vers 4 benutzt Paulus eine Form des Verbs »ankleiden, anziehen«, die buchstäblich »überkleidet werden« bedeutet. Es handelt sich nicht um exakt dasselbe Wort, das in 1. Korinther 15,53f für die Auferstehung der Toten benutzt wird und das einfach nur »ankleiden, anziehen« bedeutet.

Diese zehn kurzen Fragen und Antworten behandeln die biblischen Kernaussagen über den Himmel. Obwohl die Schrift das Thema des Zwischenzustands nicht in aller Ausführlichkeit behandelt, sagt sie doch genug, um uns eine gute Grundlage dafür zu liefern, was wir über den Zwischenzustand glauben sollen.

KAPITEL 16

Scheol, Hades und Hölle

In diesem Kapitel befassen wir uns nicht mehr mit dem herrlichen Zwischenzustand der Gläubigen, sondern wenden uns den düsteren und grausigen Dingen zu, die die Gottlosen zwischen Tod und Auferstehung erwarten. Diese Untersuchung ist zwar wenig erquicklich, doch äußerst notwendig. Für uns als Gläubige steht sowohl unsere Freude am Heilswerk Christi als auch unsere Sorge um die Verlorenen in direkter Beziehung zur finsteren Realität der Hölle. Wenn Ungläubige im Augenblick des Todes tatsächlich zur Hölle fahren,[62] ohne je eine »zweite Chance« auf Rettung zu haben, wie sehr muss ein Christ dann Christus lieben, und wie sehr müssen wir uns um die Rettung der Verlorenen sorgen!

Das Baptistische Glaubensbekenntnis von 1689 bietet uns in Artikel 31 eine hilfreiche Einleitung zum Thema Hölle:

> Die Seelen der Gottlosen werden in die Hölle geworfen; dort werden sie unter Qualen in äußerster Finsternis bis zum Tag des Jüngsten Gerichts aufbewahrt. Die Schrift lehrt allein diese beiden Aufenthaltsorte [Himmel und Hölle] für die entleibten Seelen; weitere gibt es nicht.

Diese historische Aussage sagt uns dreierlei darüber, was die Gottlosen zwischen Tod und Auferstehung betrifft: wo sie sind (in der Hölle), in welchen Umständen sie sich befinden (in Qualen und Finsternis) und was sie erwartet (der Tag des Jüngsten Gerichts). Um die biblische Grundlage dieser Aussagen zu verstehen, müssen wir die folgenden zwei Punkte untersuchen: 1. die biblischen *Begriffe* für den

---

62 Während man im Deutschen unter der »Hölle« fast ausschließlich die endgültige ewige Strafe der Verdammten nach dem Jüngsten Gericht versteht, benutzt der Verfasser das englische »hell« in diesem Kapitel auch für den Zwischenzustand der verstorbenen Gottlosen. Um die ewige Strafe nach der leiblichen Auferstehung geht es dann später in Kapitel 22 (Anm. d. Übers.).

Zustand der Gottlosen und 2. die biblischen *Texte* über den Zustand der Gottlosen.

Die biblischen Begriffe für den Zustand der Gottlosen

Eine Abhandlung über den Zwischenzustand der Gottlosen wäre von vornherein unvollständig, wenn sie nicht erklärt, was das Wort *Scheol* im Alten Testament und dessen neutestamentliche Entsprechung *Hades* bedeuten. In der altgriechischen Übersetzung des Alten Testaments (Septuaginta), die zur Zeit Christi in Gebrauch war, wird *Scheol* gewöhnlich mit *Hades* übersetzt.[63] Über die Bedeutung von Scheol herrschen heute oft Unsicherheit, Verwirrung und Irrtum.

Falsche Ansichten über »Scheol«
Die Zeugen Jehovas behaupten, »Scheol« bedeute »Vergessen« oder »Nichtexistenz«. Das wird schon dadurch mehr als genug widerlegt, dass hierdurch viele Bibelstellen völlig unsinnig wären und »Vergessen« oder »Nichtexistenz« dort unmöglich die richtige Bedeutung sein können; so z. B. in 5. Mose 32,22: »Denn ein Feuer ist entbrannt in meinem Zorn, es brennt bis in den untersten Scheol und frisst die Erde und ihren Ertrag und entzündet die Grundfesten der Berge.«

Die liberale Theologie und manche dadurch beeinflusste Evangelikale meinen, »Scheol« bezeichne eine schattenhafte Unterwelt. Nach dieser Ansicht war die jüdische Vorstellung vom Leben nach dem Tod stark durch die Einflüsse der sie umgebenden Völker geprägt. Die jüdische Volksmeinung sei gewesen, dass alle Menschen, Gute wie Böse, in eine schattenhafte Unterwelt gingen. Diese Ansicht, dass Gerechte wie auch Ungerechte in den Scheol hinabfahren, basiert auf einigen Texten, die lehren oder andeuten, dass alle Menschen an denselben Ort gehen, wenn sie sterben: in den Scheol (Pred 2,14; 3,19; 6,6; 7,2; 9,2.3.10; 1Mo 37,35; 2Sam 12,23). Dies setzt jedoch voraus, dass mit Scheol immer dasselbe gemeint wäre. Diese Annahme ist aber unbegründet. Außerdem wird diese Meinung denjenigen Bibeltexten nicht gerecht, die lehren, dass Gerechte und Gottlose nach dem Tod ein jeweils verschiedenes Schicksal erwartet

---

63 »Scheol« kommt 67 Mal im hebräischen AT vor, 60 Mal übersetzt die Septuaginta »Scheol« mit »Hades«.

(Spr 14,32). Es gibt im Alten Testament klare Belegstellen dafür, dass der Gerechte nach dem Tod Glückseligkeit erfährt, der Gottlose hingegen Strafe.

Im zwischentestamentlichen Judentum (d. h. in der Zeit zwischen Altem und Neuem Testament) stellte man die Theorie auf, der Scheol enthalte zwei verschiedene »Abteilungen«: eine für die Gerechten und eine für die Gottlosen. Die Abteilung für die Guten wurde *Paradies* genannt; die andere für die Bösen als *Gehenna* bezeichnet. Das Alte Testament lehrt, dass alle Menschen beim Tod in den Scheol kommen, aber es lehrt auch, dass es im Tod einen Unterschied zwischen den Gerechten und den Gottlosen gibt. Die Juden versuchten dieses Dilemma zu lösen, indem sie annahmen, es gebe eben diese zwei Abteilungen im Scheol: eine, in der die Gottlosen gequält werden, und eine, in der die Gerechten gesegnet werden. Einige der frühen Kirchenväter wie auch neuzeitliche Dispensationalisten übernahmen diese Theorie und entwickelten sie von einem christlichen Standpunkt aus weiter.

Gegen diese Theorie gibt es zahlreiche Einwände. Der erste lautet, dass das Alte Testament dieser Lehre widerspricht, denn es betont, dass die Gläubigen bereits damals in den Himmel eingingen (1Mo 5,24; 2Kö 2,11; Ps 23,6; 73,23ff). Zweitens sahen wir bereits, dass das Paradies im Neuen Testament mit dem Himmel gleichgesetzt wird und nicht Teil des Scheols ist (2Kor 12,4; Offb 2,7; Lk 23,43). Drittens ist diese Theorie nicht mit der Geschichte vom armen Lazarus und dem reichen Mann in Lukas 16,22 vereinbar. Der reiche Mann ist nicht in der *Gehenna*, sondern im *Hades*.[64] Hades ist die griechische Entsprechung zu Scheol. Das Paradies, Abrahams Schoß, wird nicht der Gehenna gegenübergestellt, sondern dem Hades oder Scheol. Das Paradies ist folglich kein Teil des Scheols, sondern ein anderer Ort als dieser.

Die beste Widerlegung dieser Theorie besteht jedoch darin, dass man die biblische Bedeutung von »Scheol« richtig versteht. Dazu kommen wir nun.

---

[64] An insgesamt 12 Stellen steht im griechischen NT jedoch das Wort *gehanna* für Hölle, davon 11 Mal in den Evangelien; *hades* (Totenreich) kommt im NT 11 Mal (in den Evangelien 4 Mal) vor (Anm. d. Übers.).

Das richtige Verständnis von »Scheol«

Bei der Frage, was »Scheol« bedeutet, gibt es eine entscheidende
Voraussetzung, die von jeder der bereits genannten Fehlinterpreta-
tionen übersehen wird. Diese entscheidende Voraussetzung lautet,
dass Scheol (wie auch Hades) im biblischen Sprachgebrauch nicht
immer ein und dasselbe bezeichnet. Alle diese falschen Ansichten
stimmen in der Annahme überein, Scheol bezeichne stets dasselbe –
sei es Nichtexistenz, die Unterwelt oder der zweiteilige Scheol der
jüdischen Vorstellung. Einen hilfreichen Vergleich hierzu bietet der
biblische Gebrauch des inhaltlich nah verwandten Wortes »Tod«. Es
kommt in zahlreichen verschiedenen Bedeutungen in der Bibel vor:
im Sinne von leiblicher, geistlicher oder auch ewiger Tod. Daher ist
es wahrscheinlich, dass auch »Scheol« verschiedene Bedeutungen
hat. Das zeigt auch ein Wortstudium des Gebrauchs von »Scheol«
im Alten Testament.

Woher genau sich das Wort Scheol ableitet, ist unsicher, aber seine
Hauptbedeutung in der Schrift ist eindeutig. Obwohl Scheol in der
Bibel unterschiedliche Nuancen hat, hat es eine einzige Hauptbedeutung. Die ersten sechs Bibelstellen, an denen Scheol verwendet wird,
vermitteln alle eindeutig diese Hauptbedeutung (1Mo 37,35; 42,38;
44,29-31; 4Mo 16,30.33; 5Mo 32,22; 1Sam 2,6). Welche bestimmte Bedeutung Scheol im Einzelfall auch haben mag, ist er ein Ort, an dem
man *hinab*fährt, nach *unten*.

Diese Hauptbedeutung legt einen Vergleich nahe, der sehr nütz-
lich ist, um die Bedeutung und den Gebrauch von Scheol in der Bibel zu klären. Wenn der Scheol das ist, was unten ist, welches Wort
bezeichnet dann das, was oben ist? Es ist das hebräische Wort *Schamajim*, auf Deutsch »Himmel«. Genau wie der Scheol das ist, was
unten ist, so ist Schamajim das, was oben ist. Der Gegensatz dieses
Wortpaares wird z. B. in Psalm 139,8 deutlich: »Führe ich auf zum
Himmel, du bist da; und bettete ich mich in dem Scheol, siehe, du
bist da.« Denselben Gegensatz zwischen Schamajim und Scheol finden wir auch in Amos 9,2 und Hiob 11,8.

Von besonderem Interesse ist hierbei, dass auch Schamajim im
Alten Testament verschiedene Bedeutungen haben kann. Tatsächlich
unterscheidet die Bibel drei Himmel voneinander: den Lufthimmel,
den Sternenhimmel und den Himmel Gottes (2Kor 12,1-4). Wenn
wir diese Parallele zwischen Schamajim und Scheol voraussetzen,

dann legt dies mit gutem Grund nahe, dass auch Scheol verschiedene Dinge bezeichnen kann. Der sichtbare Himmel ist das, was oben ist. Deshalb verbindet man ihn mit Gott; er symbolisiert den Ort seines Wohnsitzes und der Glückseligkeit. Der Scheol – das, was unten ist – verbindet man deshalb mit dem, was das genaue Gegenteil von Gott und Glückseligkeit ist. Er symbolisiert folglich den Ort des Leidens und der Qual, an dem Gott und Glückseligkeit nicht gegenwärtig sind. Scheol wird deshalb manchmal für das Grab benutzt, in anderen Fällen aber für die Hölle, weil Tod und Grab ein Symbol für den göttlichen Zorn sind.

Der Hauptbeweis für diese Deutung von »Scheol« liegt darin, dass dieses Wort in der Tat sowohl für das Grab benutzt wird (1Mo 37,35; 42,38) als auch für die Hölle – den Ort, an dem die Gottlosen nach dem Tod bestraft werden (5Mo 32,22; Hiob 21,13; 24,19; 26,6; Ps 9,18; Spr 5,5; 9,18; 15,24; 23,14). Dass diese alttestamentlichen Texte den Ort meinen, den wir Hölle nennen, wird durch fünf Punkte bestätigt:

1. In Sprüche 15,24 muss mehr als nur das Grab gemeint sein: »Der Weg des Lebens geht für den Einsichtigen nach oben, damit er dem Scheol unten entgeht.«

2. Da auch die Gerechten ins irdische Grab gehen, muss in diesen Schriftstellen die gerechte Strafe der Gottlosen mehr sein als nur der leibliche Tod und das Grab.

3. Die zwischentestamentliche jüdische Literatur zeigt, dass die Juden in diesen Schriftstellen mehr sahen als nur den leiblichen Tod und das Grab.

4. Der Gebrauch von Hades im Neuen Testament als griechischer Entsprechung zu Scheol zeigt, dass die inspirierten Verfasser des Neuen Testaments unter »Scheol« die Hölle verstanden. Dass »Hades« in den Evangelien im Sinne von »Hölle« benutzt wird, ist unbestreitbar (Mt 11,23; 16,18; Lk 10,15; 16,23).

5. Das Alte Testament lehrt, dass die Gerechten vom Scheol erlöst werden, obwohl sie doch in einem anderen Sinn bei ihrem Tod in den Scheol gehen – d. h. ins Grab (Spr 15,24; Ps 49,15f). Daher müssen wir zwischen Scheol als Ort der *Strafe* nach dem Tod (vor dem die Gerechten bewahrt werden) und dem *Grab* unterscheiden (aus dem die Gerechten am Jüngsten Tag erlöst werden).

Für die Existenz der Hölle gibt es nicht nur zwei oder drei oder zehn Belegstellen in der Bibel. Das Konzept der Hölle ist mit dem Weltbild der Bibel aufs Tiefste verknüpft. Sogar die biblischen Begriffe für den Zustand, in den wir beim Sterben übergehen, erinnern uns daran, dass der Tod ein göttliches Gericht ist. »Scheol« kann »Grab« bedeuten, und zwar gerade deshalb, weil das Wort auf das Gegenteil all dessen verweist, was von Gott kommt und Glückseligkeit bedeutet und das Grab die Konsequenz des Sündenfalls ist. Somit bedeutet »Scheol« auch »Hölle«. Unser irdisches Dasein erinnert uns durch Todesanzeigen, Leichenhallen und Friedhöfe fortdauernd daran, dass alle Menschen unter dem Zorn Gottes stehen, der ihrem Leben jederzeit ein Ende setzen kann.

Die wichtigsten biblischen Texte über den Zwischenzustand der Gottlosen

Es gibt vier neutestamentliche Schlüsseltexte, die das Thema des Zwischenzustands der Gottlosen direkt ansprechen. Der erste und vielleicht wichtigste ist:

Lukas 16,23-26

Als dieser nun im Totenreich, wo er Qualen litt, seine Augen aufschlug, erblickte er Abraham in der Ferne und Lazarus in seinem Schoß. Da rief er mit lauter Stimme: »Vater Abraham! Erbarme dich meiner und sende Lazarus, damit er seine Fingerspitze ins Wasser tauche und mir die Zunge kühle! Denn ich leide Qualen in dieser Feuerglut.« Aber Abraham antwortete: »Mein Sohn, denke daran, dass du dein Gutes während deines Erdenlebens empfangen hast, und Lazarus gleicherweise das Üble; jetzt aber wird er hier getröstet, während du Qualen leiden musst. Und zu alledem ist zwischen uns und euch eine große Kluft festgelegt, damit die, welche von hier zu euch hinübergehen wollen, es nicht können und man auch von dort nicht zu uns herüberkommen kann.« (MEN)

Diese Worte Jesu verdeutlichen:

1. Die Gottlosen im Zwischenzustand sind bei vollem Bewusstsein. Abraham und der reiche Mann sprechen miteinander.

2. An einem Ort namens Hades werden die Gottlosen im Zwischenzustand gepeinigt. Der Reiche sagt offenkundig: »Ich leide Qualen in dieser Feuerglut.« Wir müssen Jesus die erzählerische Freiheit zugestehen, die leiblose Existenz mithilfe uns vertrauter Begriffe unserer Erfahrungswelt zu umschreiben. Das ändert aber nichts an der Tatsache, dass die leiblose Existenz der Gottlosen schreckliche, bewusste Qualen bedeutet.

3. Der Zwischenzustand der Gottlosen ist ein Zustand, dem sie nicht entrinnen können. Eine große Kluft verhindert, dass niemand aus der Hölle in den Himmel kommen kann und umgekehrt.

Diese drei Punkte machen eindringlich klar, in welch schrecklicher Gefahr die Pharisäer stehen, weil sie den Tadel Jesu selbstgefällig zurückweisen. Seine Worte sind eine schreckliche Warnung an sie.

Apostelgeschichte 1,25

Du, Herr ... zeige von diesen beiden den einen an, den du auserwählt hast, damit er die Stelle dieses Dienstes und Apostelamtes empfängt, von dem Judas abgewichen ist, um an seinen eigenen Ort zu gehen (V. 24-25).

Die Bibel beschreibt in Matthäus 27,3-10 und Apostelgeschichte 1,16-19 die Umstände, unter denen Judas zu Tode kam. Apostelgeschichte 1,25 stellt dabei zwei Orte einander gegenüber. Das griechische Wort für »Stelle« im ersten Teil des Verses (*topos*) ist dasselbe wie im zweiten Teil des Verses für »Ort«. Dieser Text stellt fest, dass Judas den einen »Ort« verließ, an dem er ein privilegiertes geistliches Amt ausgeübt hatte, und an seinen »eigenen Ort« ging – den Ort, der eigens für ihn aufgrund seiner Sünde und der Gerechtigkeit Gottes zubereitet war. Da er »der Sohn des Verderbens« war (Joh 17,12), wissen wir, dass der Ort, an den er ging, die Verdammnis ist – was »Verderben«, »Ruin« und »Untergang« bedeutet.

Apostelgeschichte 1,25 lehrt, dass ein Verlorener zum Zeitpunkt seines Todes an einen Ort kommt, der eigens für ihn zubereitet ist. Gottes Vergeltung erfolgt ganz genau. Jeder hat »seinen eigenen Ort«. Das bedeutet, dass Gottes Gericht differenziert erfolgt. Eine solche Differenzierung beinhaltet zwei verschiedene Aspekte: zum einen, dass es ein unterschiedliches Maß an Strafe oder Qual in der Hölle gibt (Lk 12,47f), so wie es dem jeweiligen Sünder angemessen ist. Gottes Strafe wird exakt und auf geradezu ironische Weise zur individuellen Bosheit eines jeden Menschen passen. Die Schrift sagt, dass Gottes Gericht über die Gottlosen den Taten angemessen und mit einer gewissen Ironie erfolgt (Apg 12,22f; Offb 16,5f). Außerdem wird hier noch gelehrt, dass das jetzige Leben festlegt, wie das Leben nach dem Tod aussieht. Anders gesagt: Unser Wandel im jetzigen Leben bestimmt, in welchem Zustand wir uns jeweils im Leben nach dem Tod befinden werden. Gott vergilt den Gottlosen ihre im jetzigen Leben vollbrachte Sünde so, dass diese genau dem Ort entspricht, an dem sie im Leben danach sein werden.

1. Petrus 3,19

> In diesem ist er auch hingegangen und hat den Geistern im Gefängnis gepredigt ...

Viele verstehen diesen Vers so, dass Christus nach seinem Tod persönlich zur Hölle hinabstieg und den Geistern dort das Heil verkündigte. Oft will man mit diesem Vers die Ansicht belegen, dass alttestamentliche Heilige durch den Tod Christi aus dem Hades erlöst und von dort in den Himmel gebracht worden wären. Wir sahen bereits, dass dies der Schrift widerspricht. Darüber hinaus unterstützt 1. Petrus 3,19 diese Vorstellung nicht, da die Geister, denen hier gepredigt wurde, keine Erlösten waren, sondern die rebellischen und verdammten Zeitgenossen Noahs. Gewisse Sekten lehren anhand dieses Textes eine zweite Chance oder Möglichkeit, nach dem Tod gerettet zu werden. Dies steht jedoch im Widerspruch zum Gesamttenor biblischer Lehre (2Kor 5,10).

Die Fehldeutung von 1. Petrus 3,19

Manche behaupten: Christus stieg nach seinem Tod persönlich zur Hölle hinab und verkündigte den Geistern dort das Heil. Diese Auffassung wird durch folgende Punkte widerlegt:

- Die Geister der Gerechten waren nicht im Hades.
- Die Geister, denen hier gepredigt wurde, werden als die verdammten Zeitgenossen Noahs identifiziert.

- Den Geistern der Verdammten das Heil zu predigen ist sinnlos, es sei denn, man vertritt die Irrlehre einer zweiten Chance nach dem Tod.

Wir halten deshalb an der herkömmlichen evangelischen Auslegung dieses Verses fest. Sie empfiehlt sich dadurch, dass sie eine eindeutige Erklärung liefert: Christus ist *durch seinen Geist, d. h. durch Noahs geistgeleitete Predigt, in den Tagen Noahs* hingegangen und hat Menschen gepredigt, die später *zu Lebzeiten des Petrus* »Geister im Gefängnis« waren, weil sie der vom Heiligen Geist bevollmächtigten Predigt Noahs zu ihren Lebzeiten nicht gehorcht hatten. Untersucht man Vers 18 gründlich, so zeigt dies, dass Christus nicht persönlich den Geistern im Gefängnis predigte, sondern dass er ihnen in seinem (oder durch seinen) Geist predigte. Vers 20 setzt voraus, dass er sich dazu der Verkündigung Noahs bediente. Das Wort »ungehorsam« zeigt in Verbindung mit den Tagen Noahs eindeutig, dass sie der Predigt des Wortes Gottes durch Noah nicht gehorchten. Diese Predigt Noahs erwähnt Petrus ausdrücklich in seinem zweiten Brief (2Petr 2,5; vgl. 1Mo 6,3). Die Schrift erwähnt auch an anderen Stellen eine Predigt, die Christus nicht persönlich, sondern durch seinen Geist predigte (Eph 2,17 und 1Petr 1,12). Den Vers muss man deshalb so auslegen, dass Petrus die Menschen meint, deren Geister *jetzt* im Gefängnis sind. Petrus erklärt dadurch, welche Folge der Ungehorsam dieser Menschen zur Zeit Noahs hat: »jetzt« sind sie im Gefängnis.

Die richtige Auslegung von 1. Petrus 3,19
Richtig ist: Christus ging hin und predigte durch seinen Geist in den Tagen Noahs und durch Noah Menschen, die zu Petrus Zeiten »Geister im Gefängnis« waren. Dies wird durch mehrere Punkte belegt:

- Vers 18 besagt, dass Christus den Geistern im Gefängnis durch seinen Geist predigte.
- Dass er sich dazu Noah bediente, der das Wortes Gottes verkündete, geht eindeutig aus Vers 20 hervor.
- Diese Predigt Noahs erwähnt Petrus ausdrücklich in seinem zweiten Brief (2Petr 2,5; vgl. 1Mo 6,3).
- Die Schrift erwähnt auch an anderen Stellen eine Predigt, die Christus nicht unmittelbar predigte, sondern durch seinen Geist,

indem er sich dazu anderer Menschen bediente (Eph 2,17 und 1Petr 1,12).

• Vers 19 muss man deshalb so auslegen, dass es sich um Zeitgenossen Noahs handelt, deren Geister *jetzt* (d. h. schon zur Zeit des Petrus) im Gefängnis sind.

1. Petrus 3,19 lehrt somit, dass der Zwischenzustand der Gottlosen eine von Gott verordnete Gefangenschaft ist. Dies beinhaltet mindestens drei wichtige Vorstellungen über die Hölle im Sinne des Zwischenzustands:[65]

1. Diese Hölle ist ein Ort, von dem man nicht entfliehen kann. Es ist unmöglich, aus Gottes Gefängnis zu entkommen.
2. Diese Hölle ist ein Ort der Bestrafung. Zu biblischen Zeiten war ein Gefängnis ein Ort vorläufiger Bestrafung vor Vollstreckung des Todesurteils, und die Bibel sagt eindeutig, dass der Zwischenzustand der Verlorenen ein Ort ebenso vorläufiger Bestrafung ist.
3. Diese Hölle ist ein Ort, an dem Menschen für den Tag des Gerichts aufbewahrt werden. Gefängnisse dienten zu biblischer Zeit dazu, Menschen festzuhalten, bis ihr Strafmaß entschieden war oder bis sie hingerichtet wurden (Apg 12,4-6; 22,19). Die Hölle ist ein Ort, an dem Menschen festgehalten werden, bis der Tag des Gerichts gekommen ist, an dem endgültig das Urteil über sie verkündet und vollzogen werden wird.

2. Petrus 2,9
Der Herr weiß die Gottesfürchtigen aus der Versuchung zu retten, die Ungerechten aber aufzubewahren für den Tag des Gerichts, wenn sie bestraft werden …

2. Petrus 2,9 liefert die Schlussfolgerung aus den drei Beispielen für Gottes Gericht, die Petrus davor in Vers 4-6 anführt. Dieser Vers 9 bezieht sich insbesondere auf Vers 4, da er das dort benutzte Verb »aufbewahren« aufgreift. Dies legt nahe, dass Petrus den Zustand

---

65 Nochmals sei darauf hingewiesen, dass es erst in Kapitel 22 um das ewige Verderben nach der Auferstehung und dem Jüngsten Gericht gehen wird; mit *Hölle* ist hier stets der Zwischenzustand gemeint.

aller Verlorenen nach ihrem Tod mit den Engeln vergleicht, die gesündigt haben. Diese gefallenen Engel werden derzeit an einem Be-
strafungsort für das Gericht aufbewahrt. Ebenso, sagt Petrus, ergeht
es auch allen verstorbenen Gottlosen.

Die Grammatik dieser Stelle bestätigt, dass es hier um den Zwischenzustand der Verlorenen geht. Die meisten Bibelübersetzungen
verfehlen hier den Sinn der Stelle und übersetzen: »Der Herr weiß
die Gottseligen aus der Versuchung zu retten, die Ungerechten aber
aufzubewahren für den Tag des Gerichts, wenn sie bestraft werden.«
Das Verb, das mit »bestrafen« übersetzt wird, ist ein Partizip Präsens im Passiv, das übersetzt werden sollte: »während sie bestraft werden«. Die Interlinearübersetzung von Dietzfelbinger gibt dies korrekt
wörtlich wieder: »… auf den Tag des Gerichts als bestraft Werdende
aufzubewahren.« Entsprechend übersetzen auch die englischen Bi-
beln NASB, NIV und NKJV.

Diese Stelle lehrt also, dass die Gottlosen nach dem Tod festgehalten und bestraft werden, während sie den Tag des Gerichts erwarten.
Insbesondere werden sie buchstäblich *durch den Herrn* aufbewahrt
und festgehalten Sie haben somit keine Chance, ihren Umständen
oder ihrem Urteil zu entfliehen. Und während sie auf diese Weise
festgehalten werden, werden sie bestraft. Dies bedeutet, dass sie auf
eine Art und Weise und an einem Ort bestraft werden wie auch die
gefallenen Engel: »in finsteren Höhlen des Abgrundes« (2Petr 2,4)
und »mit ewigen Fesseln unter Finsternis« (Judas 6).

Schlussfolgerungen

Aus dieser Untersuchung, was die Bibel an jenen vier Schlüsselstellen
über den Zwischenzustand der Gottlosen lehrt, muss man mehrere
praktische Schlussfolgerungen ziehen:

1. Er ist ein Ort bewusster Qual und Strafe. Diese Qual wird als
   Finsternis, Ketten und Feuer beschrieben.
2. Er ist ein Ort, an den Menschen kommen und der für Menschen
   bereitet ist entsprechend ihrer jeweilig verschiedenen Sünden:
   Habsucht, Spott über Jesu Worte, Ungehorsam gegenüber dem
   verkündigten Wort Gottes, Gottlosigkeit wie die Zeitgenossen
   Noahs und wie Sodom und Gomorrha und Verrat an Jesus für

Geld. Dieser Ort steht in so enger Verbindung mit der Bosheit der Menschen, dass jeder Einzelne dort offenbar seine individuelle Strafe empfängt, wie es seinen Sünden angemessen ist.

3. Er ist ein Ort, von dem es kein Entrinnen gibt. In diesen Texten werden einige verschiedene Belege dafür angeführt. Es gibt eine große, unauflösbare Kluft zwischen dem Paradies und dem Hades, so dass niemand aus dem Hades heraus kann. Er wird als Gefängnis beschrieben, dessen Wärter Gott selbst ist. Es gibt folglich kein Entrinnen von diesem Ort. Es ist der Ort, an dem sich der gottlose Mensch nach dem Tod aufhält. Es ist der Aufenthaltsort, der für ihn persönlich zubereitet ist und aus dem er nicht entfliehen kann.

Eine zweite Chance?

Gibt es eine zweite Chance, dass Menschen nach ihrem Tod gerettet werden können? Die Gottlosen werden in diesem unentrinnbaren Gefängnis aufbewahrt, damit sie am Tag des Gerichts angeklagt werden. Neben den bereits erwähnten Gründen, die sich aus den untersuchten Schriftstellen ergeben, gibt es noch weitere biblische Belege, die diesen Schluss unausweichlich machen. 1. Petrus 3,20 besagt, dass Gottes Geduld mit den Zeitgenossen Noahs mit ihrem Tod bei der Sintflut zu Ende war. Derselbe Ton von Endgültigkeit klingt in den Worten Jesu in Johannes 8,21.24 mit: »Ihr werdet in euren Sünden sterben.« In seinen Sünden zu sterben ist ganz sicher etwas Furchtbares; doch wäre es so furchtbar, wenn es eine zweite Chance gäbe? Die Schrift lehrt außerdem, dass das Jüngste Gericht auf Basis des Erdenlebens der Menschen erfolgt. Als Grundlage für das Urteil dient immer und ausschließlich das, was ein Mensch in seinem Erdenleben getan hat (2Kor 5,10; Offb 14,13; 1Tim 5,25; Mt 10,32f; Hebr 9,27). Es gibt nicht den geringsten Hinweis, dass man dies vielleicht im Zwischenzustand ändern könnte.

Fazit

Wenn die Bibel über den Zwischenzustand bzw. die Hölle das lehrt, was wir in diesem Kapitel aufgezeigt haben – was für Menschen sollten wir dann sein und wie sollten wir uns verhalten? Wie dankbar sollten wir für das Heil sein, das uns vor einem solch grauenhaften

Schicksal bewahrt! Wie ernst sollten wir um die Verlorenen besorgt sein! Wie sehr sollten wir für sie beten! Wie sehr sollten wir nach Gelegenheiten suchen, ihnen das Evangelium zu sagen! Wenn Sie dieses Kapitel lesen und nicht sicher sind, ob Sie in den Himmel oder in die Hölle kommen, wie sehr sollten Sie dann alles daran setzen, das Heil zu suchen, ehe es für alle Ewigkeit zu spät ist!

TEIL 4

FRAGEN ZUR WIEDERKUNFT CHRISTI

KAPITEL 17

Ist Christus bereits gekommen?

Einer der wichtigsten Glaubensgrundsätze bibeltreuer Christen ist, dass Christus leiblich vom Himmel zur Erde wiederkommen wird. Zum apostolischen Christentum gehört unverzichtbar, dass man glaubt: Die historisch reale Person Jesus von Nazaret, der Sohn Gottes, wird eines Tages mit demselben verherrlichten, aber ebenso wirklich menschlichen Leib, mit dem er diese Erde verlassen hat, auf eben diese Erde wiederkommen. So sagten es die Engel zu den Aposteln: »Männer von Galiläa, was steht ihr und seht hinauf zum Himmel? Dieser Jesus, der von euch weg in den Himmel aufgenommen worden ist, wird so kommen, wie ihr ihn habt hingehen sehen in den Himmel« (Apg 1,11). Zu dieser Lehre bekennen sich alle Hauptrichtungen der Christenheit, und man kann diese Lehrwahrheit nicht verwerfen, ohne vom rechten Glauben abzuirren. In diesem Abschnitt wollen wir daher nicht die leibliche Wiederkunft Christi beweisen; diese Lehre wird vorausgesetzt. Vielmehr wollen wir die Probleme untersuchen, die damit zusammenhängen, was man die »imminente Wiederkunft Christi« (imminent = nahe bevorstehend) oder »Naherwartung« nennt.

Das Neue Testament lehrt eindeutig, dass der Zeitpunkt der Wiederkunft Christi nahe und zugleich doch unbekannt ist. Die Bibel drängt die Christen zu der Haltung, diese Wiederkunft zu erwarten und wachsam zu sein. Wenn ich von der imminenten Wiederkunft Christi spreche, dann meine ich damit genau diese Naherwartung. Da bekennende Christen aber oft Probleme haben, diese Lehre zu verstehen und anzunehmen, sind sie oft Irrlehren aufgesessen. Im Laufe der Kirchengeschichte gab es eine ganze Reihe praktischer Exzesse und extremer Lehren, deren Anhänger die imminente Wiederkunft Christi zum Vorwand genommen haben, um ihre falsche Lehre zu rechtfertigen. Hier und in den nächsten Kapiteln wollen wir drei dieser Extreme betrachten: den *Hyperpräterismus* (auch *Voller*

Präterismus genannt), den *Prätribulationismus (Vorentrückungslehre)* und die *Datumsberechnung* (oder der »Kalkulationismus«, wenn man es so nennen will). Der Hyperpräterismus ist dabei der schwerwiegendste Irrtum und wird in diesem Kapitel behandelt.

Um den Hyperpräterismus verstehen zu können, müssen wir erst wissen, was der Präterismus ist. Der Präterismus war vor allem ein römisch-katholischer Deutungsansatz, um das Buch der Offenbarung auszulegen. Jesuiten verbreiteten den Präterismus als Alternative zum Historizismus, der im Tier von Offenbarung 13 (dem Antichristen) das Papsttum sieht. Ein noch anderes Deutungssystem der Offenbarung ist der Futurismus, der ebenfalls von den Jesuiten als Alternative zum Historizismus verbreitet wurde. Der Futurismus meint, die Prophezeiungen der Offenbarung erfüllen sich vorwiegend in einer *zukünftigen* Drangsalszeit am Ende dieses Zeitalters; der Präterismus

Vier Deutungsmodelle der Offenbarung[66]

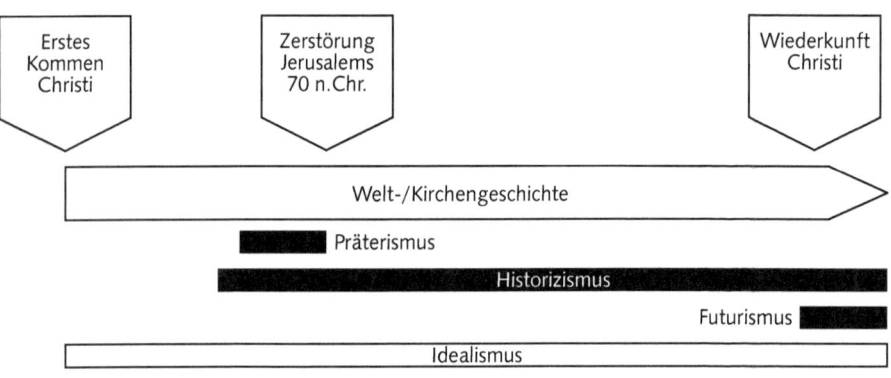

---

66 Diese Grafik wurde vom deutschen Herausgeber angepasst. Im Original ist die Position des dt. Herausgebers, der Idealismus, nicht enthalten. Der Idealismus ähnelt dem Historizismus darin, dass er die Erfüllung von Offenbarung 2-20 über den gesamten Verlauf der Kirchengeschichte versteht. Allerdings erfüllen sich diese Visionen und Vorhersagen nicht in Form einer strikt chronologischen Abfolge bestimmter weltgeschichtlicher Ereignisse (wie im Historizismus), sondern als wiederkehrende Prinzipien, die in den Visionen bildhaft ausgedrückt sind. Diese Prinzipien (z. B. Verfolgung und Unterdrückung durch antichristliche Mächte) wiederholen sich im Laufe der Kirchengeschichte musterartig und steigern sich dabei allmählich (sogenannte progressive Rekapitulation).

hingegen versteht diese Prophezeiungen so, dass sie – von wenigen Ausnahmen abgesehen – bereits in der *Vergangenheit* bis zur Zerstörung Jerusalems im Jahr 70 n. Chr. erfüllt wurden. Ein Großteil der Postmillennialisten neigt zum Präterismus.[67]

In diesem Kapitel werde ich den Ausdruck »Präterismus« allerdings benutzen, um mehr als nur ein Deutungssystem für die Prophezeiungen in der Offenbarung zu beschreiben. In letzter Zeit wurde der Präterismus als Auslegungssystem dargestellt, das allgemein die neutestamentlichen Prophezeiungen verstehen helfe. Diese Präteristen neigen dazu, die *meisten* neutestamentlichen Prophezeiungen in den Ereignissen von 70 n. Chr. oder schon davor erfüllt zu sehen.

Der *Hyper*präterismus jedoch sieht *alle* neutestamentlichen Prophezeiungen in diesen Ereignissen vollends erfüllt. Der Hyperpräterismus wird in dem Buch *The Parousia* (»Die Wiederkunft«) von J. Stuart Russell verteidigt.[68] Dieser Volle Präterismus ist das Thema dieses Kapitels.[69] Bei unserer Widerlegung des Hyperpräterismus werden wir zuerst seine Thesen und dann seine Argumente untersuchen.

- Der *Präterismus* lehrt, dass *viele* Prophezeiungen bei der Zerstörung Jerusalems 70 n. Chr. erfüllt wurden.
- Der *Hyperpräterismus* lehrt, dass *alle* Prophezeiungen bei der Zerstörung Jerusalems 70 n. Chr. erfüllt wurden.

Die Thesen des Hyperpräterismus

Russell versucht in seinem Buch, jede einzelne Weissagung nicht allein der Offenbarung, sondern des gesamten Neuen Testaments zu untersuchen. Lesen wir selbst, welch erstaunlichen Schlüsse er zieht:

---

67 Vgl. z. B. David Chilton, *Days of Vengeance* (Fort Worth: Dominion Press, 1987); deutscher Titel: *Die große Trübsal* (Hamburg: RVB 1996).

68 J. Stuart Russell, *The Parousia* (Grand Rapids: Baker, 1985).

69 Um den Vollen Präterismus wurde in den vergangenen Jahren heftig debattiert. Diese Debatte hat dazu geführt, dass der Volle Präterismus unter einer Vielzahl von Bezeichnungen bekannt ist. Ich habe mich für *Hyperpräterismus* entschieden, weil er so in Anlehnung an seinen bekannteren und im Wesentlichen rechtgläubigen »Bruder« beschrieben wird, dem Präterismus. Er wird auch *Pantelismus* genannt, weil er lehrt, alle (griech. *pan*) Weissagungen seien bereits erfüllt (griech. *telein*). Manche nennen ihn auch *Hymenäismus* – nach dem in 2Tim 2,17f erwähnten Hymenäus, der lehrte, die Auferstehung sei bereits geschehen.

Unser Herr bestätigt, dass dasselbe plötzliche Gericht über das Land und Volk Israel kam; darüber hinaus verknüpft er dieses Gericht mit seiner Ankunft in Herrlichkeit, der Parusie. Dieses Ereignis sticht unter allen anderen im Neuen Testament am meisten hervor; hierauf sind aller Augen gerichtet, hierauf weist jeder inspirierte Schreiber hin. Die Parusie wird als Kern und Mittelpunkt einer Menge gewaltiger Ereignisse dargestellt: das Ende des Zeitalters oder der Abschluss der jüdischen Haushaltung; die Zerstörung der Stadt und des Tempels von Jerusalem; das Gericht über die schuldige Nation; die Auferstehung der Toten; der Lohn für die Treuen; die Vollendung des Königreichs Gottes. Alle diese Vorgänge, so wird kundgetan, finden zeitgleich mit der Parusie statt.[70]

Diese Thesen sind so erstaunlich, dass man versucht ist, sie erst gar nicht ernst zu nehmen. Es reicht zu sagen, dass Russell in seinem Buch klarzumachen versucht, dass die Parusie, die Auferstehung und das Gericht bereits bei der Zerstörung Jerusalems stattfanden, nämlich in »der geistlichen und unsichtbaren Welt«.[71] Er behauptet sogar: »Die Prophetie der Schrift geht nicht weiter« als bis zu den Ereignissen, die bei der Zerstörung Jerusalems stattfanden.[72]

Die Argumente des Hyperpräterismus

Untersucht man Russells abschließende Zusammenfassung, so zeigt sich, dass sein gewagtes System auf zwei Hauptargumenten beruht.[73] Erstens beruft er sich darauf, dass das Neue Testament von einer imminenten Wiederkunft Christi spricht. Es stimmt natürlich, dass das NT Christi Wiederkunft mit den Worten »nahe« und »bald« beschreibt. Russells Behauptung lautet schlicht: Wolle man eine solche Sprache ernst nehmen, so müsse man glauben, dass Jesu Parusie tatsächlich schon zu Lebzeiten wenigstens einiger derer stattgefunden habe, die ermahnt wurden, wachsam zu sein und Christi nahe Wiederkunft zu erwarten. Zweitens gründet Russell seine These auf drei Bibelstellen, die scheinbar besagen, dass Christus noch zu Lebzeiten

---

70 Russell, *The Parousia*, S. 538f.
71 Ebd., S. 547.
72 Ebd., S. 549.
73 Ebd., S. 538ff.

wenigstens einiger seiner ursprünglichen Jünger wiederkomme. Es handelt sich um folgende Stellen:

> Wenn man euch aber in der einen Stadt verfolgt, so flieht in eine andere; denn wahrlich, ich sage euch: Ihr werdet mit den Städten Israels noch nicht zu Ende sein, bis der Menschensohn kommt. (Mt 10,23 MEN)
> Wahrlich, ich sage euch: Einige von denen, die hier stehen, werden den Tod nicht schmecken, bis sie den Menschensohn in seiner Königsherrschaft haben kommen sehen. (Mt 16,28 MEN)
> Wahrlich, ich sage euch: Dieses Geschlecht wird nicht vergehen, bis dies alles geschehen ist. (Mt 24,34)

Wir werden auf diese Argumente in umgekehrter Reihenfolge eingehen.

Die Argumentation aufgrund der drei Schriftstellen

So beeindruckend diese Belegstellen auf den ersten Blick scheinen mögen, kann Russels Gebrauch dieser Stellen jedoch in keinem einzigen Fall einer Prüfung standhalten.

Matthäus 24,34 bezieht sich zwar tatsächlich auf die Generation der damals lebenden Juden, aber der Kontext zeigt, dass in Vers 36 eine andere Zeitangabe steht.[74] Die Worte »dies alles« von Vers 34 stehen im Gegensatz zu »jenem Tag aber und jener Stunde« in Vers 36. Mit »jenem Tag und jener Stunde« ist die Wiederkunft Christi gemeint. »Dies alles« muss sich deshalb (wie auch der Gebrauch ähnlicher Ausdrücke in der gesamten Ölbergrede zeigt) auf die Ereignisse rund um die Zerstörung Jerusalems beziehen. Nicht die Wiederkunft Christi, sondern alles, was mit der Zerstörung Jerusalems verbunden ist, wird sich zu Lebzeiten der damaligen Generation der Juden ereignen.

Matthäus 16,28 scheint eindeutig auszusagen, dass die Wiederkunft Christi zu Lebzeiten von Petrus, Jakobus und Johannes stattfindet. Dieser zunächst einleuchtenden Deutung steht jedoch eine Reihe von Schwierigkeiten entgegen:

---

74 Vgl. dazu John Murray, *Collected Writings of John Murray, Bd. 2* (Edinburgh: Banner of Truth Trust, 1977), S. 387f.

Erstens: Matthäus 16,28 sowie die Parallelstellen Markus 9,1 und Lukas 9,27 stehen jeweils direkt vor dem Bericht über die Verklärung Jesu. Man kann unmöglich annehmen, dass diese Anordnung Zufall ist. Wenn Christus davon spricht, dass der »Menschensohn in seiner Königsherrschaft« kommt, dürfte er dies also auf seine Verklärung auf dem Berg beziehen, die eine Art Vorschau seiner Wiederkunft in Herrlichkeit war. Ein weiterer Hinweis darauf ist, dass Jesus mit seiner Aussage »einige von denen, die hier stehen« offenbar Petrus, Jakobus und Johannes meint, die ihn auf den Berg der Verklärung begleiteten.

Zweitens: Man könnte argumentieren, diese Auslegung widerspräche dem darauffolgenden Vers 27: »Denn der Sohn des Menschen wird kommen in der Herrlichkeit seines Vaters mit seinen Engeln.« Doch diese beiden Verse setzen keineswegs beide »Kommen« (bei der damaligen Verklärung und in Zukunft) miteinander gleich; sie wollen das eine Kommen vom anderen abheben und unterscheiden offenbar das Kommen »in der Herrlichkeit seines Vaters« und andererseits das Kommen »in seiner Königsherrschaft«. Es ist bedeutend, dass in den Parallelstellen bei Markus und Lukas nur vom Sehen des *Reiches Gottes* die Rede ist und nicht wie in Matthäus 16,28 vom Kommen des *Menschensohnes in seinem Reich.* Dies stützt die Sicht, dass dies einen Gegensatz zu Christi Wiederkunft in Herrlichkeit ausdrückt, die in allen drei Evangelien direkt im vorangehenden Vers genannt wird. In Markus 8,38 und 9,1 besteht ein deutlicher Unterschied zwischen dem Kommen des »Sohn[es] des Menschen … in der Herrlichkeit seines Vaters mit den heiligen Engeln« (8,31) und dem Kommen des »Reich[es] Gottes in Kraft« (9,1). Derselbe Unterschied findet sich in Lukas 9,26-27 zwischen dem »Sohn des Menschen …, wenn er kommen wird in seiner Herrlichkeit und der des Vaters und der heiligen Engel« (V. 26) und »das Reich Gottes gesehen haben« (V. 27).

Drittens: Da Russells Buch den Namen *The Parousia* (»Die Parusie«) trägt, ist es bemerkenswert, dass an keiner dieser Stellen (auch nicht in Matthäus 16,28 und den Parallelstellen) das Wort »Parusie« steht. Wie wir noch sehen werden, ist dies von entscheidender Bedeutung für die Exegese.[75]

---

75 Hiergegen könnte man ins Feld führen, dass in 2Petr 1,16 das Wort *Parusie* für die Verklärung benutzt wurde. Tatsächlich aber sagt Petrus: »Denn wir haben euch die Macht und Ankunft [Parusie] unseres Herrn Jesus Christus kundgetan, nicht indem wir ausgeklügelten Fabeln folgten, sondern weil wir Augenzeugen seiner

In Matthäus 10,23 lesen wir im Zusammenhang der Aussendung der Jünger: »... ihr werdet mit den Städten Israels nicht zu Ende sein, *bis der Sohn des Menschen gekommen sein wird.*« Auch hier könnte man annehmen, die Wiederkunft sei Christi gemeint. Die Aussage »Ihr werdet mit den Städten Israels noch nicht zu Ende sein« scheint in das präteristische Schema zu passen, das diese Wiederkunft bei der Zerstörung Jerusalems 70 n. Chr. ansetzt. Dennoch sind sich die Ausleger über jeden einzelnen Aspekt von Matthäus 10,23 uneinig. Dies allein sollte uns schon vorsichtig machen, unser Gesamtverständnis der Eschatologie auf einen solchen Text zu gründen. Für das »Kommen des Menschensohns« in diesem Vers gibt es folgende Deutungsmöglichkeiten: a) Ein später nicht mehr erwähntes Kommen Jesu zu einer der Städte Israels während seines irdischen Dienstes; b) seine Verklärung; c) seine Auferstehung bzw. die Ausgießung des Heiligen Geistes; d) sein Kommen durch den Heiligen Geist für den Dienst seiner Apostel; e) sein Kommen im Gericht bei der Zerstörung Jerusalems; f) sein letztendliches Kommen am Ende des Zeitalters.

Auch zu den »Städten Israels« gibt es verschiedene Auslegungen: a) buchstäblich die Städte Israels zu jener Zeit; b) Städte, in die Christi Knechte am Ende des Zeitalters fliehen konnten, um Zuflucht zu suchen, besonders solche Städte, die von bekennenden Zugehörigen des Volkes Gottes bewohnt sind; c) die Städte eines wiederhergestellten Israels während der Großen Drangsal am Ende des Zeitalters.

Ein solcher Widerstreit der Meinungen unter Exegeten heißt nicht, dass eine überzeugende Deutung dieses Textes unmöglich wäre. Fakt ist allerdings, dass ich nicht dogmatisch fest behaupten will, hier das richtige Verständnis dieses Textes präsentieren zu können. Ich kann jedoch meine Meinung aufgrund mehrerer Beobachtungen erklären.

---

herrlichen Größe gewesen sind.« Es ist unwahrscheinlich, dass Petrus dadurch die Verklärung mit der Parusie Christi gleichsetzen will. Die Parusie Christi wird in 2Petr 3,4 als noch zukünftiges Ereignis bezeichnet. Viel wahrscheinlicher ist damit gemeint, dass Petrus Augenzeuge der Herrlichkeit Christi wurde und daher das, was er seinen Lesern über die Macht und Ankunft des Herrn Jesus Christus schreibt, kein schlau ausgedachtes Märchen ist. (Vgl. die treffende Übersetzung von Menge: »Denn wir sind nicht klug ersonnen Fabeln nachgegangen, als wir euch die Macht und Wiederkunft unseres Herrn Jesus Christus verkündigten, sondern wir sind Augenzeugen seiner wunderbaren Herrlichkeit gewesen.«)

Erstens: Nicht alle Vorkommen des Ausdrucks »Kommen des Menschensohns« meinen unbedingt sein letztendliches Kommen am Ende des Zeitalters. In Matthäus 16,28 meint das »Kommen« aller Wahrscheinlichkeit nach die Verklärung. Ein anderes solches »Kommen« könnte in Johannes 14,18 gemeint sein, wo Jesus wahrscheinlich von seinen Erscheinungen vor den Jüngern nach seiner Auferstehung oder vom Kommen des Heiligen Geistes zu Pfingsten spricht: »Ich werde euch nicht verwaist zurücklassen, ich komme zu euch.« Es mag uns seltsam vorkommen, wenn die Bibel diese Begriffe benutzt, um neben der Wiederkunft Christi in Herrlichkeit auch andere Dinge zu bezeichnen. Es wäre sicher einfacher, den Hyperpräterismus zu widerlegen, wenn wir argumentieren könnten, dass die Bibel von nur *einem* Kommen Christi spricht: seinem Kommen in Herrlichkeit, das am Ende des Zeitalters stattfindet. Wir müssen jedoch bedenken, dass gerade die Vorstellung eines *zweiten Kommens* Christi beinhaltet, dass es ein erstes gab (Hebr 9,27f).

Die Lösung des Problems sieht so aus: Wenn Matthäus 10,23 ein Kommen Christi zum Gericht bei der Zerstörung Jerusalems meint, dann beweist das nicht, dass ein solches Kommen *seine letztendliche Wiederkunft* ist.

Zweitens: Der gesamte Kontext der Aussage von Matthäus 10,23 erscheint mir örtlich begrenzt. Der Herr schränkt den Auftrag, den er hier den Zwölfen erteilt, auf ihren Dienst an Israel ein und sagt ihnen: »Begebt euch nicht auf die Straße der Heiden und betretet keine Stadt der Samariter« (Mt 10,5). Dies steht in auffallendem Gegensatz zu dem Auftrag, den er ihnen in Apostelgeschichte 1,8 erteilt. Das heißt nicht, dass der Auftrag von Apostelgeschichte 1,8 mit sofortiger Wirkung den von Matthäus 10 aufhob. Galater 2,7-10 zeigt, dass dieser Auftrag der Judenmission auf gewisse Weise im allgemeinen, weltweiten Missionsauftrag aufgegangen ist.

Drittens gibt es auffällige Parallelen zwischen Matthäus 10,23 und 23,34: Dort warnt Jesus seine Jünger erneut davor, dass ihre jüdischen Zeitgenossen sie »von Stadt zu Stadt verfolgen« werden. Dies scheint zu bestätigen, dass auch Matthäus 10,23 in einem lokal begrenzten Sinn zu verstehen ist. Das Kommen von Matthäus 10,23 ist somit etwas anderes als das Kommen Christi in Herrlichkeit irgendwann nach der Zerstörung Jerusalems samt nachfolgender Zeit der Zerstreuung der Juden und den »Zeiten der Heiden« (vgl. Mt 24,4-28 mit Lk 21,24-28).

Viertens: Der Sprachgebrauch von Matthäus 10,16-22 steht in vielerlei Hinsicht parallel zu dem der Ölbergrede, die von der Zeit vor der Zerstörung Jerusalems spricht; vgl. dazu Matthäus 23,34 und Markus 13,9 mit 10,17; Markus 13,11-13 und Lukas 21,12-17 mit 10,19-22 sowie Matthäus 24,9.13 mit 10,22.

Mein Schluss lautet demzufolge: Mit dem »Kommen« Jesu ist in Matthäus 10,23 gemeint, dass er im Jahr 70 n. Chr. durch die römische Armee das Gericht über Jerusalem brachte. Über Stephanus sagten die Juden in Apostelgeschichte 6,14: »Denn wir haben ihn sagen hören: Dieser Jesus, der Nazoräer, wird diese Stätte zerstören und die Gebräuche verändern, die uns Mose überliefert hat.« Wenn Stephanus das tatsächlich so gesagt hat, bestätigt das unseren Schluss. Demnach bezieht sich Matthäus 10,23 durchaus auf die Zerstörung Jerusalems, *aber das tut nichts zur Sache.* Dieses »Kommen« zum Gericht muss man vom Kommen Jesu nach den »Zeiten der Heiden« unterscheiden. In der Ölbergrede in Lukas 21 wird dieser Unterschied vollkommen klar. Lukas 21,20-27 lehrt eindeutig, dass die Wiederkunft in Herrlichkeit nicht bei der Zerstörung Jerusalems stattfindet, sondern nachdem Jerusalem zerstört wurde, die Juden ins weltweite Exil zerstreut wurden, die Zeiten der Heiden erfüllt und bestimmte Zeichen am Himmel erschienen sind. All dies ereignet sich zwischen der Zerstörung Jerusalems und der Wiederkunft Christi.

Diese Untersuchung der drei Belegverse für Russells Hyperpräterismus zeigt dessen schwache Grundlage auf. Zudem könnte man eine ganze Flut biblischer Fakten zur Parusie über das Gebäude des Hyperpräterismus hereinbrechen lassen:

Erstens bedeutet das Wort »Parusie« an sich »Gegenwart« oder »Ankunft«. Eine Parusie Jesu, nach der er nicht auf einer erneuerten Erde gegenwärtig bleibt, ist alles andere als eine Parusie.

Zweitens erfolgt bei der Parusie die Auferstehung der Toten. Eine Auferstehung der Toten, die unsichtbar ist und die (so Russell) nur »im geistlichen und unsichtbaren Bereich« stattfindet, ist alles andere als eine Auferstehung im biblischen Sinne (Joh 5,28f). Die biblische Auferstehung führt außerdem zur physischen Verwandlung der Welt in die neue Heimat des auferstandenen Volkes Gottes (Röm 8,19-23). Darüber hinaus beendet sie die Welt der Gottlosen und schafft stattdessen eine neue Welt, in der Gerechtigkeit wohnt (2Petr 3,11-13). Ganz eindeutig hat die Auferstehung bisher noch nicht stattgefunden.

Drittens: Der Gebrauch des Wortes »Parusie« im Neuen Testament widerspricht eindeutig dem hyperpräteristischen Verständnis der Wiederkunft Christi. Das Wort kommt 24 Mal vor. Sechsmal hat es keine eschatologische Bedeutung, sondern meint die gewöhnliche Ankunft von Menschen. Einmal wird es für die eschatologische Ankunft des Antichristen verwendet (2Thes 2,9). An den 17 übrigen Stellen bezeichnet es die Parusie Christi.

Viertens: Wenn man den Hyperpräterismus konsequent zuende denkt, führt dies dazu, dass der heutige Gläubige jeglicher neutestamentlicher Hoffnung beraubt wird. Wenn die Entrückung der lebenden Heiligen, die Auferstehung der entschlafenen Heiligen und die Wiederkunft Christi schon allesamt geschehen wären; wenn alle Prophetie wirklich schon erfüllt wäre, worauf sollten wir dann noch hoffen? Ein Hyperpräterist hat keine Hoffnung zu bieten.

Fünftens: Der Hyperpräterismus geht davon aus, dass beim Kommen Christi zur Zeit der Zerstörung Jerusalems Hunderttausende lebende Gläubige in den Himmel entrückt worden seien. Wie hätte so etwas ganz unbemerkt oder zumindest undokumentiert geschehen können? Mehr noch: Woher stammte dann die weiterhin bestehende Gemeinde, wenn alle Gläubigen 70 n. Chr. aus der Welt entrückt wurden? Sollen wir etwa annehmen, dass die Gemeinde, die zu jenem Zeitpunkt auf Erden zurückgelassen wurde, durchweg aus Heuchlern und nicht wiedergeborenen Scheinchristen bestand und die heutige weltweite Gemeinde daraus hervorging?

Das Argument der nahen Wiederkunft Christi

Neben den drei genannten Belegstellen lautete das andere Argument Russells, dass das Neue Testament von einer imminenten, nahen Wiederkunft Christi spreche, was zu glauben erfordere, dass Christus bereits vor langer Zeit wiedergekommen sei. Dieses Argument führt uns wieder zum übergeordneten Thema unserer Untersuchung zurück: Christi Wiederkunft ist nahe. Einfach gesagt lautet Russells Einwand (und unsere Frage) so: Wie kann das Neue Testament lehren, dass Christus bald wiederkommt, und den Gläubigen befehlen, jederzeit darauf gefasst zu sein, wenn diese Wiederkunft doch erst mindestens 20 Jahrhunderte später stattfindet? Russell hält dieses Problem für ein unschlagbares und felsenfestes Argument für seinen Hyperpräterismus.

Zunächst müssen wir auf die verschiedenen Definitionen des Ausdrucks »imminent« eingehen[76] und zwei unterschiedliche Auffassungen dieses Wortes sorgfältig differenzieren.

Da ist zum einen die Definition, wie sie z. B. Robert H. Gundry formuliert. Er schreibt:

> Man stimmt allgemein darin überein, dass »Imminenz« bedeutet: Es gibt kein prophezeites Ereignis, das dem Kommen Christi – soweit wir wissen – noch zwingend vorausgehen muss. Diese Vorstellung beinhaltet drei wesentliche Elemente: Die Parusie geschieht plötzlich, unerwartet (oder: nicht berechenbar), und kann jeden Augenblick eintreffen.[77]

Gundry hält diese Definition für die Standardposition in der aktuellen Debatte über die Vorentrückungslehre.[78] Damit liegt er sicher richtig. Gundry selbst ist kein Prätribulationist und glaubt nicht, dass Christus jeden Augenblick wiederkommen könne. Weil Gundry meint, »imminent« bedeute »möglicherweise in jedem Augenblick«, bestreitet er folglich, dass die Bibel eine imminente, also jederzeit mögliche Wiederkunft Christi lehrt. Er sagt: »Auch wenn wir mit großem Nachdruck ermahnt werden, die Wiederkunft Jesu zu erwarten, bedeutet das nicht, dass die Parusie imminent sein muss.«[79]

Die zweite Definition von imminent formuliert u.a. der reformierte Theologe John Murray. Murray glaubte, dass vor der Parusie noch bestimmte Ereignisse eintreffen müssen. Dennoch konnte er sagen: »Das Neue Testament lehrt die Imminenz.«[80] Für John Murray steht »Imminenz« also einfach nur für Nähe. Gundry und

---

76 Die Bedeutung von »imminent« ist nicht nur wegen der Debatten um den Hyperpräterismus wichtig. Auch eines der Hauptargumente des Prätribulationismus (die Lehre von der Entrückung vor der Trübsalzeit) steht und fällt damit, wie man das Wort »imminent« versteht.

77 R. H. Gundry, *The Church and the Tribulation* (Grand Rapids: Zondervan, 1973), S. 29.

78 Die Vorentrückungslehre ist die Lehre von der Entrückung vor der großen Drangsal, auch Prätribulationismus genannt oder englisch kurz Pre-Trib; siehe dazu hier Kapitel 19.

79 R. H. Gundry, *The Church and the Tribulation*, S. 43.

80 John Murray, *Collected Writings Bd. 2* (Edinburgh: Banner of Truth Trust, 1977), S. 400. An anderer Stelle lehnt Murray die Terminologie der Imminenz ab – wahrscheinlich, weil er Gundrys Definition für zutreffend hält.

Murray definieren »imminent« somit offenbar unterschiedlich. Für Gundry bedeutet es »jeden Augenblick möglich«, für Murray »nahe«. Dazu müssen wir zwei Dinge sagen. Erstens: Keine der gängigen Bibelübersetzungen verwendet jemals die Worte »imminent« oder »Imminenz« in Bezug auf die Wiederkunft Christi. Man kann die Bedeutung dieses Wortes daher nicht aus der Bibel erschließen. Da der Begriff aber in dieser Debatte verwendet wird, ist es wichtig und nötig zu fragen, wie er richtig zu verstehen ist. Das englische Wörterbuch Webster[81] gibt für »imminent« die Bedeutung an: »wahrscheinlich unverzüglich eintretend, bevorstehend, drohend«. Dies gleicht eher der zweiten oben genannten Definition von Murray: Imminenz bedeutet nicht unbedingt »jeden Augenblick möglich«, sondern zeitliche Nähe, wobei vorher durchaus noch andere Ereignisse angesiedelt werden können.

Zweitens scheint es gute Gründe dafür zu geben, am Gebrauch des Wortes »Imminenz« festzuhalten. Wir werden es daher so verwenden wie auch Murray ursprünglich. Es betont die Nähe des Kommens Christi, die das Neue Testament lehrt; und in diesem Sinn ist die Parusie imminent oder nahe bevorstehend.[82]

Das Neue Testament lehrt durchaus, dass die Wiederkunft Christi imminent oder nahe ist. Das griechische Adjektiv *engýs* (nahe) und verschiedene damit verwandte Wörter kommen im Zusammenhang mit der Wiederkunft Christi häufig im Neuen Testament vor. Eben weil das Neue Testament dieses griechische Wort für *nahe* gebraucht, sagt man zu Recht, dass das Neue Testament die imminente Wiederkunft Christi lehrt. Die betreffenden Schriftstellen kann man in vier Rubriken einordnen:

1. *Das Adjektiv »nahe«.* Matthäus 24,33, Markus 13,29 und Lukas 21,31 prophezeien, dass Gottes Volk in der Zeit vor der Parusie erkennen können wird, dass die Wiederkunft Christi nahe ist. Philipper 4,5 meint wahrscheinlich auch die Parusie, kann aber möglicherweise auch bedeuten, dass uns der Herr eher im räumlichen und persönlichen als im zeitlichen Sinne »nahe« ist. In

---

81 Ein Standardwörterbuch der englischen Sprache, das mit dem Duden vergleichbar ist. Der Duden definiert »imminent« ebenfalls mit »drohend, nahe bevorstehend« (Anm. d. Übers.).

82 John Murray, *Collected Writings, Bd. 2,* S. 399f.

Offenbarung 1,3 und 22,10 heißt es, »die Zeit ist nahe«, was die Parusie meint. Es ist aber auch möglich, dass damit auch nahe bevorstehende Vorzeichen der Wiederkunft gemeint sind.

2. *Das Perfekt des verbalen Ausdrucks »nahe herbeigekommen«.* Die wichtigsten Verse hierzu sind Römer 13,12, Jakobus 5,8 und 1. Petrus 4,7. Die Bedeutung des Perfekts an diesen Stellen ist klar: Die Parusie ist (in der Vergangenheit) nahe herbeigekommen bleibt auch weiterhin nahe.[83]

3. *Das Präsens des Verbs »(heran-) nahen«.* Die betreffenden Verse sind Lukas 21,28 (»eure Erlösung naht«) und Hebräer 10,25 (»je mehr ihr den Tag herannahen seht«). Der »Tag« naht und mit ihm »unsere Erlösung«.

4. *Der Komparativ »näher«.* Dies findet sich in Römer 13,11. Der Gedanke dabei ist: Das Heil war schon nahe, als wir gläubig wurden, ist jetzt aber noch näher.

Dass die Vollendung nahe ist, bedeutet nicht, dass es keine Vorzeichen gäbe. Laut Römer 13,11 kann etwas, das schon nahe war, noch näher kommen. Das Präsens in Lukas 21,28 und Hebräer 10,25 (siehe oben die 3. Rubrik) drückt dasselbe aus. Die Aussage dieser Stellen lautet sicher nicht, dass das Heil näher sein muss, weil schon einige Zeit verstrichen ist. Das wäre allzu trivial und überflüssig zu erwähnen. Vielmehr weisen der Komparativ »je mehr« und das Präsens »kommen« und »nahen« auf Ereignisse und Entwicklungen hin, die als sichere Vorzeichen der Parusie beobachtbar sind. In dieser Hinsicht ist der Ausdruck »je mehr ihr den Tag herannahen *seht*« (Hebr 10,25) besonders eindeutig.

Demnach kann man die Lehre des Neuen Testaments über die Nähe der Parusie folgendermaßen zusammenfassen: a) sie naht; b) sie ist nahe herbeigekommen; c) sie ist jetzt nahe; d) sie kommt immer näher.

Nun stellt sich die wichtige und drängende Frage: Wie können die Verfasser des Neuen Testaments lehren, dass die Parusie nahe ist, wenn doch zwischen Abfassungszeit und diesem Ereignis noch über

---

83 Viele deutsche Bibelübersetzungen drücken dies durch das Adjektiv mit dem Hilfsverb »ist« im Präsens aus, wie es in unserer Sprache üblich ist: der Herr bzw. seine Ankunft »ist nahe«. Dass hier im Griechischen kein Adjektiv steht, sondern ein Partizip Perfekt, ist dadurch zwar nicht mehr ersichtlich, aber der Bedeutungsunterschied ist, sofern überhaupt einer besteht, nur minimal (Anm. d. Übers.).

1900 Jahre vergehen? Die Hyperpräteristen meinen, wer an ein noch zukünftiges Kommen Christi glaubt, könne diese Frage gar nicht beantworten und hätte ein unlösbares Problem. Doch mit Hilfe von fünf Erwägungen, die miteinander zusammenhängen, lässt sich das Problem lösen und die Frage beantworten.

1. Die inaugurierte Eschatologie des Neuen Testaments
Mit dem ersten Kommen Christi wurde das Zeitalter der Erfüllung eingeläutet (inauguriert). Die Ära, in der die Weltgeschichte vollendet wird, hat begonnen. Wie wir sahen, ist das kommende Zeitalter bereits in das gegenwärtige Zeitalter eingebrochen, und das gegenwärtige Zeitalter vergeht (Hebr 6,5; 9,26; 1Jo 2,8; 1Kor 2,6; 10,11). Der Ausdruck *»die letzten Tage«* wird im Neuen Testament ausnahmslos benutzt, um die Ära zwischen Einführung und Vollendung des Königreichs zu beschreiben (vgl. dazu ausführlich hier Kapitel 4). Das Neue Testament sieht unsere Ära als relativ kurzes, abschließendes Zeitalter der Weltgeschichte vor dem Tag des Herrn. Dies verlangt, dass man Ausdrücke wie »nahe« oder »näher« im Rahmen einer langfristigen historischen Perspektive sehen muss – die letzte Phase der Welt- und Heilsgeschichte ist angebrochen.

2. Das jetzige Zeitalter ist durch Verzögerung gekennzeichnet
Die Ölbergrede enthält zahlreiche Hinweise darauf, dass vor der Wiederkunft Christi eine lange Verzögerung eintritt (Mt 24,48; 25,5; 25,14.19; Lk 21,20-28). Auch im übrigen Neuen Testament finden sich Indizien dafür, dass die Wiederkunft Christi sich in unbestimmter Dauer verzögert. Offenbarung 10,1-7 bezeichnet das jetzige Zeitalter des Evangeliums als Periode gottgewirkter Verzögerung – und zwar zu dem Zweck, dass das Evangelium gepredigt wird. Mit dem »Geheimnis Gottes« ist auch diese Periode geduldiger Verzögerung gemeint (Kol 1,26f; 1Kor 2,6-8; Eph 3,6; Röm 16,25-27).

Dieses Problem der Verzögerung wird in 2. Petrus 3 näher thematisiert. Dort werden Irrlehrer genannt, die aufgrund dieser Hinauszögerung die Wiederkunft Christi leugnen:

> Ihr müsst dabei aber vor allem bedenken, dass am Ende der Tage Spötter voll Spottsucht auftreten werden, Menschen, die nach ihren

eigenen Lüsten wandeln und sagen: »Wo bleibt denn seine verheißene Wiederkunft? Seitdem die Väter entschlafen sind, bleibt ja alles doch so, wie es seit Beginn der Schöpfung gewesen ist.« (2Petr 3,3-4 MEN)

Wegen dieses Spottes der Irrlehrer geht Petrus in den Versen 8-10 auf das Problem der Verzögerung ein:

> Dies eine aber sei euch nicht verborgen, Geliebte, dass beim Herrn ein Tag ist wie tausend Jahre und tausend Jahre wie ein Tag. Der Herr verzögert nicht die Verheißung, wie es einige für eine Verzögerung halten, sondern er ist langmütig euch gegenüber, da er nicht will, dass irgendwelche verloren gehen, sondern dass alle zur Buße kommen. Es wird aber der Tag des Herrn kommen wie ein Dieb; an ihm werden die Himmel mit gewaltigem Geräusch vergehen, die Elemente aber werden im Brand aufgelöst und die Erde und die Werke auf ihr im Gericht erfunden werden.

Hier wird uns gesagt, dass die scheinbare Verzögerung des verheißenen Kommens durch drei Gründe erklärt wird: Erstens müssen wir die Perspektive Gottes berücksichtigen (V. 8). Jesus ist Gott. *Ein* Tag ist vor ihm wie tausend Jahre. Was für uns wie eine Verzögerung aussieht, darf uns nicht entmutigen.

Zweitens müssen wir bedenken, aus welchem wichtigen Grund sich Christi Ankunft anscheinend verzögert (V. 9.15): wegen nichts Geringeren als der Errettung von Menschen. Ein so wichtiger Grund macht selbst eine lange Hinauszögerung verständlich.

Und drittens müssen wir die Verzögerung im Licht der Vorhersagen des Herrn selbst sehen (V. 10). Petrus weist darauf hin, dass der Herr wie ein Dieb kommen wird. Das sagte Jesus auch in seiner Ölbergrede (Mt 24,43). Petrus erinnert uns daran, dass der Herr vorhersagte, sein Kommen werde sich so lange hinauszögern, dass manche einschlafen, während sie auf seine Ankunft warten, und dass böse Knechte seine Wiederkunft gänzlich in Frage stellen (Mt 24,43.48).

Die Prophezeiungen, dass die Wiederkunft des Herrn nahe ist, darf man nicht von den Aussagen im Neuen Testament trennen, die auf ihre Hinauszögerung hinweisen. Die Nähe der Wiederkunft Christi widerspricht nicht einer gewissen Verzögerung.

3. Der ungewisse Zeitpunkt der Parusie

Der Herr sagt in seiner Ölbergrede mehrmals, dass der Zeitpunkt seiner Wiederkunft ungewiss ist (Mt 24,36.42; 25,13; vgl. Mk 13,32). Jesus verkündet also in ein und derselben Rede, in der er einerseits die Nähe der Parusie herausstellt, andererseits absolut ausdrücklich, dass der Zeitpunkt der Parusie unbekannt ist. Die Ankunft Christi ist keineswegs in einem Sinn nahe, dass man dadurch ihren Zeitpunkt ableiten könnte. Sie ist nahe, aber ihr Zeitpunkt ist immer noch unbekannt.

4. Der Zeichencharakter des jetzigen Zeitalters

Zwar werden kurz vor der Wiederkunft bestimmte Zeichen und Vorboten geschehen, doch ist die gesamte Periode zwischen Christi erstem und zweitem Kommen voller Vorgänge und Entwicklungen, die als Vorzeichen der Parusie ausgewiesen wurden. Da wir inmitten solcher Entwicklungen und Vorgänge leben, müssen wir die Wiederkunft zwangsläufig als etwas Nahes verstehen. Um uns herum streben die letzten Entwicklungen, die Abschlussprozesse der Geschichte auf ihren Höhepunkt zu und läuten so die Wiederkunft Christi ein. Zwei solcher Prozesse sind die weltweite Verkündigung des Evangeliums (Mt 24,14) und das Geheimnis der Gottlosigkeit (2Thes 2,7). In Anbetracht dieser Tatsachen verstehen wir auch die Aussage von Hebräer 10,25, dass wir »den Tag herannahen sehen«.

5. Die Parusie als Höhepunkt

Die Ereignisse rund um die Wiederkunft Christi sind bei weitem die wichtigsten Ereignisse der Weltgeschichte (2Petr 3,1-16). Allgemein gilt: Je wichtiger ein Ereignis ist, desto weiter wirft es seine Schatten voraus, die ankündigen, dass es nahe bevorsteht. Weihnachten wirft im Vergleich zu anderen Feiertagen einen viel längeren Schatten der Erwartung. Den 50. Geburtstag erwartet man im Vergleich z. B. zu seinem 47. viel länger und empfindet ihn evtl. schon Jahre zuvor als »nahe«.

Weitere hilfreiche Vergleiche kann man aus dem Bereich geographischer Nähe heranziehen. Auf der Autobahn tauchen die Namen von großen Städten auf Entfernungsschildern schon Hunderte Meilen im Voraus auf, kleine Städte werden aber oft erst wenige Meilen vorher angezeigt. Ich erinnere mich an ein Schild, das ich auf der

Autobahn in Arizona in der Nähe des Grand Canyon sah. Darauf standen zwei Entfernungen: Williams 27 Meilen, Los Angeles 459 Meilen. Auf keiner Autobahn würde ein Schild stehen, das in einer Entfernung von 459 Meilen auf Williams in Arizona hinweist. Los Angeles verdient ein solches Zeichen, weil es größer und wichtiger ist. Los Angeles ist in einer viel größeren Entfernung »nahe« als Williams. Oder denken wir an die hoch aufragenden Rocky Mountains: Wenn man von den Ebenen Colorados auf sie zufährt, erscheinen sie einfach aufgrund ihrer gewaltigen Größe schon viel früher »nahe« als so mancher kleiner Hügel, der zwar tatsächlich näher liegt, aber noch nicht einmal in Sicht ist. Ebenso muss das unfassbar herrlichere Ereignis der Parusie so sehr unsere Aufmerksamkeit und Vorbereitungen auf sich ziehen, dass alles andere daneben völlig verblasst. John Murray schreibt zu Römer 13,12 (»Die Nacht ist weit vorgerückt, und der Tag ist nahe«):

> Es handelt sich um Nähe aus prophetischer Sicht und nicht um die Nähe unserer Zeitrechnung. Bei der Entfaltung von Gottes Erlösungsplan ist das Kommen Jesu in Herrlichkeit das nächste Großereignis, das von gleicher epochaler Bedeutung ist wie der Tod Christi, seine Auferstehung und Himmelfahrt sowie die Ausgießung des Heiligen Geistes zu Pfingsten. Seine Parusie ist das Ereignis, das am Horizont des Glaubens hoch aufragt. Zwischen der Gegenwart und diesem epochalen Ereignis der Heilsgeschichte gibt es nichts Vergleichbares.[84]

Diese Überlegungen rechtfertigen vollkommen die bibeltreue Sicht, dass man schon vor fast 2000 Jahren wahrhaftig sagen konnte, dass die Wiederkunft Christi nahe ist. Auf diese Weise wird das Argument der Hyperpräteristen entkräftet, das sich auf die Imminenz der Wiederkunft Christi beruft. Wenn das Neue Testament sagt, dass Christi Wiederkunft nahe ist, zwingt dies nicht zu der Annahme, dass er bereits im 1. Jahrhundert bzw. bei der Zerstörung Jerusalems 70 n. Chr. wiederkommen musste.

---

84 John Murray, *Romans, Bd. 2* (Grand Rapids: Eerdmans, 1968), S. 168.

KAPITEL 18

Kann man das Datum der Wiederkunft Christi berechnen?

Im Bücherregal meines Arbeitszimmers befinden sich in Griffweite zwei Bücher, die – leider! – repräsentativ für eine Unmenge solcher Literatur stehen. Die Verfasser dieser Werke behaupten, den Zeitpunkt der Wiederkunft Christi berechnen oder vorhersagen zu können. Dem einen zufolge sollte Jesus 1988 wiederkommen, nach dem anderen im Jahr 1994. In diesem Kapitel will ich die Frage ansprechen, ob man Berechnungen über die Wiederkunft Christi anstellen kann. Warum nehme ich mir Zeit für dieses Thema? Aus zwei Gründen. Erstens ist es eine Tatsache, dass die Berechnung des Zeitpunkts der Wiederkunft Christi ein regelmäßig wiederkehrendes Problem in der Geschichte der christlichen Eschatologie ist. Zweitens ist stark zu befürchten, dass die Seuche der Datumsberechnung unter bekennenden Christen auch im dritten Jahrtausend weiter grassieren wird. Das Gegenmittel – die Erklärung Christi, dass der Zeitpunkt seines Kommens unbekannt ist – findet sich in Matthäus 24,36.

Ich setze in diesem Kapitel zweierlei voraus: Erstens prophezeit die Bibel, dass Christus leiblich wiederkommen wird (Apg 1,9; 3,19f). Zweitens wird diese Wiederkunft Christi nicht heimlich, sondern öffentlich, herrlich, sichtbar und mit weltweiten Folgen geschehen (Mt 24,24-27; 1Thes 5,1-4; 2Thes 1,6-10).

Matthäus 24,36 ist die klassische biblische Widerlegung aller Versuche, den Zeitpunkt der Wiederkunft Christi zu berechnen. »Von jenem Tag aber und jener Stunde weiß niemand, auch nicht die Engel in den Himmeln, auch nicht der Sohn, sondern der Vater allein« (Mt 24,36). Ich möchte diesen Text nun anhand von drei Gliederungspunkten erklären.

Eine kurze Auslegung der Ölbergrede

Zwei Punkte möchte ich zur knappen Auslegung dieses Verses sagen. Erstens: Wenn Christus von »jenem Tage und von jener Stunde« spricht, dann meint er damit den Tag und die Stunde seiner Wiederkunft. Der gesamte Kontext macht dies zweifellos klar. Jesus hat im vorangehenden Kontext von seiner Wiederkunft gesprochen (24,27.30.31), und er fährt im direkt folgenden Kontext damit fort (24,37). Exakt dieselbe Ausdrucksweise benutzt er, um im weiteren Kontext ebenso von seiner Wiederkunft zu sprechen (24,42.44.50).

Zweitens: Christus erklärt hier, dass der Zeitpunkt seiner Wiederkunft jedem vernunftbegabten Wesen außer dem Vater verborgen ist. Hierüber, sagt Christus, »hat niemand Kenntnis, auch die Engel im Himmel nicht, auch der Sohn nicht, sondern ganz allein der Vater.« Nun ist diese Aussage aus einer bestimmten Perspektive ziemlich verblüffend. Sie führt zu der Frage: Wenn Christus Gott ist und daher allwissend, wie kann es dann etwas geben, was er nicht weiß?

Das Baptistische Glaubensbekenntnis von 1689 nennt die Lösung dieses Problems. In Kapitel 8, Absatz 2, wird über die historische, rechtgläubige Lehre über die Person Christi ausgedrückt: Der Sohn Gottes hat eine »umfassende, vollkommene und ausgeprägte« menschliche Natur. Demnach beschreibt ihn die Bibel als Mensch mit einem menschlichen Leib. Er kannte Hunger, Durst und wurde müde. Die Schrift beschreibt ihn auch im Blick auf seinen Geist oder Verstand als Mensch. Er wuchs und reifte am Verstand (Lk 2,40.52; Hebr 5,8). Wenn wir uns nun Matthäus 24,36 zuwenden, sollte es uns deshalb nicht überraschen, dass Christus dort sagt, es gebe Dinge, die er nicht weiß. Wenn wir nicht darüber straucheln, wenn wir den Sohn Gottes sagen hören: »Mich dürstet«, dann gibt es auch keinen Grund darüber zu straucheln, wenn wir ihn sagen hören, dass es etwas gibt, was ihm unbekannt ist. Wenn wir nicht darüber straucheln, dass die Schrift sagt, dass er an Weisheit zunahm, dann gibt es auch keinen Grund darüber zu straucheln, wenn die Schrift erklärt, dass nicht einmal der Sohn den Zeitpunkt seiner Wiederkunft kennt. Jesus spricht hier als Mensch. Er erklärt uns nicht, was in Gottes Gedanken enthalten ist, sondern spricht von seinem menschlichen Intellekt.

Christus erklärt hier, dass weder er noch irgendein anderer Mensch den Zeitpunkt seiner Wiederkunft kennt, ja nicht einmal die Engel im Himmel. Bedenken wir, was diese Aussage bedeutet: Jesus sagt damit, dass Gott das Datum des Endes der Welt keinem einzigen Menschen mitgeteilt hat, auch keinem der Engel, durch die er zur Zeit des Alten Testaments zu den Menschen sprach. Es bedeutet außerdem, dass er es nicht dem Sohn offenbart hat, durch den er diese Offenbarung im Neuen Testament zum Abschluss brachte. Die gesamte spezielle Offenbarung Gottes wurde uns entweder durch die Engel und alttestamentlichen Propheten übermittelt oder durch seinen Sohn und die neutestamentlichen Propheten (Hebr 1,1-2). Jesus lehrt somit im Klartext, dass der Zeitpunkt seines Kommens nicht Teil der Offenbarung ist, die Gott uns nach seinem Willen in der Heiligen Schrift gab. Folglich wird man – so gelehrt oder genial man auch sein mag, und nicht einmal, wenn man sein ganzes Leben dem Studium der Typologie, Numerologie oder Prophetie widmen würde – niemals in der Schrift irgendeine geheime, kodierte oder mysteriöse Offenbarung finden, zu welcher Zeit Christus wiederkommt. Es wurde nicht in der Bibel dokumentiert. Wie eifrig man auch suchen mag, man wird es dort nicht finden.

Eine törichte Verdrehung

Die »Rechenkünstler« haben schnell einen Einwand auf diesen Vers zur Hand. Sie argumentieren, wir könnten zwar nicht Tag oder Stunde der Wiederkunft Christi wissen, wohl aber Woche, Monat oder Jahr. Jemand hat einmal über Matthäus 24,36 gesagt: »Dies schließt jedoch nicht aus oder verhindert nicht, dass die Gläubigen das Jahr, den Monat und die Woche der Wiederkunft des Herrn wissen.«[85] Ein anderer sagt: »Es überrascht nicht, dass wir viel über Gottes Zeitplan für die Weltgeschichte wissen werden, nachdem wir unsere Studie abgeschlossen haben. Wir werden aber weder Tag noch Stunde wissen, wann das Ende der Welt wirklich sein wird, wenn Christus wiederkommt.«[86] An späterer Stelle kommt ein und derselbe Autor zu dem Schluss: Wenn seine Berechnungen stimmen, würden der

---

85 Edgar C. Whisenant, *88 Reasons Why Christ Will Come in '88* (Whisenant, 1988), S. 3.
86 Harold Camping, *1994?* (New York: Vantage Press, 1992), S. 332

Jüngste Tag und die Wiederkunft Christi zwischen dem 15. und 27. September 1994 stattfinden.[87]

Nun wäre ein solcher Umgang mit der Schrift offen gesagt amüsant, wenn es nicht so ernst wäre. Können wir diese Stelle im Wort Gottes lesen und zum Schluss kommen, dass Christus tatsächlich sagen will, dass wir zwar nicht Tag oder Stunde, sehr wohl aber Jahr, Monat und Woche seiner Wiederkunft wissen können? Um den entscheidenden biblischen Gegenbeweis für eine mögliche Berechnung der Wiederkunft aufzuzeigen, müssen wir uns die Zeit nehmen, die Bedeutung von Matthäus 24,36 sorgfältig auszuarbeiten.

Es sollte klar sein, dass die Bibel nirgends den Zeitpunkt der Wiederkunft Christi eindeutig vorhersagt. Wäre dem so, dann hätten Christen keine Spezialisten nötig, die 500 Seiten dicke Bücher schreiben und darin die Geheimnisse biblischer Prophetie und Numerologie lüften, um den Zeitpunkt zu dechiffrieren. Es sollte auch klar sein, dass solche »Rechenkünstler« bei ihren Vorhersagen hunderte Male, ja wahrscheinlich sogar tausende Male daneben lagen. Die Beweislast liegt deshalb bei jedem, der uns trotz alledem immer noch weismachen will, wir könnten die Woche, den Monat oder das Jahr der Wiederkunft Christi kennen. Wir würden gerne wissen, wo die Bibel dies nun lehrt! Die biblische Gesamtaussage steht solchen Vorhersagen schlicht und ergreifend entgegen. Ein Rechenkünstler ist darum verpflichtet, uns zu zeigen, warum er glaubt, wir könnten dennoch Woche, Monat oder Jahr wissen. Fakt ist: Er kann nicht beweisen, dass auch nur eine einzige derartige Vorhersage über Christi Wiederkunft biblisch begründet ist. Bevor er uns in unserem Dienst für den Herrn Zeit und Nerven kostet, müsste er erst einmal die Grundannahme seines ganzen Systems beweisen. Fakt ist: Das kann er nicht.

Der Kontext bestätigt es

Irrlehrer haben schon immer die Bibel zitiert (2Petr 3,16). Ihr Problem ist, dass sie dabei den Zusammenhang ihrer angeblichen Belegstellen missachten. Ein Hauptmerkmal von Irrlehren ist, dass sie zwar die Schrift zitieren, die Verse aber nur für ihre eigenen Zwecke instrumentalisieren und dabei den Kontext ignorieren.

---

87 Ebd., S. 525 u. 531.

Dies trifft auch auf die Datumsberechnung zu. Man zitiert und deutet Matthäus 24,36 ohne Rücksicht auf seinen biblischen Kontext. Ich will deshalb sehr gründlich aufzeigen, was dieser Vers in seinem Kontext bedeutet. Wir werden den direkt vorangehenden Kontext betrachten, den direkt folgenden Kontext und den weiteren Kontext im Neuen Testament.

Der direkt vorangehende Kontext

Wenn wir den vorangehenden Kontext von Matthäus 24,36 lesen, stellen wir fest, dass dieser Vers Teil einer Gegenüberstellung ist (siehe V. 34-36), und zwar zwischen dem »dies alles« in Vers 34 und »jenem Tage ... und ... jener Stunde« in Vers 36. Wenn »jener Tag und jene Stunde« sich auf die Wiederkunft Christi bezieht, was ist dann mit »dies alles« gemeint? Die Antwort findet sich in Matthäus 24,3, wo die Jünger den Herrn sowohl nach der Zerstörung des Tempels fragen (die er im Vers zuvor voraussagt) als auch nach seiner Wiederkunft. Die Fragen der Jünger zeigen, dass sie große Gefahr liefen, diese zwei verschiedenen Ereignisse – die Zerstörung Jerusalems und die Wiederkunft Christi – miteinander zu verwechseln. Der Gegensatz in 24,34-36 soll dazu dienen, ihnen diese Unklarheit zu nehmen. »Dies alles« bezeichnet somit all jene Ereignisse, die mit der Zerstörung des Tempels und Jerusalems zusammenhängen; »jener Tag und jene Stunde« bezieht sich auf die Ereignisse, die im Zusammenhang mit der Wiederkunft Christi stehen.

Hiermit kommen wir zur entscheidenden Frage: Wie stellt Christus diese beiden Ereignisse einander gegenüber? Die Antwort ist einfach. Er gibt ein Zeitzeichen für die Zerstörung Jerusalems an, allerdings keines für seine Wiederkunft. Beachten wir: »Dieses Geschlecht wird nicht vergehen, bis dies alles geschieht. ... Von jenem Tage aber und von jener Stunde hat niemand Kenntnis ...« Er sagt, dass die Zerstörung Jerusalems noch zu Lebzeiten der Generation der damals lebenden Juden geschehen werde.

Verstehen wir jetzt, welchen Gegensatz Jesus zwischen diesen beiden Versen bildet? Er stellt sie einander gegenüber, indem er einen Zeitmarker für die Zerstörung Jerusalems angibt, aber keinen zeitlichen Anhaltspunkt für seine Wiederkunft. Das Zeitzeichen für die Zerstörung Jerusalems ist recht weit gefasst: »diese Generation«. Die Zerstörung Jerusalems sollte irgendwann in den nächsten vierzig

Jahren stattfinden, aber für Jesu Kommen nannte er nicht das geringste Vorzeichen.

Was bedeutet das für unsere Auslegung von Matthäus 24,36? Sagt Jesus etwa das, was die Rechenkünstler behaupten: dass wir zwar den Tag und die Stunde nicht wissen können, aber Woche, Monat oder Jahr? Ganz offensichtlich nicht! Der Gegensatz besteht nicht zwischen kleiner und großer Zeiteinheit (Tag und Jahr), sondern zwischen einem weitläufigen Zeitzeichen, das einen Zeitraum von rund vierzig Jahren umfasst, und überhaupt keinem Vorzeichen. Jesus sagt, dass die Zerstörung Jerusalems innerhalb von vierzig Jahren stattfinden werde, aber für seine Wiederkunft nennt er überhaupt kein Vorzeichen. Was für ein Unsinn ist in Anbetracht dieser Tatsache die Behauptung der Rechenkünstler, auch nur das Jahr der Wiederkunft Christi zu kennen! Mehr noch: Wir kennen nicht nur weder Woche, Monat noch Jahr; wir wissen nicht einmal, in welchem Jahrhundert oder welcher Generation Christus kommt!

Der direkt folgende Kontext
Im nachfolgenden Kontext ruft Jesus seine Jünger auf, ständig für seine Wiederkunft bereit zu sein (Mt 24,42-44.50; 25,13). Diese Aufforderungen, dass wir für seine Wiederkunft bereit sein sollen, setzen voraus, dass auch zu späteren Zeiten – auch in unserer Zeit heute – der Zeitpunkt seines Kommens noch unbekannt sind wird. Wenn man auch nur die Woche oder den Monat der Wiederkunft Christi wissen könnte, wie die Rechenkünstler behaupten, dann müssten wir nicht ständig bereit sein. Wenn also Jesus sagt: »Ihr wisst weder Tag noch Stunde meiner Wiederkunft«, dann will er damit eindeutig sagen: »Der Zeitpunkt ist vollkommen unbekannt; darum müsst ihr allezeit bereit sein.«

Der weitere neutestamentliche Kontext
Die wichtigste Stelle hierzu ist Lukas 17,20-21:

Und als er von den Pharisäern gefragt wurde: Wann kommt das Reich Gottes?, antwortete er ihnen und sprach: Das Reich Gottes kommt nicht so, dass man es beobachten könnte; auch wird man nicht sagen: Siehe hier! Oder: Siehe dort! Denn siehe, das Reich Gottes ist mitten unter euch.

Die Bedeutung dieses Verses ist vieldiskutiert. Die Frage lautet, was Jesus in Vers 20 mit »Reich Gottes« meint. Nicht wenige sind der Ansicht, damit habe er die jetzige, geistliche Phase des Reiches Gottes gemeint. Deshalb deuten sie die Stelle so, dass das Kommen des Reiches Gottes nicht beobachtbar sei, weil das Wesen des Reiches geistlich ist. Obwohl diese Deutung weit verbreitet ist, glaube ich nicht, dass sie richtig ist.

Die richtige Auslegung beginnt damit zu erkennen, dass die Verse 20 und 21 eng mit der nachfolgenden Rede Jesu (einem Teil der Ölbergrede) verknüpft sind. Worüber redet Jesus dort? Eindeutig über seine Wiederkunft – über die Zeit, wenn das Reich Gottes künftig in Macht und Herrlichkeit kommt. Mir scheint daher klar zu sein, dass Jesu Aussage über sein Reich in Vers 20 so gemeint ist, dass er damit das künftige Kommen des Reiches in Herrlichkeit meint. Außerdem dachten auch die Pharisäer in Vers 20 eindeutig an dieses Kommen des Reiches, als sie dieses Thema ansprachen. Ich glaube, dass Jesus damit das meint, was auch ein Griechisch-Wörterbuch erklärt: Das Königreich Gottes kommt nicht »auf eine Weise, dass sein Aufstieg beobachtet werden könne.«[88] Mit anderen Worten: sein Erscheinen wird abrupt, plötzlich und dramatisch sein. Das ist der Sinn von Vers 21b: »Denn siehe, das Reich Gottes ist [in der Person Jesu] mitten unter euch.«

Nun müssen wir ein Schlüsselwort näher betrachten. Das in Vers 20 mit »beobachten« übersetzte griechische Wort bedeutet »sorgfältig achtgeben«. Es wird benutzt, um zu beschreiben, wie die Juden Jesus *auflauerten*, um zu sehen, ob er am Sabbat heilen würde (Mk 3,2; Lk 6,7; 14,1). Es wird für die »*Aufpasser*« benutzt, die Jesus sorgfältig beobachteten, um ihn bei einem falschen Wort zu ertappen (Lk 20,20). Es wird für die Juden verwendet, die sich gegen Paulus in Damaskus verschworen hatten und die Tore *bewachten*, um ihn hinterrücks zu ermorden, wenn er die Stadt verließe (Apg 9,24). In Galater 4,10 bezeichnet es das sorgfältige, abergläubische *Beachten* oder *Einhalten* religiöser Feiertage. Worauf zielt dieses Wort dann hier ab? Jesus sagt damit: Egal, wie gründlich oder genau man es

---

88 William F. Arndt und F. Wilbur Gingrich, *A Greek-English Lexicon of the New Testament and Other Early Christian Literature* (Chicago: The University of Chicago Press, 1971), S. 628.

beobachtet – niemand wird jemals die Zeit der Wiederkunft Christi vorhersagen können.

Keine historische Forschung, keine Himmelsbeobachtung und nicht einmal das scharfsinnigste Bibelstudium wird jemals auch nur einen Hinweis darauf ergeben, zu welcher Zeit Jesus in Herrlichkeit wiederkommt.

Die zweite Stelle, die man als Teil des weiteren neutestamentlichen Kontexts von Matthäus 24,36 beachten muss, ist Apostelgeschichte 1,6f:

> Sie nun, als sie zusammengekommen waren, fragten ihn und sagten: Herr, stellst du in dieser Zeit für Israel das Reich wieder her? Er sprach zu ihnen: Es ist nicht eure Sache, Zeiten oder Zeitpunkte zu wissen, die der Vater in seiner eigenen Vollmacht festgesetzt hat.

Die Frage der Jünger nach der Wiederherstellung des Königreichs für Israel basiert auf der alttestamentlichen Prophetie. Das Alte Testament spricht in der Tat von einer Zeit, in der »die Heiligen das Königreich in Besitz« nehmen werden (Dan 7,22). Es kann sein, dass die Jünger immer noch allzu fleischliche und nationalistische Vorstellungen darüber hatten, in welcher Weise das Königreichs für Israel wiederhergestellt wird, aber klar ist, dass ihre Hoffnung auf die Wiederherstellung auf einer festen biblischen Grundlage aufbaute (Apg 3,21; Mt 19,28). Diese Wiederherstellung wird natürlich in Verbindung mit der herrlichen Erscheinung des Messias bei seiner Wiederkunft geschehen.

Deshalb stellen die Jünger hier dieselbe Frage, die Jesus bereits in Matthäus 24,36 beantwortet hat. Es überrascht also nicht, dass Jesus ihnen auch hier ähnlich antwortet wie in Matthäus 24,36 und auf dieselbe Aussage hinweist, dass diesen Zeitpunkt nur der Vater kennt. In Matthäus 24,36 sagt er: »Von jenem Tage aber und von jener Stunde hat niemand Kenntnis, auch die Engel im Himmel nicht, auch der Sohn nicht, sondern ganz allein der Vater.« Hier sagt er: »Es ist nicht eure Sache, Zeiten oder Zeitpunkte zu wissen, die der Vater in seiner eigenen Vollmacht festgesetzt hat.« Beide Aussagen stehen eindeutig parallel zueinander, aber hier findet sich ein wichtiger Anhaltspunkt, mit dem Jesus näher erläutert, was er in Matthäus 24,36 gesagt hat: Er spricht hier nicht vom »Tag und der

Stunde«, sondern von »Zeiten oder Zeitpunkten« (wörtl. »Zeitver-
läufe«, griechisch *chrónous*, und einzelne »Zeitpunkte«, griechisch
kairoùs).

Was diese Worte auch im Einzelnen besagen mögen, sie bestätigen schlicht die Bedeutung von Matthäus 24,36, die wir oben bereits
aufgezeigt haben. Dieser Vers widerlegt somit ebenfalls die Rechenkünstler. Wenn Jesus verneint, dass wir den Tag und die Stunde wissen können, stellt er dies nicht Woche, Monat oder Jahr gegenüber.
Vielmehr verneint er, dass wir auch nur die geringste Erkenntnis über
das Datum der Ankunft Christi haben können. Uns steht weder die
Kenntnis von Tag, Stunde, noch Zeit oder Zeitpunkten zu – und
somit auch nicht von Woche, Monat oder Jahr.

Die dritte Stelle ist 1. Thessalonicher 5,1-4:

> Von den Zeiten und Zeitpunkten aber braucht man euch Brüdern
> nicht zu schreiben. Denn ihr wisst ja genau, dass der Tag des Herrn
> so kommen wird wie ein Dieb in der Nacht. Wenn sie nämlich sagen
> werden: »Friede und Sicherheit«, dann wird sie das Verderben plötz-
> lich überfallen wie die Wehen eine schwangere Frau, und sie werden
> nicht entfliehen. Ihr aber, Brüder, seid nicht in der Finsternis, dass
> euch der Tag wie ein Dieb überfallen könnte … (SCH)

Die Bedeutung dieser Stelle ist an sich ebenso klar, und auch ein
Vergleich mit Matthäus 24,36 und Apostelgeschichte 1,6-8 bestätigt
dieses Verständnis. Paulus benutzt hier dieselben beiden Worte wie
der Herr in Apostelgeschichte 1,7: »Zeiten und Zeitpunkte«. Er sagt
schlicht und einfach, dass er den Thessalonichern nichts über diese
Zeitpunkte schreiben muss, weil sie bereits wussten, dass der Tag
des Herrn unberechenbar wie ein Dieb in der Nacht kommen wird.
Der Ausdruck »wie ein Dieb in der Nacht« stammt aus Matthäus 24.
Gemeint ist einfach, dass Christus plötzlich und unerwartet kommen wird.

Dies wird durch Vers 3 bestätigt: Die Gottlosen bestärken sich
mit den Worten »Friede und Sicherheit!«, während sie durch die Wiederkunft Christi plötzlich und unentrinnbar das Gericht ereilt. Paulus sagt somit einfach, dass er den Thessalonichern nicht schreiben
muss, zu welcher Zeit Christus wiederkommt, weil sie bereits wissen,
dass der Zeitpunkt unbekannt ist.

Zusammenfassung und praktische Anwendung

Die »Rechenkünstler« treffen immer wieder Vorhersagen, die sich als falsch erweisen. Somit ähneln sie falschen Propheten, und wir können auf solche Irrlehrer durchaus die Warnungen von 5. Mose 18,20f anwenden.

5. Mose 18,22 gibt dem Volk Gottes Anweisung, wie es mit einem falschen Propheten umgehen soll: »Du sollst dich vor ihm nicht fürchten!« Dies gilt auch für die heutigen Rechenkünstler. Fürchtet euch nicht vor ihnen! Lasst euch nicht durch sie beunruhigen! Lasst euch nicht durch sie verunsichern! Lasst euch nicht durch sie erschüttern! Achtet nicht auf sie! Beachtet ihre Vorhersagen überhaupt nicht! Mögen sie noch so gelehrsam oder dogmatisch überzeugt reden – lasst euch durch sie einfach nicht verunsichern!

5. Mose 18,20 gebietet bezüglich eines falschen Prophet: »Dieser Prophet muss sterben.« Falsche Propheten mussten im Alten Testament getötet werden. Wir leben nicht mehr im Zeitalter des Alten Testaments. Zwar sollen wir diese falschen Propheten nicht mehr buchstäblich töten, aber wir sollten alles uns mögliche tun, um ihren Einfluss zu »töten«. Wir müssen sie widerlegen, anprangern, vor ihnen warnen und an ihnen Gemeindezucht üben (Röm 16,17; Tit 1,9-11; 3,10).

Warum ist dies eine wichtige Pflicht für uns, die wir beherzigen müssen? Solche Irrlehrer sorgen dafür, dass bibeltreues Christentum öffentlich in Verruf gerät. Sie verführen unreife Gläubige und verleiten sie zur Sünde. Sie bringen Hohn und Spott über die Lehre der Wiederkunft Christi. Die Leute hören von solchen Datumsberechnungen der Wiederkunft und sagen sich: »Schon wieder diese verrückten Christen!« Wir müssen den Leuten sagen, dass auch wir die Meinung vertreten: Wer solche Bücher schreibt und Behauptungen verbreitet – und wer ihnen glaubt –, liegt schrecklich verkehrt! Wir müssen ihnen aber auch sagen: Ein solcher Autor liegt falsch, weil die Bibel selbst ihn verdammt.

5. Mose 18 enthält auch ein Gebot über den wahren Propheten, und zwar in Vers 19: »Der Mann, der nicht auf meine Worte hört, die er [der wahre Prophet] in meinem Namen reden wird, von dem werde ich Rechenschaft fordern.« Wenn es im alttestamentlichen Israel falsche Propheten gab, dann heißt das nicht, dass es keine wahren

Propheten gegeben hätte, auf die man hören sollte. So ist es auch heute mit falschen Vorhersagen über die Wiederkunft Christi: Dass viel Unsinn grassiert, bedeutet nicht, dass wir alles ignorieren könnten, was die Bibel über die Wiederkunft Christi lehrt. Wir dürfen all diesen Extremisten nicht gestatten, uns der »glückseligen Hoffnung« auf die Erscheinung unseres großen Gottes und Retters Christus Jesus zu berauben.

KAPITEL 19

Prätribulationismus – Wird Christus vor der Drangsal kommen?

Nehmen wir einmal an, Sie hätten plötzlich keine Bibel mehr und müssten sich anhand dessen, was in den Regalen der christlichen Buchhandlungen steht, ein Urteil bilden, was die Bibel zu dieser Frage lehrt. Aus den endlosen Regalmetern über die »Entrückung vor der Großen Drangsal« und den zahlreichen beliebten Romanen, die diese Theorie sensationsgierig unters Volk bringen (mit Titeln wie *Finale – Die letzten Tage der Erde*[89]), würden Sie vermutlich schließen, dass die »Entrückung vor der Großen Drangsal« (kurz: Vorentrückung oder Prätribulationismus) eine der allerwichtigsten Lehren der Bibel sei. Sie wären bestimmt überrascht, wenn Sie, nachdem Sie Ihre Bibel wiedergefunden hätten, diese durchforschen und entdecken würden, dass die ganze Bibel keinen einzigen Vers enthält, der die Theorie der Vorentrückung lehrt! Sie wären noch überraschter festzustellen, dass viele Schriftstellen dieser Lehre offenbar widersprechen.

Der Prätribulationismus oder die Theorie der »Geheimen Entrückung« ist die Lehre, dass Christus vor der Großen Drangsal am Ende des Zeitalters speziell für die Gemeinde kommen werde, allerdings nicht bis auf die Erde, sondern nur bis zu den Wolken. Diese Lehre ist ein besonderes Merkmal des Dispensationalismus. Die Lehre, dass Christus sowohl vor einer zukünftigen Drangsal (geheim) als auch danach (öffentlich in Herrlichkeit) kommen werde,[90]

---

89 Originaltitel: *Left Behind!*, d.h. wörtlich: »Zurückgelassen!«, von Tim LaHaye.

90 Für diese »zwei Wiederkünfte« werden im Dispensationalismus verschiedene Begriffe benutzt, aber das tut hier nichts zur Sache. Man hat viele Ausdrücke geprägt, die diesen Unterschied bezeichnen sollen. Die »zwei Ankünfte« unterscheidet man durch die Ausdrücke »die Entrückung« und »die Offenbarung« voneinander wie

rechtfertigt und begründet man mit der strikten Trennung von Israel und Gemeinde im Dispensationalismus. Wie wir noch sehen werden, wäre eine andere Begründung auch nicht möglich.

Es gibt viele Gründe, warum es nötig und wichtig ist, den Prätribulationismus zu untersuchen. Da ist erstens der dogmatische Absolutheitsanspruch, mit dem man diese Theorie vertritt und der als Konsequenz zu Spaltungen führt. Es ist weit verbreitet, dass Bekenntnisse und Satzungen evangelikaler bzw. ansonsten bibeltreuer Gemeinden und Verbände Gläubige von der Mitgliedschaft oder Leitung ausschließen, die diese Lehre nicht teilen.[91] Zweitens ist diese Lehre so weit verbreitet, dass man früher oder später damit konfrontiert wird und biblisch begründet Stellung dazu nehmen muss. Drittens: Wie wir noch sehen werden, ist diese Lehre tatsächlich die Quelle vieler gefährlicher und zerstörerischer Tendenzen der heute gängigen Eschatologie. Viertens und letztens muss man den Prätribulationismus überprüfen, weil er von theologischem Interesse ist. Er ergibt sich aus einer Ansicht, die einen bedeutenden Einfluss auf die prämillennialistische Fundamentalismus-Bewegung Anfang des 19. Jahrhunderts hatte, nämlich dass die Wiederkunft Christi unmittelbar bevorstehe. Hierzu ist aufschlussreich, was ein Autor feststellt:

Doch vielleicht noch wichtiger war das beständig wiederholte Argument der Prätribulationisten: Wenn die Hoffnung auf Christi Wiederkunft es überhaupt wert sei, Hoffnung genannt zu werden, müsse sie imminent sein. Wenn jemand glaubt, dass erst eine Zeit der Drangsal kommen müsse, bevor Christus kommt, dann – so sagte man – könne er sich nicht auf die Wiederkunft freuen, sondern müsse erst noch großes Leid erwarten. Es ging weniger um die Frage, welche der ver-

---

auch durch die Begriffe »Christi Kommen *für* seine Heiligen« und »sein Kommen *mit* seinen Heiligen«.

91 So heißt es z. B. im Glaubensbekenntnis der Konferenz für Gemeindegründung (KfG): »Die Entrückung der Gemeinde ist eine jederzeit mögliche Tatsache (1Thess 4,16-17). Der Herr Jesus Christus wird vor der Trübsalszeit kommen, um die Gemeinde hinwegzunehmen. Nach der Zeit der Großen Trübsal wird er sichtbar kommen, um die Völker zu richten (Mt 25,31-46) und auf der Erde das tausendjährige Reich aufzurichten (Offb 20,1-6)« (http://www.kfg.org/de/glaubensbekenntnis. htm, Punkt 11; Stand vom 15.7.2013). Mitgliedschaft ist nur bei Zustimmung möglich (Anm. des dt. Herausgebers).

schiedenen Positionen biblisch zu rechtfertigen ist, vielmehr war der
Prätribulationismus für jene amerikanischen Christen, die sich vom
Chiliasmus angezogen fühlten, einfach attraktiver.[92]

Obwohl man den Prätribulationismus nur durch die dispensationalistische Trennung zwischen Israel und der Gemeinde begründen
kann, war die treibende Kraft, die diese Lehre erschuf, aller Wahrscheinlichkeit nach diese »imminente« Hoffnung der Prämillennialisten des 19. Jahrhunderts.

In diesem Kapitel werden wir nun zunächst Argumente *gegen* den
Prätribulationismus präsentieren und im nächsten Kapitel Argumente *für* den Prätribulationismus prüfen.

Argumente gegen den Prätribulationismus

Die Einheit von Israel und der Gemeinde
In Kapitel 13 hatten wir bereits zwingende biblische Gründe dafür
untersucht, warum die dispensationalistische Trennung zwischen Israel und der Gemeinde falsch ist. Zwar ist die Gemeinde Israel überlegen (Kapitel 14), doch es besteht eindeutig eine grundsätzliche Einheit und Kontinuität zwischen Israel und der Gemeinde. Wir sahen
in Kapitel 13, dass die Gemeinde zweifellos das neue und wahre Israel
Gottes ist. Wenn aber die Gemeinde das neue Israel Gottes ist, entzieht dies dem Prätribulationismus jegliche Grundlage, und zwar in
dreierlei Hinsicht:

Erstens widerlegt die Kontinuität zwischen Israel und Gemeinde die Grundannahme des Prätribulationismus, dass Gott abwechselnd entweder an der Gemeinde oder an Israel handle. Den scharfen
Schnitt zwischen dem Gemeindezeitalter und der Großen Drangsal
kann man nur dann aufrechterhalten, wenn man genauso strikt zwischen Israel und der Gemeinde trennt. Eine solche Trennung aber
lehrt die Bibel nicht. Auf der nächsten Seite findet sich eine verein-
fachte Darstellung, wie der Dispensationalismus das abwechselnde
Handeln Gottes an Israel und der Gemeinde versteht.

Dieses dispensationalistische Schema des abwechselnden Handelns Gottes mit Israel und der Gemeinde bricht in sich zusammen,

---

92 Ernest Sandeen, *The Roots of Fundamentalism*, S. 220-221.

Handelt Gott abwechselnd mit verschiedenen Völkern?

Die Haushaltung des Gesetzes	Das Zeitalter der Gemeinde	Die Große Drangsal
Gott handelt an Israel	Gott handelt an der Gemeinde	Gott handelt an Israel

wenn die Bibel lehrt, dass die Gemeinde die Fortsetzung Israels bzw. das neue Israel Gottes ist.

Zweitens: Wenn die Bibel die Kontinuität von Israel und Gemeinde lehrt, dann wird die wichtigste Begründung für die Theorie der »Geheimen Entrückung« hinfällig. Eine der Säulen des Prätribulationismus ist das Argument, dass die Gemeinde vor der Großen Drangsal aus der Welt genommen werde. Diese Hinwegnahme aus der Welt liefert die praktische Begründung der Vorentrückungslehre. Dennoch glauben Prätribulationisten, dass während der Großen Drangsal Gläubige auf der Erde leben und viele Menschen gerettet werden. Wenn man aber keine strikte Trennung zwischen Israel und der Gemeinde vertritt, dann gehören solche Gläubigen zur Gemeinde (zu dem Volk, das Jesus am Kreuz als sein Eigentum erwarb). Wenn sie aber zur Gemeinde gehören, dann zerstört dies die praktische Begründung für die Vorentrückung: die Bewahrung der Gemeinde vor der Drangsal! Ohne die dispensationalistische Trennung zwischen Israel und der Gemeinde wird das gesamte Konzept der Vorentrückung hinfällig.

Drittens: Die Kontinuität zwischen Israel und Gemeinde widerlegt die einzige hermeneutische Verteidigung des Prätribulationismus. Mit anderen Worten: Nur die scharfe Trennung zwischen Israel und der Gemeinde erlaubt Prätribulationisten, viele Bibelstellen so zu erklären, dass sie im Einklang mit ihrer Theorie stehen.

Lukas 17,22-37, wo eindeutig von der Wiederkunft Christi die Rede ist, liefert ein passendes Beispiel dafür. Eine Entrückung im Sinne des Prätribulationismus passt in diese Schriftstelle offensichtlich nicht hinein. Das Kommen Christi ist weltweit sichtbar (V. 23f). Es bringt sofortiges Verderben über die Gottlosen (V. 28-30). Und es ist sein Kommen, das die Jünger Christi betrifft (V. 22; vgl. V. 31-35). Prätribulationisten erkennen diese Tatsache an. Darum erklären sie, dass Christus hier zu seinen Jüngern nicht als Repräsentanten der Gemeinde sprach, sondern als Repräsentanten des erretteten jüdischen Überrests (die prätribulationistische Auslegung betrachtet die Jünger Christi in den Evangelien ohnehin gewöhnlich als Repräsentanten Israels und nicht der Gemeinde). Zu dieser Behauptung könnte man viele Einwände erheben, einer liegt jedoch sofort auf der Hand: Wenn es gar keine scharfe Trennung zwischen Israel und der Gemeinde gibt, dann fällt die aus prätribulationistischer Sicht einzig mögliche Erklärung dieser Stelle weg.

Die offensichtliche Beziehung zwischen Wiederkunft, Entrückung und Drangsal an den Stellen, die sich ausdrücklich darauf beziehen

Kann man die Drangsal, die an einigen Stellen in den Evangelien erwähnt wird, überhaupt mit der »kurzen Zeit« in der Offenbarung (Offb 20,3; vgl. 6,11; 12,12; 17,10) bzw. der letzten Drangsal am Ende des Zeitalters gleichsetzen? Die meisten, wenn nicht alle Prätribulationisten setzen diese Stellen über Drangsal gleich, und das eröffnet eine noch größere Angriffsfläche auf ihre Auffassung. Wenn die Prätribulationisten mit dieser Gleichsetzung Recht haben, sollten wir erwarten, in der Bibel Stellen zu finden, die eindeutig die prätribulationistische Reihenfolge der Ereignisse aufweisen: zuerst das Kommen Christi und die Entrückung der Gläubigen und dann die letzte Drangsal. Interessanterweise finden wir diese Reihenfolge an keiner Schriftstelle. Vielmehr stoßen wir auf zahlreiche Stellen, die das Gegenteil lehren.

Matthäus 24,29-31 ist ein gutes Beispiel für dieses Problem. Prätribulationisten setzen die in Matthäus 24,14-28 genannte Drangsal mit dem gleich, was sie *die Große Drangsal* nennen. Dies stellt ein Problem für sie dar, weil hier weder das Kommen Christi noch die Entrückung erwähnt wird, die angeblich vor dieser Drangsal stattfinden. Die Reihenfolge dieses Abschnitts ist klar: zunächst die Drangsal und danach (V. 29-31) die Sammlung der Gläubigen beim Kommen Christi.

Auch das gesamte Buch der Offenbarung stellt Prätribulationisten durchgängig vor ein ähnliches Problem. Das typische dispensationalistische und prätribulationistische Verständnis der Offenbarung lautet folgendermaßen:

Kapitel 1-3	Kapitel 4-18	Kapitel 19	Kapitel 20	Kapitel 21-22
Das Zeitalter der Gemeinde	Die Große Drangsal	Die Wiederkunft Christi	Das tausendjährige Reich	Die Ewigkeit

Nehmen wir einmal an, dieses Schema sei korrekt, dann ist die Reihenfolge eindeutig: das Zeitalter der Gemeinde (ohne dass eine Entrückung vor der Drangsal gelehrt würde), die Drangsal und die Wiederkunft (die in der ersten Auferstehung mündet). Auch hier ist die Reihenfolge alles andere als prätribulationistisch.[93]

2. Thessalonicher 2,1-12 stellt für die Vorentrückungslehre das größte Problem dar. Bei den Ereignissen, die in 2. Thessalonicher 2 erwähnt werden (der Abfall und das Auftreten des »Menschen der Gesetzlosigkeit« usw.), handelt es sich wohl tatsächlich um die Drangsal bzw. »kurze Zeit« am Ende dieses Zeitalters. Doch auch hier ist die Reihenfolge offenkundig. Die Drangsal mit dem Abfall und dem Antichristen kommt zuerst. Erst danach folgt die Entrückung (das Kommen Christi und das »Versammeltwerden der Heiligen zu ihm«).[94] Das geht besonders klar aus Vers 1-3 hervor:

> Wir bitten euch aber, Brüder, wegen der Ankunft unseres Herrn Jesus Christus und unserer Vereinigung mit ihm, dass ihr euch nicht

---

93 Manche Prätribulationisten erkennen dieses Problem. Sie versuchen deshalb, die »geöffnete Tür am Himmel« und die Aufforderung an Johannes: »Komm hier herauf!« (Offb 4,1) so zu verstehen, dass dies bildlich, typologisch oder geistlich für die geheime Entrückung stünde. Das ist allerdings eher Eisegese (Hineinlegung) als Exegese (Auslegung) und schiebt dem Text die Bedeutung unter, die das eigene System erfordert. Gleiches gilt für die Instrumentalisierung von Offenbarung 3,10 (Kapitel 20 geht noch ausführlich auf diesen Vers ein). Außerdem argumentieren die Prätribulationisten, das Wort »Gemeinde« komme ab Offenbarung 4 nicht mehr vor. Auch dieses Argument überzeugt nicht, wenn man Wert auf gesunde Schriftauslegung legt, die sich aus dem Bibeltext herleitet. Mit derselben »Auslegungsregel« könnte man behaupten, Israel würde nach Offenbarung 7,4 entrückt, denn das Wort »Israel« kommt ab dann auch nicht mehr vor (Anm. teilweise ergänzt vom dt. Herausgeber).

94 Eine ausführlichere Erklärung dieser Stelle folgt später in diesem Kapitel.

schnell in eurem Sinn erschüttern, auch nicht erschrecken lasst, weder durch Geist noch durch Wort noch durch Brief, als seien sie von uns, als ob der Tag des Herrn da wäre. Dass niemand euch auf irgendeine Weise verführe! Denn dieser Tag kommt nicht, es sei denn, dass zuerst der Abfall gekommen und der Mensch der Gesetzlosigkeit offenbart worden ist, der Sohn des Verderbens ...

Die Reihenfolge ist klar: zuerst die Drangsal (der Abfall), dann Wiederkunft und Vereinigung. Sicher sollten diese Stellen – die einzigen im Neuen Testament, wo Ankunft, Entrückung und Drangsal gemeinsam erwähnt werden – kaum eine Frage zu diesem Thema offen lassen. Zumindest aber sprechen sie eher für den *Post*tribulationismus, also für die Ansicht, dass die Ankunft Christi und die Entrückung der Heiligen *nach* der letzten Drangsal geschehen.

Wie Paulus die Thessalonicher über das Thema systematisch belehrt

Der erste und der zweite Brief an die Thessalonicher belehren uns beide klar und ausführlich über die Wiederkunft Christi. Ihre Lehre steht jedoch in deutlichem Widerspruch zum Prätribulationismus.

Wir werden die Lehre des Paulus in diesen beiden Briefen etwas ausführlicher betrachten. Es gibt eine Reihe guter Gründe dafür, den Schwerpunkt darauf zu legen. Erstens akzeptieren selbst die extremsten Dispensationalisten, dass beide Thessalonicherbriefe für die Gemeinde maßgeblich sind (was sie nicht für alle neutestamentlichen Briefe anerkennen). Zweitens glauben Prätribulationisten, dass 1. Thessalonicher 4,13-18 *die* klassische Stelle über die Entrückung ist. Drittens enthalten beide Thessalonicherbriefe die detaillierteste systematische Darstellung der paulinischen Lehre zur Wiederkunft Christi. Es gibt zwar noch andere bedeutende Texte hierzu wie z. B. 1. Korinther 15, doch die beiden Thessalonicherbriefe sind in ihrer Bedeutung und Klarheit einzigartig, weil Paulus darin *eine* Gemeinde in *ein* und derselben Situation unterweist. Was Paulus den Thessalonichern schreibt, muss man als Ganzes verstehen; und wenn es eine einheitliche Gesamtlehre ist, erhellt dies unser Thema enorm. Bei der Untersuchung dieser Lehre werden wir die drei wichtigsten Stellen der Reihe nach untersuchen: 1. Thessalonicher 4,13 – 5,11, dann 2. Thessalonicher 1,4-10 und schließlich 2. Thessalonicher 2,1-12.

1. Thessalonicher 4,13 – 5,11

Diese Stelle wollen wir mithilfe fünf exegetischer Fragen betrachten.

Die erste dieser Fragen wollen wir *das Problem der Thessalonicher* nennen. Allgemein dient diese Stelle eindeutig dazu, die Thessalonicher zu trösten und zu ermutigen, weil gläubige Angehörige von ihnen verstorben waren. Mit diesem Thema des Trostes aufgrund von Todesfällen beginnt und schließt der Abschnitt (4,13.18; 5,11). Dies führt zu der Frage: Worin genau lag das lehrmäßige Problem, das dazu führte, dass die Thessalonicher betrübt waren »wie die Übrigen, die keine Hoffnung haben« (4,13)? Bei der Beantwortung dieser Frage müssen wir vermeiden, die klaren Aussagen dieser Stelle zu verdrehen, um sie einer spekulativen Ansicht darüber anzupassen, welches Problem genau Paulus hier anspricht.[95]

Für ein besseres Verständnis der Stelle ist es aber hilfreich, wenn wir uns ein klares Bild darüber machen können, welches Missverständnis die Thessalonicher beunruhigte. Ein solches Bild ergibt sich, wenn wir die erste und die letzte Aussage von Paulus genau untersuchen. Laut 4,13 ging es bei dem Problem darum, was mit den Gläubigen geschieht, die vor der Wiederkunft Christi sterben. Am Anfang von Vers 14 sagt Paulus, dass Gott »die Entschlafenen durch Jesus mit ihm bringen«, d.h. sie beim Kommen Christi von den Toten wieder zum Leben erwecken wird, weil sie in Christus sind. Paulus sichert den Thessalonichern dann zu, dass der Tod alles andere als Grund zur Trauer ist, sondern vielmehr ein Gewinn (V. 15f). In Kapitel 5 kommt Paulus in Vers 10 wieder zum Anfangsthema des Abschnitts zurück, wo er abermals zusichert: Ob wir wachen oder schlafen – wenn Christus wiederkommt, wird in ihm das Auferstehungsleben unser sein. All dies zeigt, dass die Thessalonicher offenbar daran zweifelten, dass die verstorbenen Gläubigen wirklich auferstehen werden.

Manche halten es für unwahrscheinlich, dass es sich beim Problem der Thessalonicher um die Auferstehung der Gläubigen handeln könnte. Sie argumentieren: Eine derart grundlegende Lehre konnte man unmöglich anzweifeln. Es gibt jedoch Gründe dafür, diesen Einwand abzulehnen und anzunehmen, dass Paulus hier das meint, was der natürliche Sinn seiner Worte nahelegt:

---

95 Vgl. Robert H. Gundry, *The Church and The Tribulation* (Grand Rapids: Zondervan, 1973), S. 100.

1. Der Lehrdienst von Paulus in Thessalonich war zwar effektiv, aber kurz und wurde gewaltsam und abrupt unterbrochen (Apg 17,1f).

2. Da die intellektuell geprägt Griechen eine leibliche Auferstehung rundweg ablehnten (Apg 17,32), musste Paulus sehr deutlich über dieses Thema lehren, um alle Missverständnisse und Zweifel auszuräumen.

3. In 1. Thessalonicher 4,13 schließt Paulus nachdrücklich aus, dass man das Problem verharmlosen könnte: »Wir wollen euch aber, Brüder, nicht in Unkenntnis lassen über die Entschlafenen, damit ihr nicht betrübt seid *wie die Übrigen, die keine Hoffnung haben.*« Diese Aussage ist eindeutig. Paulus löst das Problem der Thessalonicher, indem er ihre Wissenslücken schließt und erklärt: Während der Ankunft (*parousia*) Christi geschehen die Auferstehung der verstorbenen Christen und die Entrückung der lebenden Gläubigen nicht nur in einer bestimmten Reihenfolge, sondern auch direkt nacheinander.

Die zweite exegetische Fragestellung betrifft die »*akustischen Signale*« *des Herabkommens.* Jeder Prätribulationist glaubt und muss glauben, dass 1. Thessalonicher 4,13-18 von der *heimlichen* Entrückung der Gemeinde vor der Großen Drangsal spricht. Wenn die Entrückung aber heimlich geschieht, müsste man die Weise, wie Paulus dieses Thema in Vers 16 darstellt, wohl als irreführend bezeichnen. Der Befehlsruf des Herrn, die Stimme des Erzengels und die Posaune Gottes dienen anscheinend doch eher dazu, die Toten aufzuwecken statt die Vorstellung zu fördern, all das geschehe heimlich. Wenn man außerdem den biblischen Hintergrund dieser Dinge untersucht, häufen sich die Beweise dafür, dass die Entrückung nach der Drangsal stattfindet. Robert Gundry schreibt dazu:

> Der Posttribulationismus punktet durch die Parallele zwischen dem »starken Posaunenschall« in Mt 24,27-31, wodurch betont wird, dass die Ankunft nach der Drangsal öffentlich geschieht, und der »Stimme« und »Posaune« in 1Thes 4,16. Es gibt auch guten Grund dafür, die »Stimme des Erzengels« (vermutlich Michael, der einzige in der Bibel namentlich genannte Erzengel) mit der Auferstehung der alttestamentlichen Heiligen in Verbindung zu bringen. Michael steht in Daniel 10,21 und 12,1f in besonderer Verbindung zu Israel, und an der

letztgenannten Stelle auch in engem Zusammenhang mit der Auferstehung. Wenn die Auferstehung und Verwandlung der Gemeinde gleichzeitig mit der Auferstehung der alttestamentlichen Heiligen geschieht, wie der Ausdruck »Stimme des Erzengels« andeutet, dann wird die Entrückung nach der Drangsal stattfinden, denn die Auferstehung der alttestamentlichen Heiligen wird erst nach der Drangsal geschehen (Jes 25,8; 26,19; Dan 12,1-3.13).[96]

Die dritte exegetische Fragestellung betrifft *die Begegnung in der Luft.* In 4,17 steht die berühmte Erklärung des Paulus, dass die Gläubigen *dem Herrn in der Luft begegnen* werden. Prätribulationisten meinen, dies bedeute, dass Christus und die Gemeinde nach dieser Begegnung gemeinsam in den Himmel zurückkehren. Tatsächlich wird dies weder ausdrücklich noch implizit gesagt. Vielmehr bedeutet das hier im Original stehende griechische Wort *apántēsis* (zur Begegnung, manche übersetzen »entgegen«) das genaue Gegenteil. F. F. Bruce schreibt:

> Wenn zur Zeit des Hellenismus ein Würdenträger einer Stadt einen offiziellen Besuch (eine *parousia*) abstattete und die führenden Bürger der Stadt ihm entgegen gingen, um ihn auf der letzten Wegstrecke seiner Reise zu geleiten, nannte man dies *apantesis* …[97]

Gundry schreibt zur Bedeutung dieses Wortes: »Dieser Beiklang weist darauf hin, dass wir zu Christus emporgehoben werden, um ihn anschließend zur Erde zu geleiten.«[98] Diese Bedeutung von »zur Begegnung« oder »ihm entgegen« (*apantesis*) wird durch die Art und Weise bestätigt, wie dieser Ausdruck an anderen Stellen im Neuen Testament benutzt wird. In Matthäus 25,1.6 ist von zehn Jungfrauen die Rede, die darauf warten, dem Bräutigam entgegen zu gehen und dann mit ihm zur Hochzeitsfeier zurückzukehren. Noch deutlicher lesen wir in Apostelgeschichte 28,15 davon, wie die Brüder Paulus entgegen gehen, um ihn auf den letzten Meilen seiner Reise nach Rom zu geleiten. Wenn das Wort diese Bedeutung hat, dann ist die

---

96 Gundry, *The Church and The Tribulation*, S. 104.
97 F. F. Bruce, *1 & 2 Thessalonians*, Word Biblical Commentary Bd. 45 (Waco: Word, 1982), S. 102.
98 Gundry, *The Church and The Tribulation*, S. 104.

Theorie der Entrückung vor der Großen Drangsal damit völlig unvereinbar, weil dabei nicht die Gläubigen dem Herrn zur Begegnung
entgegen kämen, sondern der Herr den Gläubigen, um sie in den
Himmel zu geleiten.

Die vierte exegetische Fragestellung ist die Verbindung zu Kapitel 5. Ich meine damit natürlich die enge Verbindung der Lehre von
1. Thessalonicher 4,13-18 mit der von Kapitel 5,1-11. Durch die be-
kanntlich nicht inspirierte Kapiteleinteilung haben manche den Eindruck gewonnen, dass es in 1. Thessalonicher 5 ab Vers 1 um ein ganz
anderes Thema geht als in Kapitel 4,13-18. Diese Auffassung ist zwingend nötig, um 1. Thessalonicher 4,13-18 prätribulationistisch deuten
zu können. Eine solche Deutung ist allerdings unhaltbar, und zwar
aus mehreren Gründen:

1. Die Artikel in 1. Thessalonicher 5,1 verbieten diese Zäsur, da sie
   5,1f mit dem vorangehenden Text verbinden. Paulus schreibt: »*die*
   Zeiten und *die* Zeitpunkte«. Die Artikel zeigen, dass Paulus offenbar weiterhin von der Parusie Christi spricht. Er bezieht sich
   auf eben die »Zeiten und Zeitpunkte«, die er gerade zuvor erör-
   tert hat. Der Artikel wird hier eindeutig dazu verwendet, um die
   »Rückbeziehung ... auf Erwähntes« zu bezeichnen.[99]
2. Prätribulationisten trennen Kapitel 4,13-18 von Kapitel 5, um
   zu behaupten, im ersten Abschnitt ginge es um die Parusie und
   im zweiten um den Tag des Herrn. Dies setzt voraus, dass dies
   zwei verschiedene Ereignisse sind. Mit »Tag des Herrn« wird jedoch eben jenes Ereignis bezeichnet, von dem in 4,13-18 die Rede
   ist. Man beachte, dass die fünffache Verwendung von »Herr« in
   4,13-18 zum Ausdruck »Tag des Herrn« in 5,2 hinführt und diesen
   antizipiert.
3. Dieser vermeintliche Unterschied zwischen der Parusie und dem
   Tag des Herrn setzt voraus, dass die Gemeinde nichts mit dem Tag
   des Herrn zu tun hätte, weil die Gemeinde bei der Entrückung vor
   der Großen Drangsal aus der Welt genommen würde, bevor der
   Tag des Herrn kommt. Das ist jedoch nicht, was 5,4-6 lehrt. Paulus

---

99 Friedrich Blass, Albert Debrunner und Friedrich Rehkopf, *Grammatik des neutestamentlichen Griechisch* (Göttingen: Vandenhoeck und Ruprecht, 1990), Anm. 2 zu
§ 252, S. 202.

wählt seine Worte sehr bedacht: »Ihr aber, liebe Brüder, lebt nicht in Finsternis, dass der Tag (des Herrn) euch wie ein Dieb *überraschen* könnte« (MEN). Die Ermahnung von Vers 6, wachsam und nüchtern zu sein, bedeutet, dass die Gläubigen den Tag des Herrn sehnlichst erwarten müssen. Der Tag des Herrn kommt zwar sowohl für die Gläubigen als auch für die Ungläubigen wie ein Dieb, aber er *überrascht* die Gläubigen nicht wie ein Dieb.

Folglich muss man den Tag des Herrn mit der Parusie von Kapitel 4,13-18 gleichsetzen. Dies jedoch hat für den Prätribulationismus verheerende Folgen. Es bedeutet, dass ein und dieselbe Parusie, bei der für die Gemeinde die Auferstehung und Entrückung geschieht, über die Gottlosen »plötzliches Verderben« bringt (V. 3) und sie wie ein Dieb in der Nacht *überrascht* (V. 2).

Die fünfte und letzte exegetische Fragestellung betrifft den Zeitpunkt des Tages des Herrn. Paulus schreibt in 1. Thessalonicher 5,1-2, dass die Thessalonicher es nicht nötig haben, über den Zeitpunkt der Parusie schriftlich unterwiesen zu werden. Dies war zweifellos deshalb so, weil er sie zuvor mündlich darüber belehrt hatte, als er ihnen in Thessalonich diente. Erfreulicherweise lässt Paulus uns nicht im Unklaren darüber, was er die Thessalonicher während dieser Zeit gelehrt hat. Er führt das, was sie schon wissen, in 5,2-4 weiter aus. Diese Verse geben uns zwei Informationen über den Zeitpunkt des Tages des Herrn.

1. Die Verse 2 und 3 zeigen, dass die Gottlosen diesen Tag überhaupt nicht erwarten und er sie in einem Zustand fleischlicher Sicherheit überraschen wird. Das wird durch die Analogie zu einem Dieb in der Nacht verdeutlicht. Der Vergleich mit einem Dieb kommt auch in einem ähnlichen Kontext in Matthäus 24,36-44 vor (s. besonders Mt 24,37-39). 1. Thessalonicher 5,3 vermittelt dasselbe Bild. Man beachte, dass die Gottlosen *sagen:* »Frieden und Sicherheit«, und nicht verzweifelt nach Frieden und Sicherheit verlangen (vgl. ähnlich Jer 6,14 und 8,11). Mit anderen Worten: Vers 3 sagt nicht, dass die Menschen in Furcht und Schrecken nach Frieden und Sicherheit schreien; vielmehr ist von fleischlichen Menschen die Rede, die einander zu Frieden und Sicherheit gratulieren, die sie vermeintlich erlangt haben.

2. Vers 4 zeigt, dass die Gemeinde wachsam und bereit für den Tag des Herrn sein wird: »Ihr aber, liebe Brüder, lebt nicht in Finsternis, dass der Tag (des Herrn) euch wie ein Dieb überraschen könnte.« Dann wird der Tag nicht wie ein Dieb über sie kommen (Mt 24,42-44).

2. Thessalonicher 1,4-10

Das ist die nächste wichtige Stelle, die zeigt, wie Paulus die Thessalonicher systematisch über die Wiederkunft belehrt hat. Diese Passage wird beim Thema Prätribulationismus oft übersehen. Im Kontext von 1,4 lobt Paulus die Thessalonicher dafür, dass sie inmitten von Verfolgung an ihrem Glauben festgehalten haben. In Kapitel 1,5 fügt Paulus ermutigend hinzu, dass solche Leiden ein Anzeichen dafür sind, dass sie die künftige Herrlichkeit erben werden. In 1,6-7a fährt er dann fort zu beschreiben, worin das gerechte Gericht Gottes bestehen wird, das er in Vers 5 genannt hat: Gott wird denen, welche die Gläubigen von Thessalonich bedrängt haben, dieses Unrecht mit Bedrängnis vergelten (V. 6). Außerdem wird Gott seinem leidenden Volk, wozu auch die Thessalonicher ebenso wie Paulus und dessen Mitarbeiter zählen (1Thes 1,1), Ruhe schenken.

Nun kommt Paulus in Vers 7b zum entscheidenden Punkt, wo er uns ausdrücklich sagt, wann all dies geschehen wird: dann, »wenn der Herr Jesus sich vom Himmel her mit den Engeln seiner Macht in loderndem Feuer offenbart« (MEN). Damit meint Paulus schlicht und einfach: Das Ereignis, das der bedrängten Gemeinde Gottes Ruhe verschafft, ist die Offenbarung des Herrn Jesus, die über die Gottlosen augenblicklich Verderben bringt. Es ist absolut keine Möglichkeit denkbar, wie man dies mit dem Prätribulationismus vereinbaren könnte:

1. Die meisten Prätribulationisten erkennen an, dass die »Offenbarung des Herrn Jesus« (1,7) nach der Drangsal stattfindet – aus dem einfachen Grund, dass eine Offenbarung wohl kaum eine »geheime Entrückung« sein kann.
2. Die Offenbarung Christi bedeutet sofortiges und ewiges Verderben für die, die das Volk Christi verfolgen (1,8-9).
3. Die Offenbarung Christi beendet die Verfolgung der Gemeinde (1,6-7.10). Somit ist die Gemeinde immer noch auf Erden und

wird immer noch so lange verfolgt, bis Christus offenbar wird. Es gibt für den Prätribulationismus keine Möglichkeit, diesem Dilemma zu entkommen.

2. Thessalonicher 2,1-12

Diese Schriftstelle ist der letzte der drei Hauptzeugen für die systematische Belehrung der Thessalonicher durch Paulus. In Vers 1 nennt der Apostel das *Hauptthema* dieses Abschnitts: »… wegen der Ankunft unseres Herrn Jesus Christus und unserer Vereinigung mit ihm«. Die Parusie Christi und die Versammlung der Christen zu Christus hin betrachtet Paulus hier als ein einziges Ereignis, das zu einem einzigen Zeitpunkt stattfindet. Vier Gründe zwingen zu diesem Schluss:

1. In 1. Thessalonicher 4,13-18 hat Paulus schon mit deutlichen Worten gelehrt, dass die Parusie Christi und die Entrückung und Auferstehung der Christen direkt aufeinander folgen und keineswegs (etwa durch eine siebenjährige Zwischenperiode) voneinander getrennt werden können. Das Wort für »Ankunft«, das hier in 2. Thessalonicher 2,1 benutzt wird, ist *parousia*.

2. Die Worte »Ankunft« und »Vereinigung« werden durch einen einzigen Artikel miteinander verknüpft. Das »bedeutet, dass diese beiden Dinge als Teile eines einzigen, gewaltigen Ereignisses … eng miteinander verbunden sind.«[100]

3. Nach Vers 1 wird die Vereinigung mit Christus in diesem Abschnitt nicht mehr erwähnt oder näher erklärt. Doch in Vers 1 sagt Paulus ja, das er genau dieses Thema hier behandeln möchte. Das verdeutlicht, dass er beides – Ankunft und Vereinigung – als ein einziges Ereignis ansieht.

4. Die Reihenfolge ist bedeutsam: erst die Parusie, dann die Vereinigung. Das ist auch die Reihenfolge in 1. Thessalonicher 4,13-18.

Die Vorstellung, dass die Parusie nach der Drangsal geschehe, die Vereinigung aber davor, steht hierzu im Widerspruch. Was das für unser Thema bedeutet, ist klar. An dieser Stelle werden die Parusie

---

100 Leon Morris, *The First and Second Epistles to the Thessalonians* (Grand Rapids: Eerdmans, 1959), S. 214.

und die Vereinigung, die ein einziges, unteilbares Ereignis darstellen, eindeutig nach dem großen Abfall (V. 3) und dem Erscheinen des Antichristen (V. 8) eingeordnet – das sind Ereignisse, die aber nach dem Prätribulationismus während der letzten Großen Drangsal geschehen.

Den *genauen Anlass* für diese Belehrung nennt Paulus in 2,2. Er schrieb die Worte dieses Kapitels nieder, um Verirrungen entgegenzutreten, die die Gemeinde in Thessalonich zu beunruhigen begannen. Es gab eine praktische Verirrung, die aus einer lehrmäßigen Verirrung hervorging. Die praktische Verirrung wird so beschrieben: »dass ihr euch nicht schnell in eurem Sinn erschüttern, auch nicht erschrecken lasst«. Das Problem bestand anscheinend in einer übermäßigen Aufregung, die zu eben jenem undisziplinierten, arbeitsscheuen Lebenswandel führte, der in 2. Thessalonicher 3,6-12 getadelt wird.

Die zugrundeliegende lehrmäßige Verirrung wird in 2,2 ebenfalls deutlich. Der Ursprung dieses lehrmäßigen Problems lag in dem Gerücht, das Paulus nun erwähnt: dass »der Tag des Herrn schon da wäre«. Was die meisten Bibelausgaben mit »schon da wäre« wiedergeben, ist im griechischen Grundtext ein Verb im Perfekt, das für sich genommen mehrdeutig ist. Buchstäblich übersetzt hieße es: der Tag des Herrn »ist gekommen«. Man hat lang und breit darüber gestritten, was genau der Ausdruck »ist gekommen« hier bedeute. Bedeutet er, der Tag des Herrn »stehe unmittelbar bevor« (so z. B. GNB und KJV) oder »ist schon da«? Er bedeutet eindeutig das Letztere. Die Gründe dafür sind:

a) Der Ausdruck steht im Perfekt. Dies bedeutet im Griechischen, dass die Handlung des Verbs in der Vergangenheit geschehen ist und dauerhafte Folgen für die Gegenwart hat.

b) An allen anderen Stellen, wo dieser Ausdruck im Neuen Testament vorkommt, bezeichnet er immer etwas, das schon da ist, und wird oft Dingen gegenübergestellt, die noch kommen werden. Man beachte etwa den Gegensatz in 1. Korinther 3,22 und Römer 8,38 (»Gegenwärtiges vs. Zukünftiges«).

c) Paulus hätte nicht die Auffassung widerlegen können, der Tag des Herrn sei lediglich nahe, denn das lehrte er ja selber (Phil 4,5; Röm 13,11f).

Diese Deutung führt dennoch zu einem Problem: Wie konnten die Thessalonicher denken oder glauben, dass der Tag schon da sei, wenn doch die Dinge noch gar nicht geschehen waren, die, wie Paulus sie gelehrt hatte, damit verbunden sind (1Thes 5,1)?

Die Irrlehre muss deshalb gelautet haben, dass die Parusie oder der Tag des Herrn mit Sicherheit in der unmittelbaren Zukunft kommen werde. In diesem Sinne war er »schon da«. Die Irrlehrer behaupteten, es wären nur noch ein paar Tage, Wochen oder höchstens Monate. Diese Deutung macht die Reaktion einiger Thessalonicher verständlich, die offenbar in stürmischer Erwartung der Parusie ihren Broterwerb aufgegeben hatten (vgl. 2Thes 2,2 mit 3,6-14). Sie macht die Annahme überflüssig, zum Tag des Herrn gehörten bestimmte vorausgehende Ereignisse, was im Widerspruch zu 1. Thessalonicher 5,2-3 stünde. Und sie unterscheidet auch diesen thessalonischen Irrtum von der paulinischen Lehre vom nahen Tag des Herrn (Röm 13,11f).

Leider gibt es eine moderne Entsprechung zu den Fanatikern von Thessalonich: diejenigen, die behaupten, Christi Wiederkunft würde an einem bestimmten Datum in der nahen Zukunft oder ganz sicher innerhalb der nächsten Wochen oder Monate stattfinden. Sie begehen eindeutig denselben groben Fehler in der Lehre und fördern denselben praktischen Irrtum. Jede Überbetonung eines auf jeden Fall sehr baldigen Kommens kommt dem Irrtum der Thessalonicher nahe und führt auch zu ihrem praktischen Irrtum.

Als nächstes gibt Paulus uns einige sehr *klare Lehren* an die Hand, die diese Verirrungen der Thessalonicher korrigieren sollen. Vers 3 lehrt: »Dieser Tag kommt nicht, es sei denn, dass zuerst der Abfall gekommen und der Mensch der Gesetzlosigkeit offenbart worden ist, der Sohn des Verderbens.« Paulus widerlegt hier die Fanatiker und betont: Der Tag des Herrn konnte zur Abfassungszeit nicht in allernächster, unmittelbarer Zukunft stattfinden, weil zuvor noch zwei Ereignisse eintreffen mussten. Dies bestätigen mehrere Gründe:

1. Die Lehre, dass Imminenz »in jedem Augenblick« bedeute, wird durch Paulus klar widerlegt. Paulus glaubte weder, dass kein prophezeites Ereignis mehr ausstehe, das vor der Parusie geschehen soll, noch dass sie seinerzeit in jedem Augenblick geschehen könne. Vielmehr stellt er heraus, dass diese Lehre dem Irrtum der Thessalonicher zu Grunde liegt.

2. Paulus setzt klar voraus, dass der Abfall und das Erscheinen des Menschen der Gesetzlosigkeit Ereignisse sind, deren Eintreffen die dann lebende Generation von Christen klar beobachten und erkennen kann. Dies widerspricht dem Versuch, diese Ereignisse mit irgendetwas zu identifizieren, was bisher in der Kirchengeschichte geschehen ist. Bisher hat kein Ereignis Anlass zu einem solchen Konsens gegeben.[101]

3. Es ist anzunehmen, dass die in Vers 3 beschriebenen Ereignisse kurz vor der Parusie geschehen. Sobald sie geschehen sind, so sagt Paulus – und erst dann –, ist die Aussage zutreffend, dass der Tag des Herrn gekommen ist. Ein weiterer Hinweis darauf ist die Tatsache, dass der »Mensch der Gesetzlosigkeit« durch die Parusie vernichtet wird (V. 8).

Obwohl die Lehre dieses Abschnitts den Prätribulationismus klar widerlegt, hat man Deutungen vorgebracht, um dessen Aussagekraft zu schmälern. Diese Deutungen müssen wir jetzt ansprechen.

Manche Prätribulationisten setzen den Abfall von Vers 3 mit der Entrückung gleich. English, Wuest und andere wollen dem Wort »Abfall« (gr. *apostasía*) die Bedeutung »Weggang« oder »Abreise« zuschreiben. Als Begründung verweisen sie auf das verwandte Verb *aphístēmi*, das buchstäblich »von etwas abstehen« bedeutet und manchmal »weggehen« oder »abreisen« meint. Diese Deutung würde in 1. Thessalonicher 5 geschickt einen Bezug zur Vorentrückung einfügen.[102]

---

101 Alternativsicht des deutschen Herausgebers: Der Antichrist und der Abfall können nach reformatorischer Auffassung (vgl. Martin Luther) durchaus im Papsttum, in einer seit den frühesten Jahrhunderten der Kirchenschichte weitgehend abgefallen Christenheit und vielerlei antichristlichen Mächten (z. B. dem Islam) gesehen werden. Bereits zur Zeit von Johannes gab es »viele Antichristen« (1Jo 2,18; 2Jo 1,7), was aber nicht ausschließt, dass die antichristliche Macht in der Welt weiter zunimmt und auch noch ein besonderer Repräsentant Satans auf der Weltbühne als Höhepunkt der Wirksamkeit des »Geheimnisses der Gesetzlosigkeit« (2Thes 2,7) erscheinen wird. Jeder neue Fortschritt des Abfalls und der Manifestation antichristlicher Charaktere ist so lange ein Kulminationspunkt, bis die nächste Steigerung und der nächste Höhepunkt kommt (dies entspricht dem Prinzip der progressiven Rekapitulation). Das prinzipielle Vorhandensein des Antichristen mit Ausblick auf eine mögliche künftige, noch stärkere Manifestation lehrt ja eben auch 1Jo 2,18. Folglich hätten wir kein Problem damit, 2Thes 2,3-4 als erfüllt anzusehen, sodass die Wiederkunft Jesu sehr bald, wenn nicht unmittelbar eintreten *kann* (zur Drangsal vgl. auch Fußnote 41 auf S. 117).

102 Vgl. hierzu Gundrys gründliche und vernichtende Kritik dieser These in Gundry, *The Church and The Tribulation*, S. 114-118.

Es gibt jedoch kein einziges Beispiel in allen bekannten Schriften des Koiné-Griechisch (natürlich einschließlich der 40 Fundstellen in der Septuaginta und einem weiteren Vorkommen im Neuen Testament), wo dieses Wort irgendetwas anderes bedeutet als einen politischen Aufstand oder Abfall vom Glauben. Gundry kommentiert dazu: »Es ist undenkbar, dass Paulus für die Entrückung ein Wort benutzen würde, dessen Bedeutung in überwältigendem Maße mit politischer oder religiöser Abtrünnigkeit zu tun hat.«[103]

Andere Prätribulationisten identifizieren das, »was zurückhält« bzw. den, »welcher jetzt zurückhält« (2,6.7) mit der Gemeinde bzw. dem Heiligen Geist in der Gemeinde.[104] Damit wollen sie die Behauptung begründen: Wenn der Heilige Geist aus dem Weg ist, dann ist auch die Gemeinde, in der er wohnt, aus der Welt weggenommen. Auf diese Weise finden sie eine Vorentrückung an dieser Stelle. Mehrere Gründe sprechen jedoch stark gegen diese Deutung:

1. Jegliche Identifizierung des Zurückhaltenden muss auf sorgfältigste exegetische Argumente gründen, da Paulus selbst nicht ausdrücklich sagt, um wen es sich dabei handelt.
2. Selbst wenn der Heilige Geist der Zurückhaltende wäre, dann wäre damit nicht belegt, dass er durch eine Vorentrückung der Gemeinde aus dem Weg geräumt wird.
3. Viel wahrscheinlicher ist es, den bzw. das Zurückhaltende(n) mit einem Engel und seiner Macht zu identifizieren. Gegen eine solche Identifizierung gibt es nichts einzuwenden. In nah verwandten Parallelstellen werden Engel erwähnt, die den Mächten der Finsternis widerstehen (Dan 10,10-13; Offb 20,1f; 13,7f). Da das Geheimnis der Gottlosigkeit vom Wirken eines (gefallenen) Engels herrührt, kann man aus Gründen der Übereinstimmung oder Analogie annehmen, dass dessen Gegenspieler ebenfalls ein Engel ist.[105]

---

103 Gundry, *The Church and The Tribulation*, S. 117.
104 Ebd., S. 125.
105 Ergänzung des deutschen Herausgebers: Vgl. zu dieser Deutung ausführlich Gregory Beale, *1-2 Thessalonians* (Downers Grove, Intervarsity 2003). Andere Deutung verstehen unter dem Zurückhaltenden den römischen Kaiser bzw. die feste zivile Ordnung des Römischen Reiches. Dies würde auch erklären, warum Paulus sich hier so verschlüsselt ausdrückt; vgl. dazu ebenfalls Beale, a.a.O.

4. Gegen die Deutung, dass der Zurückhaltende der Heilige Geist in der Gemeinde sei, kann man unwiderlegbare Einwände vorbringen.[106] Zum Beispiel war die Ausgießung des Heiligen Geistes zu Pfingsten die Vollendung des Werkes Christi. Ein solches Zurücknehmen des Heiligen Geistes würde bedeuten, das Resultat des Todes Christi rückgängig zu machen und einen Rückwärtsgang in der Heilsgeschichte einzulegen, um in einen Zustand vor dem vollbrachten Erlösungswerk zurückzukehren.

---

106 Gundry, *The Church and The Tribulation*, S. 126f.

KAPITEL 20

Entgegnungen auf Argumente für die Vorentrückungslehre

In diesem Kapitel werden wir zwei Argumente für die Vorentrückungslehre untersuchen: Das Argument der Imminenz der Wiederkunft Christi und das Argument, dass die Gemeinde vor dem Zorn gerettet wird.

Das Argument der Imminenz der Wiederkunft Christi

R. H. Gundry schreibt, welche Definition von Imminenz die Prätribulationisten voraussetzen:

> Nach allgemeinem Konsens bedeutet »Imminenz«, dass es kein prophezeites Ereignis gibt, das der Ankunft Christi noch zwingend vorausgehen muss. Diese Vorstellung beinhaltet drei wesentliche Elemente: die Wiederkunft geschieht plötzlich, unberechenbar und kann sich jeden Augenblick ereignen.[107]

Das Argument, das Prätribulationisten aus diesem Verständnis von Imminenz ableiten, kann man mit folgendem Syllogismus (logischem Schluss) ausdrücken:

- *Hauptprämisse:* Die Gemeinde wird aufgefordert, Christi Wiederkunft als imminent zu erwarten (d. h. als etwas, das jeden Augenblick geschehen kann).
- *Nebenprämisse:* Wenn prophezeite Ereignisse wie die Drangsal noch vor der Wiederkunft Christi geschehen müssen, kann diese nicht imminent sein (d. h. jeden Augenblick geschehen).

---

107 Ebd., S. 29. Ich habe schon in Kapitel 18 dargelegt, dass man Imminenz auch anders definieren kann, und zwar so, dass sie den Prätribulationismus ausschließt.

• *Schlussfolgerung:* Kein prophezeites Ereignis wie die Drangsal kann vor der Wiederkunft Christi geschehen. Folglich muss sie *vor* der Großen Drangsal geschehen.[108]

Vorausgesetzt, die Prämissen dieses Syllogismus sind wahr, dann scheint er gültig zu sein. Das Problem ist allerdings, dass seine Hauptprämisse voraussetzt, Christi Wiederkunft sei in dem Sinne imminent, dass sie jeden Augenblick eintreten kann. Zwei Argumentationslinien jedoch widerlegen die Lehre, dass Christus jeden Augenblick kommen kann.

Das erste Argument: Nähe, Erwartung und Bereitschaft

Das erste Argument, das dagegen spricht, dass Christus jeden Moment wiederkommen kann, lautet: Die neutestamentlichen Stellen, die man als Beleg dafür nennt, lehren dies weder ausdrücklich noch implizit. Man will die Vorstellung, dass Christus jeden Augenblick wiederkommen kann, mit drei unterschiedlichen neutestamentlichen Lehren begründen: 1. Wir sollen Christi Wiederkunft *erwarten;* 2. Christi Wiederkunft ist *nahe;* und 3. Wir sollen für Christi Wiederkunft *bereit* sein.

Die Lehre von der *Erwartungshaltung* beinhaltet keine Imminenz im Sinne von »jeden Augenblick«. Das Neue Testament benutzt oft eine Sprache, die lehrt, dass Christen in Erwartung der Wiederkunft Christi leben sollen. Man kann eine ganze Reihe von Dingen beobachten, die zeigen, wie sinnlos es ist, diese Erwartungshaltung als Beweis für eine Imminenz im Sinne von »jeden Augenblick« zu verwenden.

Erstens beinhaltet eine Erwartungshaltung nicht unbedingt, dass das, was wir erwarten, jeden Augenblick eintreten kann. Schon der gesunde Menschenverstand zeigt, dass wir manchmal auf etwas warten, von dem wir wissen, dass es nicht völlig unangekündigt kommen kann. Selbst an der Bushaltestelle steht der erwartete Bus nicht ganz plötzlich da, sondern taucht zuerst an der nächsten Ecke auf und vielleicht hört man ihn sogar vorher schon. Die griechischen Begriffe für

---

108 Das Buch *Things to Come* von J. Dwight Pentecost (Grand Rapids: Zondervan, 1974; dt. Titel: *Bibel und Zukunft*, Dillenburg: CV 1993), ein dispensationalistisches Standardwerk über Eschatologie, nennt auf S. 202-204 dieses Argument für den prätribulationistischen Standpunkt zur Entrückung.

(er-)warten werden in der griechischen Literatur für Ereignisse verwendet, die nicht jederzeit eintreten können. Zum Beispiel wird eines der wichtigsten neutestamentlichen Worte für »erwarten« in folgendem Satz benutzt: »Lucia soll warten, bis das Jahr vorüber ist.«[109]

Zweitens werden alle Begriffe, die den Gedanken der Erwartung vermitteln, für eschatologische Ereignisse verwendet, von denen auch Prätribulationisten zugeben, dass sie nicht jeden Augenblick eintreffen können: die »Erscheinung der Herrlichkeit unseres großen Gottes und Retters Jesus Christus« (Tit 2,13), »die Offenbarung der Söhne Gottes« (Röm 8,19), »das Offenbarwerden unseres Herrn Jesus Christus« (1Kor 1,7), »Früh- und Spätregen« (Jak 5,7), »die Ankunft des Tages Gottes ..., um dessentwillen die Himmel in Feuer geraten und aufgelöst und die Elemente im Brand zerschmelzen werden« (2Petr 3,12), »neue Himmel und eine neue Erde, in denen Gerechtigkeit wohnt« (2Petr 3,13), sowie »der Zeitpunkt« des Kommens Christi nach der Drangsal (Mk 13,33 MEN) – all diese Ereignisse geschehen laut den Prätribulationisten selbst erst nach der »Großen Drangsal«, und all diese Bibelstellen verwenden die Begriffe für die Erwartungshaltung.

Die Lehre der *Nähe* beinhaltet ebenfalls keine Imminenz im Sinne von »jeden Augenblick«. Der wohl klarste Beweis dafür ist, dass dieser Ausdruck öfters in Bezug auf »nahe« jüdische Feste benutzt wird. Solche Feste – die nicht gerade »jeden möglichen Augenblick« stattfinden – fielen auf bestimmte Tage des Jahres (Joh 2,13; 6,4; 7,2; 11,55). Dieser Ausdruck wird auch in Lukas 21,28 und 1. Petrus 4,7 benutzt, um ein Kommen Jesu zu beschreiben, das offenkundig nach der Drangsal stattfindet. Der Begriff »nahe« wird außerdem auch für die Jahreszeiten verwendet, deren Beginn durchaus absehbar ist (Mt 21,34; 24,32; Mk 12,38; Lk 21,30).

Auch die Lehre vom *Bereitsein* beinhaltet keine Imminenz im Sinne von »jeden Augenblick«. Der Ausdruck des Bereitseins vermittelt nicht im Geringsten den Gedanken, irgendetwas stünde »jeden Augenblick« bevor, weswegen wir nüchtern und wachsam bleiben sollen. Dazu ein Beispiel: Einer meiner Freunde hatte eine Zeitlang im Ausland als Missionar gedient. Als er in die USA heimkehrte, blieb er die ganze Nacht vor dem Rückflug wach. Das bedeutet nicht, dass sein Flugzeug jeden Augenblick hätte starten können, sondern nur, dass er

---

109 Gundry, *The Church and The Tribulation*, S. 30.

fürchtete zu verschlafen. Wachsamkeit und Nüchternheit beinhalten nicht zwingend, dass etwas »jeden Augenblick« geschehen könne.

Darüber hinaus findet sich die Aufforderung zum Bereitsein auch in Bezug auf eschatologische Ereignisse, die eindeutig nicht jeden Augenblick stattfinden können. Sie kommt zum Beispiel häufig in der Ölbergrede vor, und zwar für das weltweit sichtbare Kommen Jesu, von dem selbst Prätribulationisten zugeben, dass es erst nach der Drangsal stattfindet. Dort beinhaltet die Aufforderung zum Bereitsein keine Imminenz im Sinne von »jeden Augenblick«. In 1. Petrus 1,13 und 4,7 werden wir aufgefordert, bereit zu sein für »die Offenbarung Jesu Christi« und »das Ende aller Dinge«. Das sind Ereignisse, die auch aus prätribulationistischer Sicht eindeutig nach der Drangsal stattfinden. Folglich ist es unmöglich, aus der Lehre des Bereitseins eine Imminenz im Sinne von »jeden Augenblick« herzuleiten.

Das zweite Argument: die Verzögerung

Noch ein weiteres Argument widerlegt die Ansicht, Imminenz bedeute »jeden Augenblick«. Das Neue Testament lehrt, dass es vor der Wiederkunft Christi eine Verzögerung geben wird und geben muss. Diese Verzögerung entzieht der Lehre eines (bereits zu apostolischer Zeit) jeden Augenblick möglichen Kommens Christi jede Grundlage. Man will dieses »jeden Augenblick« oft dadurch untermauern, dass der Entrückung angeblich kein prophezeites Ereignis mehr vorausgehen müsse. Das Problem dabei ist, dass das Neue Testament zahlreiche Ereignisse vorhersagt, die vor der Wiederkunft Jesu stattfinden:

- Eine unbestimmt lange Zeitphase verzögert die Wiederkunft Christi (Mt 24,45-51; 25,5.19; Lk 18,7; 19,11-27).
- Die Ausführung des Missionsbefehls verlangte einen gewissen Aufschub der Wiederkunft (Mt 24,14; 28,18-20; Apg 1,8; 22,21; 23,11; 27,24).
- Dass dem Petrus prophezeit war, erst als alter Mann zu sterben, verlangte viele Jahre Aufschub (Joh 21,18f; 2Petr 1,14).
- Zuerst mussten Jerusalem zerstört und die Juden in Gefangenschaft unter alle Völker geführt werden, bis die Zeiten der Heiden erfüllt sind (Lk 21,23-38). Da der Großteil des Neuen Testament vor diesen Ereignissen geschrieben wurde, können zumindest

diese Teile des Neuen Testaments die damaligen Gläubigen nicht zu der Erwartung aufgefordert haben, dass Christus »jeden Augenblick« kommen konnte.

- Der Auftrag an Paulus, das Evangelium weit weg zu den Heiden zu bringen, und die Prophezeiung, dass er in Rom Zeugnis ablegen werde, bedeuten, dass es bei der Wiederkunft zu einer gewissen Verzögerung kommt (Apg 9,15; 22,21; 23,11).
- In 2. Thessalonicher 2,1-12 lehrt Paulus ausdrücklich, dass zuerst der Abfall kommen und der Mensch der Gesetzlosigkeit erscheinen muss, und er verbindet diese zeichenhaften Ereignisse mit der Zeit direkt vor der Wiederkunft Christi. Wenn die Apostel das gelehrt haben, können sie nicht die Erwartungshaltung vermittelt haben, dass Christus jeden Augenblick wiederkommen kann.

Die Ansicht, die Imminenz der Wiederkunft Christi bedeute, er könne jeden Augenblick kommen, mag vielen attraktiv erscheinen; doch wenn man sie näher untersucht, erweist sie sich eindeutig als ein extremes Verständnis von Imminenz. Sie gerät in unauflösbaren Widerspruch zur klaren Lehre des übrigen Neuen Testaments. Sie versteht die neutestamentlichen Begriffe der Nähe, der Bereitschaft und des Erwartens falsch, auf die die Lehre der Imminenz von Christi Wiederkunft beruht.

Das Argument, die Gemeinde werde vor dem Zorn gerettet

Wie lautet das Argument für den Prätribulationismus, das darauf beruht, dass die Gemeinde vor dem Zorn gerettet wird? Auch hier lässt sich die Argumentation durch einen Syllogismus zusammenfassen:

- *Hauptprämisse:* Die Gemeinde wird vor dem Zorn Gottes gerettet.
- *Nebenprämisse:* Dieser »Zorn Gottes« ist die »Große Drangsal«.
- *Schlussfolgerung:* Die Gemeinde wird vor der Großen Drangsal bewahrt.[110]

---

110 Zu diesem Argument vgl. Gundry, *The Church and The Tribulation*, S. 44, und Pentecost, *Things to Come*, S. 216f.

Ich glaube, dass der oben dargelegte Syllogismus formal richtig ist. Mit anderen Worten: Die Schlussfolgerung ist korrekt aus den Prämissen gezogen. Es kann auch keinen Zweifel daran geben, dass die Hauptprämisse schriftgemäß ist. Problematisch ist aber die Nebenprämisse, die den Zorn Gottes mit der Großen Drangsal gleichsetzt. Daher wollen wir eine Reihe von Punkten untersuchen, die an dieser Prämisse problematisch sind.

Erstens hat die Bibelstelle, die man als Beleg dafür heranzieht, dass die Gemeinde vor dem Zorn Gottes gerettet wird, nichts mit den so genannten »Zorngerichten der Drangsal« zu tun. Prätribulationisten verweisen auf 1. Thessalonicher 5,9 als Verheißung, dass die Gemeinde nicht durch die letzte Drangsal hindurch muss: »Denn Gott hat uns nicht zum Zorn bestimmt, sondern zum Erlangen des Heils durch unseren Herrn Jesus Christus.«[111] Diese Deutung des Verses ist schlicht falsch. Der Kontext zeigt klar, dass hier Gottes ewiger Zorn gemeint ist, der mit dem Tag des Herrn nach der Drangsal beginnt (1Thes 5,1-4; vgl. 2Thes 2,1-3). Da diesem Zorn in 1. Thessalonicher 5,9 die ewige Errettung gegenübergestellt wird, muss »Zorn« hier »ewiger Zorn« bedeuten. Bei der genannten Errettung handelt es sich eindeutig um das ewige Heil, nicht um Errettung aus Drangsal (1Thes 1,9.10; 2Thes 1,6-10; 2,10-14). Der Kontrast besteht eindeutig zwischen ewigem Heil und ewigem Zorn.

Es ist ein Gebot der Logik, dass solche Stellen, wenn sie die Bewahrung der Gemeinde vor der Drangsal lehren sollten, dann auch lehren müssten, dass jeder Gerettete vor der Drangsal bewahrt würde – einschließlich der Gläubigen in der Drangsalszeit. Der Grund, den 1. Thessalonicher 5,9f dafür nennt, dass Gläubige vor dem Zorn Gottes bewahrt werden, lautet: Christus starb für sie. Dies wirft die Frage auf: »Starb Christus etwa nicht für die so genannten ›Gläubigen der Drangsalszeit‹ und rettete er sie etwa nicht vor dem Zorn Gottes?«[112]

Zweitens: In Drangsal zu sein, bedeutet nicht, dass man den Zorn Gottes erleidet. Drangsal ist das Los des Volkes Gottes, aber das heißt eindeutig nicht, dass es Gottes Zorn erfährt. Christen müssen »durch viele Drangsale ins Reich Gottes eingehen« (Apg 14,22, 1Thes 3,4).

---

111 Pentecost, *Things to Come*, S. 217.
112 Gundry, *The Church and The Tribulation*, S. 44f.

Ein und dieselben Ereignisse können für Ungläubige Zorn, für Gläubige aber Erziehung und Züchtigung sein. Offenbarung 7,1-3 spricht von manchen, die inmitten der Drangsal bewahrt werden. Die Analogie zu Israel in Ägypten veranschaulicht, was es heißt, inmitten von Drangsal vor Gottes Zorn bewahrt zu werden. Da die sieben Plagen der Offenbarung an die zehn Plagen Ägyptens erinnern, ist dieser Vergleich von besonderer Bedeutung.[113]

Drittens wird oft Offenbarung 3,10 zitiert, um den Gedanken zu stützen, die Gemeinde werde davor bewahrt, durch die Drangsal gehen zu müssen. Dieser Vers sagt, dass die Gemeinde von Philadelphia »vor der Stunde der Versuchung« bewahrt wird, aber er lehrt weder ausdrücklich noch implizit eine Entrückung vor der Großen Drangsal. Es geht konkret um diesen Teil des Verses: »darum ... werde auch ich dich bewahren vor der Stunde der Versuchung, die über den ganzen Erdkreis kommen soll.«

Prätribulationisten wenden diesen Text in mehrfacher Hinsicht falsch an. Die griechische Präposition *ek* (»aus«, hier übersetzt mit »vor«) verbietet es, diesen Vers so anzuwenden. *Ek* beinhaltet in den johanneischen Schriften immer die Vorstellung, dass etwas »mitten aus einer Situation hervorgeht«. Der Gedanke hier ist somit vielmehr der, inmitten von Drangsal bewahrt statt vorher entrückt zu werden (vgl. Offb 7,14).[114] Das Verb *tēréō* (»bewahren«) bedeutet »schützen, beschützen, bewachen, behüten«. Ein solcher Schutz wäre überflüssig, wenn die Gemeinde vor der Drangsal in den Himmel entrückt worden wäre. Wer würde im Himmel Schutz brauchen? Das einzige

---

113 Vgl. Offb 16,1f sowie Gundry, *The Church and The Tribulation*, S. 47.

114 Gundry schreibt in *The Church and The Tribulation*, S. 55-56: »Es gibt nur eine einzige weitere Stelle im biblischen Griechisch (LXX und NT), an der *tēréō* (bewahren) und *ek* zusammen vorkommen: Johannes 17,15 ... Die Parallelen zwischen Johannes 17,15 und Offenbarung 3,10 sind beeindruckend. Beide Verse sind von Johannes aufgeschrieben. Beides sind Aussagen Jesu. Es ist daher wahrscheinlich, dass beide im selben Sinn verwendet werden. Das Wort ›wegnehmen‹ in Johannes 17,15 ... bedeutet ›erhöhen‹ oder ›emporheben und entfernen‹. Dies beschreibt genau das, wie die Entrückung sein wird: ein Emporgehoben- und Entferntwerden. Doch genau das verneint Jesus hier (›ich bitte *nicht*, dass du sie aus der Welt wegnimmst‹) und stellt dieser ausgeschlossenen Alternative vielmehr *tēréō ek* als Gegensatz gegenüber (›sondern dass du sie bewahrst vor dem Bösen‹). Wie soll *tēréō ek* dann die Entrückung oder deren Ergebnis beschreiben, wenn das einzige weitere Vorkommen dieses Begriffs im Gegensatz zu eben dem Ausdruck steht, der die Entrückung perfekt beschreiben würde?«

weitere Vorkommen des griechischen Ausdrucks *tēréō ek* (»bewahren vor«) im Neuen Testament zeigt, dass es das genaue Gegenteil davon bedeutet, vor einer drohenden Gefahr in Sicherheit gebracht zu werden. Es bedeutet, bewahrt zu werden, während man inmitten der Gefahr ist: »Ich bitte nicht, dass du sie aus der Welt wegnimmst, sondern dass du sie bewahrst vor *[tēréō ek]* dem Bösen« (Joh 17,15). Das Problem für den Prätribulationismus liegt auf der Hand. Das Gegenteil – »nimm sie aus der Welt hinweg« – würde eine Entrückung vor der Drangsal sehr treffend beschreiben. Doch dass Christen vor dem Bösen bewahrt werden (sie werden es laut Jesu Bitte!), ist offenbar etwas ganz anderes, als dass Christen aus der Welt weggenommen würden (sie werden es laut Jesu Bitte nicht!).[115]

Wir wollen dieses Kapitel mit mehreren ernsten Warnungen bezüglich der Theorie der Vorentrückung schließen.[116]

Erstens passt die Vorentrückungslehre hervorragend zum »pflegeleichten Christentum«, das in unseren Tagen so stark grassiert, und sie ist oft ein Bestandteil von dieser Haltung, die in vielen evangelikalen Gemeinden vorherrscht. Zum »pflegeleichten Christentum« gehören folgende Lehren: a) ein billiges Verständnis ewiger Sicherheit statt Ausharren der Heiligen; b) die »Bekehrung im Schnellverfahren«;[117] c) die Lehre vom »fleischlichen Christen« mit der Option, entweder weiter fleischlich zu leben (und trotzdem errettet zu sein) oder die höhere Stufe des geistlichen Christen zu erlangen; d) ein einseitiges Gottesbild, das die Liebe als einzige oder hauptsächliche Eigenschaft Gottes betont; e) »Anbetung« als Show und Unterhal-

---

115 Gundry, *The Church and The Tribulation*, S. 58f.

116 Ergänzung des dt. Herausgebers: Es bliebe auch noch zu fragen, ob mit der »Stunde der Versuchung, die über den ganzen Erdkreis kommt« überhaupt eine noch künftige Große Drangsal gemeint ist. Immerhin richtet sich die Verheißung von Offb 3,10 an die Empfänger der Rundschreiben speziell in der Gemeinde von Philadelphia im 1. Jahrhundert. Wenn mit diesem Ausdruck eben jene »Bedrängnis« gemeint ist, die Johannes vorher schon mehrfach erwähnt hat (Offb 1,9; 2,9.10.22) ist das ein Hinweis darauf, dass die Drangsal im Keim bereits zu jener Zeit aktiv war (sich aber mit Herannahen der Wiederkunft Christi weiter intensiviert; auch hier liegt dann das Prinzip der progressiven Rekapitulation vor). Die Zeitangaben für die Drangsal (42 Monate, 1260 Tage usw.) sind womöglich ebenso symbolisch gemeint (vgl. Dan 7,25; 12,7) wie die »tausend Jahre« von Offb 20.

117 Im engl. Original steht hier »easy believism, das ist die Vorstellung, man könne ohne echte Sündenerkenntnis, ernsthafte Umkehr und biblischen Glaubensgehorsam einfach so gerettet werden, indem man z.B. ein Gebet nachspricht, bei einer Evangelisation aufsteht oder die Hand hebt, nach vorne kommt etc. (Anm. d. Übers.)

tung; f) die Beurteilung, ob jemand gerettet ist, anhand seiner »Entscheidung« statt anhand seines Wandels. Zu dieser Haltung passt es vollkommen, dass die Vorentrückungslehre zusichert, Gott würde nie zulassen, dass seine Gemeinde durch die »Große Drangsal« gehen muss.

Zweitens neigt die Vorentrückungslehre dazu, die Menschen nicht vorzubereiten. Paulus warnte die Gläubigen vor kommender Bedrängnis, um sie darauf vorzubereiten: »Sie stärkten die Seelen der Jünger und ermahnten sie, im Glauben zu verharren, und sagten, dass wir durch viele Bedrängnisse in das Reich Gottes hineingehen müssen« (Apg 14,22). Wenn man den Prätribulationismus ernst nimmt, neigen selbst bekennende Christen dazu, auf eine solche Bedrängnis nicht vorbereitet zu sein (1Thes 3,4).

Drittens zeigt das eindeutig unbiblische Wesen des Prätribulationismus, wie schlecht viele heutige evangelikale Vordenker die Bibel kennen. Dieser tragischer Mangel an Bibelkenntnis ist ein Grund dafür, dass diese Lehre in evangelikalen Gemeinden überlebt und sich ausgebreitet hat.

Viertens weckt die Vorentrückungslehre die falsche Hoffnung, in dieser Welt nicht in Bedrängnis zu geraten.

Fünftens vermittelt die Vorentrückungslehre latent die Lehre einer zweiten Chance. Sie lehrt notwendigerweise, dass Menschen gerettet werden, nachdem Christus für seine Gemeinde wiedergekommen ist.[118] Eine solche Lehre nimmt der Dringlichkeit der sofortigen Umkehr zu Christus den Wind aus den Segeln. Der Prätribulationismus ist somit eine Gefahr für die Seelen von Menschen.

---

118 In der »Finale«-Reihe von Tim LaHaye wird dies ausdrücklich so dargestellt.

TEIL 5

FRAGEN ZUR AUFERSTEHUNG UND EWIGKEIT

KAPITEL 21

Was lehrt die Bibel über die Auferstehung?

Die Auferstehung der Toten ist eine der Hauptlehren, die alle bibeltreuen Christen teilen. Wir wollen das Baptistische Glaubensbekenntnis von 1689 zu Wort kommen lassen (das auf dem berühmten Bekenntnis von Westminster basiert), um unsere Abhandlung des Themas zu strukturieren.

> Am Jüngsten Tag werden diejenigen Heiligen, die dann leben, nicht entschlafen, sondern werden verwandelt (1Kor 15,51-52; 1Thess 4,17); und alle Toten werden auferweckt in ihrem eigenen Leib (Hiob 19,26-27), der kein anderer ist, aber von anderer Beschaffenheit, und der dann mit seiner Seele für immer wiedervereint wird (1Kor 15,42-43).
>
> Die Leiber der Gottlosen werden durch die Macht Christi zur Schande auferweckt, die Leiber der Gerechten aber durch seinen Geist zur Ehre und seinem Herrlichkeitsleib gleichgestaltet (Apg 24,15; Joh 5,28-29; Phil 3,21).[119]

Das Thema dieser beiden Absätze ist *die letztendliche Verwandlung*. Wenn wir nun das Thema der Auferstehung anhand der Schrift behandeln, werden wir uns dabei an der Gliederung dieser Bekenntnissätze orientieren.

Die Tatsache der letztendlichen Verwandlung

1. Thessalonicher 4,13-17 (besonders V. 17); 1. Korinther 15,50-53 und 2. Korinther 5,1-4 lehren, dass nur die Gläubigen die Wiederkunft

---

119 Bei diesem Zitat handelt es sich um die Absätze 2 und 3 von Kapitel 31 des Baptistischen Glaubensbekenntnisses von 1689. Es folgt an dieser Stelle sehr eng dem Glaubensbekenntnis von Westminster.

Christi physisch überleben. Ohne den Tod zu erleiden, empfangen sie den Leib und das Leben in Herrlichkeit.

Das Bekenntnis bekräftigt zunächst die Verwandlung aller lebenden Gläubigen und anschließend die Lehre der allgemeinen Auferstehung aller Menschen: »alle Toten werden auferweckt«. In Absatz 3 wird dabei noch genauer differenziert zwischen den »Leibern der Gottlosen« und den » Leibern der Gerechten«.

Die Schrift lehrt klar, dass es am Jüngsten Tag eine allgemeine Auferstehung aller Toten gibt. Die drei klassischen Belegstellen dafür sind Daniel 12,2; Johannes 5,28f und Apostelgeschichte 24,15. Auch eine ganze Reihe anderer Schriftstellen, die das Jüngste Gericht und dessen ewige Folgen beschreiben, lehren sehr deutlich eine solche allgemeine Auferstehung (Offb 20,11-15; Mt 25,31-46; Röm 2,5-16).

Das Wesen der letztendlichen Verwandlung

Wie verhält sich der Auferstehungsleib zu unserem jetzigen Leib? Das Bekenntnis formuliert die Antwort zweifach und scheinbar paradox. Es sagt zuerst, dass der Auferstehungsleib derselbe Leib ist, den wir jetzt haben. Dann lehrt es, dass dieser Leib doch anders ist: Er hat eine andere Beschaffenheit als der jetzige Leib. A. A. Hodge sagt: Es ist »nicht ein neuer Leib, der den alten ersetzt, sondern der alte, der in den neuen verwandelt wurde.«[120]

Worin sich unser jetziger Leib vom Auferstehungsleib unterscheidet – die Diskontinuität –, werden wir später in diesem Kapitel erklären. Hier werden wir uns zunächst auf die Kontinuität zwischen altem und neuen Leib konzentrieren.

Was bedeutet dies praktisch? Es bedeutet, dass derselbe Leib, der stirbt und begraben wird, von den Toten auferstehen muss und wird. Es gibt keine Auferstehung, bei der der Leib, welcher der Erde übergeben wurde, nicht wieder aus ihr hervorkommt. Die letztendliche Verwandlung ist keine rein geistliche Auferstehung. Als Jesus von den Toten auferstand, bedeutete dies, dass das Grab und die Leichentücher leer waren und der Leib nicht mehr darin war (Joh 20,1-8). Ebenso wird es auch sein, wenn Jesus am Jüngsten Tag die Toten

---

120 A. A. Hodge, *The Confession of Faith* (Edinburgh: Banner of Truth Trust, 1869), S. 387.

ruft: dadurch werden »alle, die in den Gräbern sind ... hervorkommen« (Joh 5,28f). Dieselbe grundlegende Tatsache wird durch das Bild vom Samenkorn vermittelt, womit der Apostel Paulus wunderbar sowohl Kontinuität wie auch Diskontinuität zwischen dem Auferstehungsleib und dem jetzigen Leib veranschaulicht (1Kor 15,35-38). Der materielle Leib wird als »Samenkorn« der Erde übergeben; aus ihm keimt die »Pflanze«, die daraus wächst. Dass die Pflanze existiert, bedeutet, dass kein toter Same mehr im Boden begraben liegt.

Diese Tatsache beinhaltet zum einen, dass der Auferstehungsleib ein materieller Leib ist. Der Auferstehungsleib ist ein echter, materieller Leib. Dies muss so sein, wenn eine Kontinuität zum alten Leib überhaupt einen Sinn haben soll. Der neue Leib ist nicht in dem Sinne ein himmlischer oder geistlicher Leib, dass er immateriell wäre.

Viele missverstehen Paulus in dieser Frage. Sie meinen, der Ausdruck »himmlischer Leib« in 1. Korinther 15,48 bedeute einen immateriellen Leib. Das hieße jedoch, griechische oder platonische Vorstellungen in die biblische Sprache hineinzulesen. Paulus beschreibt im direkt vorangehenden Kontext einige »himmlische« Leiber, die durchaus materiell sind (1Kor 15,40-42).

Manche verstehen auch den Ausdruck »geistlicher Leib« (1Kor 15,44) falsch, als sei damit ein Leib gemeint, der aus Geist besteht. Anthony Hoekemas treffende Anmerkungen dazu räumen mit diesem Irrtum auf:

> Ein Problem hier ist unter anderem der Ausdruck »ein geistlicher Leib«. Das hat viele dazu geführt, dass sie denken, der Auferstehungsleib sei vollkommen immateriell. »Geistlich« wird so als Gegensatz zu »leiblich« verstanden.
>
> Dass dem nicht so ist, kann man sehr leicht zeigen. Der Auferstehungsleib des Gläubigen wird wie der Auferstehungsleib Christi beschaffen sein (vgl. 1Kor 15,48f). Doch Christi Auferstehungsleib war mit Sicherheit materiell; man konnte ihn berühren (Joh 20,17.27) und er konnte Nahrung zu sich nehmen (Lk 24,38-43). Darüber hinaus bezeichnet »geistlich« ... nicht etwas Immaterielles oder Körperloses. Man beachte, wie Paulus denselben Gegensatz im selben Brief in Kapitel 2,14-15 verwendet: »Ein natürlicher Mensch aber nimmt nicht an, was des Geistes Gottes ist, denn es ist ihm eine Torheit, und er kann es nicht erkennen, weil es geistlich beurteilt wird. Der geistliche

Mensch dagegen beurteilt zwar alles, er selbst jedoch wird von niemand beurteilt.« Hier werden dieselben beiden griechischen Worte ... benutzt wie in Kapitel 15,44. Doch »geistlich« ... bedeutet hier nicht »ohne materiellen Leib«, sondern bezeichnet vielmehr jemanden, der (zumindest grundsätzlich) vom Heiligen Geist geleitet wird und sich dadurch von jemanden unterscheidet, der nur von seinen natürlichen Trieben gesteuert ist. Ebenso ist der natürliche Leib von 1. Korinther 15,44 Teil der jetzigen, wegen der Sünde verfluchten Existenz; der geistliche Auferstehungsleib hingegen wird vollständig und nicht nur zum Teil vom Heiligen Geist beherrscht und geleitet ... Unsere künftige Existenz ... wird eine Existenz sein, die voll und ganz durch den Heiligen Geist beherrscht sein wird, so dass wir die Sünde für immer hinter uns lassen. Darum wird der Auferstehungsleib als geistlicher Leib bezeichnet. Geerhardus Vos schreibt richtig, dass wir das Wort »geistlich« in diesem Vers [1Kor 15,44] so verstehen müssen, dass es klarstellt: Der neue Leib ist vom Heiligen Geist beherrscht.[121]

Manche verstehen auch Vers 50 auf dieselbe Weise falsch: »Dies aber sage ich, Brüder, dass Fleisch und Blut das Reich Gottes nicht erben können, auch die Vergänglichkeit nicht die Unvergänglichkeit erbt.« Paulus geht es hier nicht darum, dass der Auferstehungsleib immateriell wäre, sondern dass er unvergänglich ist (»Unvergänglichkeit erbt«). Der Ausdruck »Fleisch und Blut« bezeichnet das schwache und sterbliche Wesen unseres jetzigen Leibes, der als solcher für das künftige Königreich Gottes untauglich ist. In Lukas 24,39 sagt Jesus, dass sein Auferstehungsleib »Fleisch und Knochen« hat. Die Ausdrucksweise von 1. Korinther 15,51-54 bestätigt, dass wir dann nicht einen immateriellen, sondern einen unvergänglichen Leib haben werden. Der Leib wird nicht abgeschafft, sondern »verwandelt«. Er wird »unvergänglich« auferweckt; er zieht »Unsterblichkeit« an.

Die Dauerhaftigkeit der letztendlichen Verwandlung

Das Baptistische Bekenntnis schreibt, dass die Verwandlung, die durch die Auferstehung zustande gebracht wird, endgültig und

---

121 Anthony A. Hoekema, *The Bible and the Future* (Grand Rapids: Eerdmans, 1979) S. 249f.

dauerhaft ist: Dieser Leib wird »mit seiner Seele *für immer* wiedervereint«. Gründe dafür, dass dieser Zustand endlos ist, werden wir noch im nächsten Kapitel nennen. Daniel 12,2 und Matthäus 25,46 sind die wichtigsten Belegstellen. Nach der letztendlichen Verwandlung bei der Auferstehung der Toten ist keine weitere Änderung des leiblichen oder geistlichen Zustandes irgendeines Menschen denkbar.

Der Zeitpunkt der letztendlichen Verwandlung

Absatz 2 des Bekenntnistextes zur Auferstehung betont, dass die Gerechten wie auch die Gottlosen »am Jüngsten Tag« auferweckt werden. Die Verwandlung der lebenden Gläubigen bei der Wiederkunft Jesu, die Auferstehung der verstorbenen Gerechten und die Auferstehung der Gottlosen ereignen sich alle zur selben Zeit: *am Jüngsten Tag.*

Mit dieser Ausdrucksweise gibt das Bekenntnis die Lehre verschiedener Schriftstellen wider, die wir bereits betrachtet haben. Es gibt nur drei Bibelstellen, die die Auferstehung der Gerechten und der Gottlosen in einem Atemzug erwähnen (Dan 12,2; Joh 5,28f und Apg 24,15). Jede dieser drei Schriftstellen vermittelt, dass die Auferstehung der Gerechten und der Gottlosen zur selben Zeit stattfinden. Bevor man ein eigenes, anderes System biblischer Prophetie in diese Schriftstellen hineinliest, sollte man sich fragen, warum die eigene, abweichende Auffassung sich nicht in wenigstens einem dieser Verse wiederfindet.

Diese Lehre einer allgemeinen Auferstehung ist mit dem Prämillennialismus und seinen Spielarten (mit einer tausendjährigen Zwischenzeit zwischen Auferstehung der Erlösten und der Auferstehung der Verlorenen) einfach nicht zu vereinbaren. Wenn bei Christi Wiederkunft die Gerechten wie auch die Gottlosen auferweckt und gerichtet werden und zu diesem Zeitpunkt das Urteil von Matthäus 25,46 gefällt wird (»Diese werden in die ewige Strafe gehen, die Gerechten aber ins ewige Leben«), wer bleibt dann noch übrig, um die Erde im Millennium zu bevölkern, das danach für noch tausend Jahre kommen soll?

Unterschiede bei der letztendlichen Verwandlung

Die Auferstehung der Gottlosen

Die Auferstehung ist etwas Geheimnisvolles, und das gilt besonders für die Auferstehung der Gottlosen. Über dieses Thema sagt die Bibel weit weniger als über die Auferstehung der Gerechten. Daniel 12,2 nennt sie eine Auferstehung »zur Schande, zu ewigem Abscheu«. Johannes 5,28f bezeichnet sie als eine Auferstehung zum Gericht statt zum Leben. Diese Auferstehung stellt den Menschen von Angesicht zu Angesicht seinem Richter gegenüber. Der Zorn Gottes trifft ihn und er erleidet den zweiten Tod.

Der Gegensatz in Johannes 5,28f, wo die Auferstehung der Gottlosen der »Auferstehung zum Leben« gegenübergestellt wird, ist sehr aufschlussreich. Er erklärt, warum die Bibel nur von der Auferstehung der Gerechten so häufig spricht. Obwohl auch die Gottlosen auferweckt werden, ist ihre Auferstehung sehr befremdlich und paradox. Sie werden zwar leiblich auferweckt, aber nicht zum »Leben«, sondern zum »Tod«. Im eigentlichen Sinn des Wortes ist ihre Auferstehung gar keine wirkliche Auferstehung, denn Auferstehung ist die Wiederherstellung zu wahrem Leben.

Unbekehrte sollten niemals meinen, durch den Tod könne man dem göttlichen Zorn entfliehen. Selbst im Tod ist man vor Gott nicht sicher! Auch aus dem Tod kann Gottes mächtiger Arm sie in seinem Zorn zurückholen und er wird sie am Jüngsten Tag vor seinen furchtbaren Richterstuhl stellen. Selbst wenn Menschen sich in tausend Stücke sprengen oder zu Asche verbrennen, wird Gott sie wieder zusammenfügen, so dass sie am großen weißen Thron vor ihn treten müssen!

Die Auferstehung der Gerechten

In den reformatorischen Glaubensbekenntnissen wird die Auferstehung der Gerechten in dreierlei Hinsicht der Auferstehung der Gottlosen gegenübergestellt: Sie unterscheiden sich in Bezug auf ihr *Vorbild*, auf den dabei *Handelnden* und in ihrem *Wesen*.

Christi Auferstehungsleib ist *das Vorbild* für unseren Auferstehungsleib. Die Herrlichkeit des Auferstehungsleibs besteht darin, dass er dem Herrlichkeitsleib Christi gleichgestaltet ist (Phil 3,21; 1Kor 15,20-23.48f; Röm 8,17.29f; Kol 1,18; 3,4; 1Jo 3,2; Offb 1,5). Die

Schrift lehrt somit, dass das, was wir über den Auferstehungsleib Christi wissen, auch auf uns zutreffen wird.

Im Bekenntnis lesen wir, dass *der Handelnde* bei der Auferstehung der Gerechten der Heilige Geist ist. Wir sahen bereits, dass Paulus den neuen Leib als »geistlichen Leib« bezeichnet (1Kor 15,44-46) und damit einen Bezug zum Geist Gottes herstellt. Dies bestätigt, dass der Auferstehungsleib in einer engen Beziehung zum Geist Gottes steht. Er ist ein Leib, der im höchsten Maße vom Geist Gottes regiert, bewohnt und belebt wird. All dies bedeutet ganz klar, dass bei der Auferstehung der Gerechten der Geist Christi der Handelnde ist. Viele andere Bibelstellen vermitteln denselben Gedanken (Röm 8,11.23; 1Kor 15,45; 2Kor 1,22; 3,18; 5,5; Gal 6,8). Alle diese Stellen sprechen davon, dass der Heilige Geist bei der Auferstehung der Gerechten am Werk ist. Das ist Teil seines Heilswerkes. Die Auferstehung der Gerechten ist Bestandteil ihrer Errettung, während die Auferstehung der Gottlosen nichts mit Errettung zu tun hat.

Das Bekenntnis besagt, dass es einen wesentlichen Unterschied zwischen der Auferstehung der Gerechten und der Auferstehung der Gottlosen gibt. Die Gottlosen werden zur *Schande* auferweckt, die Gerechten zur *Ehre*. Paulus führt das in 1. Korinther 15 genauer aus und zählt mehrere Unterschiede auf.

Die in 1. Korinther 15 genannten Unterschiede zwischen dem jetzigen Leib und dem Auferstehungsleib

Adam lebendige Seele	Der letzte Adam lebendig machender Geist
1. irdisch	1. himmlisch
2. seelisch (o. natürlich, gr. *psychikon*)	2. geistlich (gr. *pneumatikon*)
3. vergänglich (sterblich)	3. unvergänglich (unsterblich)
4. Schande	4. Ehre
5. Schwachheit	5. Kraft

Der Unterschied zwischen dem jetzigen Leib und dem Auferstehungsleib ist derselbe wie zwischen Adam und dem auferstandenen Christus: In unserem jetzigen Leib sind wir Ebenbilder Adams, dann werden wir Ebenbilder Christi, des letzten Adams, sein. Paulus stellt diesen Unterschied heraus, indem er zwischen dem »natürlichen« und dem »geistlichen« Leib unterscheidet (V. 44). Dieser Gegensatz ist eng mit dem danach genannten Unterschied verwandt, wo das »Irdische« dem »Himmlischen« gegenübergestellt wird (V. 47). Diese beiden Gegensätze werden wir nur gemeinsam betrachten.

Himmlisch im Gegensatz zu irdisch

Der Gegensatz zwischen seelisch und geistlich sowie zwischen irdisch und himmlisch bezeichnet nicht etwa einen Leib, der aus Geist bestünde. Der Ausdruck »geistlich« beschreibt vielmehr, dass der neue Leib vom Heiligen Geist beherrscht und belebt wird. Ebenso charakterisiert der Begriff »himmlisch« als Gegensatz zu »irdisch« den neuen Leib als einen Leib, der mit Gott in Verbindung steht und göttliche Tugenden und Kraft auf eine Weise widerspiegelt, die den irdischen Leib weit übertrifft. Der Gegensatz zwischen seelisch und geistlich sowie zwischen irdisch und himmlisch ist nicht allein der Gegensatz zwischen dem in Sünde *gefallenen* Leib Adams und dem verherrlichten Leib Christi, sondern zwischen Adam im Zustand *vor* dem Sündenfall und Christus als Auferstandenem. In 1. Korinther 15,45 wird 1. Mose 2,7 zitiert (»so wurde der Mensch eine lebende Seele«), was von Adam in seinem noch sündlosen Zustand spricht. Es ist weder schändlich noch verwerflich, dass Adam »von der Erde« oder »irdisch« war, sondern das ist schlicht die ihm von Gott gegebene Natur.

Die Begriffe »geistlicher Leib« und »himmlischer Leib« bezeichnen den leiblichen Zustand eines Menschen in vollkommener Gemeinschaft mit Gott und in höchster charakterlicher Vollkommenheit. Ihm ist somit das allerhöchste Maß des weisen, mächtigen und heiligen Handelns des Geistes Gottes gegeben, das ein Geschöpf je erfahren kann. Ein solcher auferstandener Mensch gleicht nicht Adam in seinem sündlosen, aber irdischen Zustand, sondern ist dem auferstandenen Christus gleichgestaltet. Die »Seele« Adams war geschaffen und spricht somit von einer gewissen Trennung bzw. Distanz zwischen Gott und Mensch, aber der »Geist« der Auferstandenen ist von Gottes eigener Natur und spricht somit von absoluter Nähe zu Gott und Einheit mit ihm. Als von der Erde her geschaffenes Geschöpf hätte Adam durch den Baum des Lebens irdische Unsterblichkeit erlangen können (1Mo 3,22); als vom Himmel her und durch den Heiligen Geist Wiedergeborene haben wir durch Christus und seine Erlösungstat vom Kreuz – dem wahren geistlichen »Baum des Lebens« (Offb 22,2.14) – ewiges Leben erlangt und werden einen entsprechenden ewigen Auferstehungsleib bekommen, in dem wir engste Gemeinschaft mit Gott und Leben direkt aus ihm haben werden.

Unvergänglich im Gegensatz zu vergänglich
Vergänglich ist das, was der Verwesung, dem Verblühen, der Auflösung, dem Verfall, der Zerstörung und dem Verderben unterworfen ist. Das Fleisch kann und wird verwesen (Gal 6,8). Saatgut kann verderben und das Gras, das ihm entsprosst, verwelken (1Petr 1,23). Schönheit ist vergänglich (1Petr 3,4). Speise kann verderben und wird erst recht zerstört und vernichtet, wenn man sie isst (Kol 2,22). Ebenso wird auch der jetzige Leib verfallen, sterben und verwesen. Der Auferstehungsleib ist solchem Verfall nicht unterworfen (1Kor 15,42.50-54). Dieser Leib und das ganze künftige Erbteil, zu dem auch der neue Leib gehört, sind unzerstörbar und unvergänglich (1Petr 1,4; Röm 2,7).

Unsterblich im Gegensatz zu sterblich
Die Begriffe sterblich und unsterblich werden parallel zu den vorherigen Begriffen in 1. Korinther 15,53f benutzt. Dieser Gegensatz stellt das, was dem Tod unterworfen ist, dem gegenüber, das weder sterben wird noch sterben kann. Was unsterblich ist, ist nicht nur lebendig; es ist unfähig zu sterben.

Ehre im Gegensatz zu Schande
Das Begriffspaar Schande und Ehre (V. 43) beschreibt einerseits einen Leib, der sich durch Schimpf und Schande auszeichnet, und andererseits einen Leib, der durch strahlendes Licht und große Herrlichkeit den Ruhm, die Ehre und die Vorzüglichkeit dieses Menschen ausdrückt. Mit »Schande« werden perverse sexuelle Begierden bezeichnet (Röm 1,26), Männer mit langem Haar (1Kor 11,14), üble Nachrede und Unehre (2Kor 6,8; 11,21) sowie Haushaltsgefäße, die sanitären Zwecken und der Entsorgung dienen (2Tim 2,20). Unser jetziger Leib ist von allen diesen Merkmalen der Unehre gekennzeichnet und

unterliegt dem Verfall und dem Fluch der Sünde. Dieser Fluch und diese Schande, die eine rechtmäßige Folge des Sündenfalls sind, werden für immer durch die Herrlichkeit des neuen Leibes abgetan sein.

»Herrlichkeit« bezeichnet eine wahrnehmbare Vortrefflichkeit. Die sichtbare Glorie des Auferstehungsleibes Christi bezeugt, wie vortrefflich und vorzüglich der Sohn Gottes ist; sie verlangt, dass man ihn rühmt, und stellt dies auch sicher (V. 40-41; »Glanz« in diesen Versen ist im griechischen dasselbe Wort wie »Herrlichkeit in V. 43). Der strahlende Glanz der Sonne offenbart ihre Natur; ebenso offenbart auch der Auferstehungsleib die Vortrefflichkeit der Kinder Gottes.

Kraft im Gegensatz zu Schwachheit

Schwachheit (V. 43) ist das Kennzeichen eines Leibes, der anfällig ist für Gebrechlichkeit, Versagen, Krankheit und schließlich den Tod. Der Gegensatz dazu ist Kraft, die einen Leib kennzeichnet, der solchen Dingen nicht unterworfen ist. Ein solcher kraftvoller Leib ist dazu fähig, den heiligen Willen Gottes problemlos, ungehindert und uneingeschränkt auszuführen.[122] Der neue Leib wird niemals die Schwäche, Müdigkeit, Gebrechlichkeit und die Begierde erfahren, die uns jetzt noch so oft von innen heraus versuchen und zur Sünde veranlassen.

Paulus sagt, dass er sich der Hoffnung auf die Herrlichkeit Gottes rühmt und darüber jubiliert (Röm 5,2). Genau das sollte auch unsere Reaktion auf diese Wahrheiten sein. Bedenken wir, wie ehrwürdig und herrlich das Auferstehungsleben ist! Der neue Leib ist von großer Kraft. Er führt nicht wie unser jetziger Leib dazu, dass wir aus Schwäche ständig versagen. In der erlösten Schöpfung dient er Gott voller Kraft und ohne zu ermüden. Der neue Leib ist ein Leib voller Herrlichkeit. Die leibhaftigen Erscheinungen des auferstandenen Sohnes Gottes bewiesen immer wieder, dass Gott Wohlgefallen an ihm hat. Ihm selbst und der ganzen Schöpfung gegenüber bezeugt schon Jesu Auferstehungsleib an sich, wie vorzüglich sein Wesen ist; und das stopft jedem das Maul, der ihm auch nur den geringsten

---

122 2Kor 11,23-30 und 12,7-10 liefern eine biblische Beschreibung von Schwäche. Vgl. auch die Aussage Jesu, die für einen wiedergeborenen, aber noch nicht auferstandenen Menschen gilt: »Der Geist ist zwar willig, das Fleisch aber schwach« (Mt 26,41; vgl. Röm 7,18).

Vorwurf machen oder ihn verleumden wollte. Der neue Leib ist unvergänglich. Er ist der Leib einer Person, deren Wesen durch Gottes Gnade in vollkommene, unumkehrbare moralische Heiligkeit und Gerechtigkeit verwandelt wurde. Es ist somit ein Leib, der niemals schwach und nie befleckt wird, sondern immer so kraftvoll wie auch äußerlich schön sein wird wie am ersten Tag.

Der größte Segen von allen ist vielleicht, dass der neue Leib das Zeichen und Siegel des Zustands ist, in dem die Gemeinschaft mit Gott vollendet ist. Er wird im höchsten Maße vom Geist Gottes bewohnt, regiert und belebt. Dass er Gemeinschaft mit Gott in Christus hat und Gottes höchsten Wohlgefallen erlangt hat, ist unwandelbar, unabänderlich und unumkehrbar. Es ist ein geistlicher und himmlischer Leib.

KAPITEL 22

Die ewige Strafe

Mit diesem Kapitel kommen wir zum Thema Ewigkeit und zum ewigen Zustand. Dieses Kapitel befasst sich mit dem ewigen Schicksal der Gottlosen und der Lehre von der ewigen Strafe. Das nächste Kapitel behandelt dann, wie die Ewigkeit für die Gläubigen aussehen wird.

Die Lehre der endlosen Strafe ist heute unter schweren Beschuss geraten. In einem solchen Klima ist es wichtig zu bedenken, dass diese Lehre einer der eschatologischen Kerngedanken ist, in dem die Gesamtchristenheit von Anfang an völlig übereinstimmte. Die zentrale Stellung, die diese Lehre im Laufe der Kirchengeschichte immer hatte, drückt sich auch dadurch aus, welchen Rang ihr die Hauptbekenntnisse der Reformationszeit beimessen. Kapitel 32 des Baptistischen Glaubensbekenntnisses von 1689, das auf dem Glaubensbekenntnis von Westminster beruht, drückt sich deutlich über die ewige Strafe aus:

1. Gott hat einen Tag festgesetzt, an dem er die Welt in Gerechtigkeit durch Jesus Christus richten wird; ihm hat der Vater alle Macht und Gerichtsbarkeit gegeben. An jenem Tag werden nicht nur die gefallenen Engel gerichtet; ebenso müssen auch alle Menschen, die je auf Erden lebten, vor Christi Strafgericht erscheinen, um Rechenschaft über ihre Gedanken, Worte und Taten abzulegen und um das Urteil über das zu empfangen, was sie im Leib getan haben, sei es gut oder böse.

2. Gott hat diesen Tag zu dem Zweck festgesetzt, die Herrlichkeit seiner Gnade durch die Erlösung der Erwählten zu offenbaren und seine Gerechtigkeit durch die ewige Verdammnis der Verworfenen, d. h. der Gottlosen und Ungehorsamen. Dann nämlich werden die Gerechten ins ewige Leben eingehen und als ewigen Lohn Freude in Fülle und Herrlichkeit in der Gegenwart des Herrn empfangen; die Gottlosen aber, die Gott nicht kennen und dem Evangelium Jesu Christi nicht gehorchen, werden mit ewigen Qualen und

immerwährendem Verderben gestraft und aus der Gegenwart des Herrn verstoßen, hinweg von der Herrlichkeit seiner Macht.

3. Christus will, dass wir völlig davon überzeugt sind, dass es einen Tag des Gerichts geben wird. Dies soll nicht nur die Menschen insgesamt vom Sündigen abschrecken, sondern auch den Frommen in ihrer Not großen Trost spenden. Den Zeitpunkt dieses Tages aber hat er den Menschen verborgen, damit sie (da sie nicht wissen, zu welcher Stunde der Herr kommt) alle fleischliche Sicherheit fahren lassen, immerdar wachsam sind und allzeit bereit zu sagen: *Komm, Herr Jesus; komme bald!* Amen.

In Absatz 2 betont das Bekenntnis, dass es an der Lehre der endlosen Qual der Gottlosen festhält. Drei Mal spricht es von »ewiger Verdammnis«, »immerwährenden Qualen« und »immerwährendem Verderben«. Meines Wissens hat noch niemand je ernsthaft infrage gestellt, dass das Bekenntnis mit diesen Worten ausdrücklich die endlose Qual der Gottlosen lehren will. Es ist jedoch überaus interessant, dass schon viele infrage gestellt haben, dass die Bibel – an deren Sprache sich die Formulierung des Bekenntnisses anlehnt – ausdrücklich die endlose Qual lehrt! Solchen Kampfansagen an die Lehre der endlosen Strafe begegnet man am besten, indem man die Schrift selbst in ihrer Kraft zu Wort kommen lässt. Die Schriftstellen über die endlose Qual kann man in drei Kategorien einteilen: 1. was die Schrift ausdrücklich lehrt, 2. was die Schrift ausdrücklich verneint und 3. welche verschiedenen Ausdrücke und Beschreibungen die Schrift verwendet.

Die Bibel lehrt ausdrücklich die Ewigkeit der Strafe

Die Schrift lehrt ausdrücklich, dass die Leiden der Verdammten ewig sind. Die Bibel bezeugt dies an vielen Stellen:

Wenn aber deine Hand oder dein Fuß dir Anlass zur Sünde gibt, so hau ihn ab und wirf ihn von dir! Es ist besser für dich, lahm oder als Krüppel in das Leben hineinzugehen, als mit zwei Händen oder mit zwei Füßen in das ewige Feuer geworfen zu werden. (Mt 18,8)

Dann wird er auch zu denen zur Linken sagen: Geht von mir, Verfluchte, in *das ewige Feuer*, das bereitet ist dem Teufel und seinen Engeln! (Mt 25,41)

Und diese werden in *die ewige Strafe* gehen, die Gerechten aber ins ewige Leben. (Mt 25,46 ZÜR)

... sie werden Strafe leiden, *ewiges Verderben* vom Angesicht des Herrn und von der Herrlichkeit seiner Stärke ... (2Thes 1,9)

... der Lehre von Waschungen und der Handauflegung, der Totenauferstehung und dem *ewigen Gericht.* (Hebr 6,2)

Auch die Engel, die ihren himmlischen Rang nicht bewahrten, sondern ihre Behausung verließen, hat er für das Gericht des großen Tages festgehalten mit *ewigen Banden* in der Finsternis. (Jud 6 LUT)

... so wird auch er trinken vom Wein des Grimmes Gottes, der unvermischt im Kelch seines Zornes bereitet ist; und er wird mit Feuer und Schwefel gequält werden vor den heiligen Engeln und vor dem Lamm. *Und der Rauch ihrer Qual steigt auf von Ewigkeit zu Ewigkeit; und sie haben keine Ruhe Tag und Nacht,* die das Tier und sein Bild anbeten, und wenn jemand das Malzeichen seines Namens annimmt. (Offb 14,10-11)

Gegner der Lehre der ewigen Qual wenden häufig ein, dass die Begriffe, die an diesen Stellen mit »ewig« oder »immerwährend« übersetzt werden, in manchen Fällen eine begrenzte, endliche Dauer bezeichnen können. Auf diesen Einwand kann man mehrere Punkte erwidern:

Erstens: Nehmen wir einmal an, diese Begriffe könnten in manchen Fällen tatsächlich eine endliche Dauer bezeichnen. Selbst dann wäre dennoch nicht zu leugnen, dass diese Worte die besten und einzigen waren, die den Verfassern der Bibel zur Verfügung standen, um den Gedanken ewiger Dauer auszudrücken. A. A. Hodge schreibt:

Das Neue Testament verwendet die stärksten Ausdrücke, die das Griechische bietet, um die unendliche Dauer der Qualen zu beschreiben, mit denen die Verlorenen bestraft werden. Dieselben Worte (*aiōn, aiōnios* und *aidios*) werden benutzt, um die ewige Existenz Gottes (1Tim 1,17; Röm 1,20; 16,26), Christi (Offb 1,18) und des Heiligen Geistes (Hebr 9,14) zu beschreiben sowie die endlose Dauer der Glückseligkeit der Heiligen.[123]

---

123 A.A. Hodge, *The Confession of Faith* (Edinburgh: The Banner of Truth Trust, 1869, 1958), S. 393.

Zweitens: In der überwiegenden Mehrheit der Fälle werden diese Begriffe im Sinne von endloser Dauer benutzt. Wenn sie sich nicht auf das jetzige Zeitalter beziehen, sondern auf das kommende, beschreiben solche Worte endlose Dauer. William Shedd schreibt:

> In der weit größeren Anzahl von Fällen bezeichnen *aiōn* und *aiōnios* das künftige, unendliche Zeitalter und nicht das jetzige, endliche; sie beschreiben die Ewigkeit, nicht die Zeit. Stuart schreibt: »In all den Fällen, wo sich *aiōnios* auf die künftige Dauer bezieht, bezeichnet es ein endloses Andauern ...«[124]

Drittens: Die Begriffe für die ewige Glückseligkeit der Gerechten stehen streng parallel zu denen für die ewige Pein der Gottlosen. Folglich untergräbt jede Argumentation gegen die ewige Strafe der Gottlosen auch die ewige Dauer der Glückseligkeit. Matthäus 25,46 ist dafür der klassische Beleg: »Und diese werden hingehen zur ewigen Strafe, die Gerechten aber in das ewige Leben.«

Viertens: Das Adjektiv »ewig« (*aiōnios*) muss man vom Nomen »Ewigkeit« (*aiōn*) unterscheiden. Laut den Standardwörterbüchern beschreibt das Nomen manchmal nur einen viele Jahrhunderte langen Zeitraum, im Gegensatz zum Adjektiv. Die 69 Vorkommen des Adjektivs im Neuen Testament werden quasi alle mit »ewig« übersetzt.[125] Diese Stellen machen unzweifelhaft klar, dass eine endlose Dauer gemeint ist.

Das Adjektiv wird regelmäßig benutzt, um das ewige Leben zu beschreiben: »Und siehe, einer trat herbei und sprach zu ihm: Lehrer, was soll ich Gutes tun, damit ich *ewiges Leben* habe?« (Mt 19,16). Es bezeichnet die ewige Strafe als Gegensatz zum ewigen Leben: »Und diese werden in die *ewige Strafe* gehen, die Gerechten aber ins *ewige Leben*« (Mt 25,46). Es wird verwendet, um das Wasser ewigen Lebens zu beschreiben, von dem man nie wieder durstig sein wird, nachdem man es getrunken hat: »Wer aber von dem Wasser trinken wird, das ich ihm geben werde, den wird nicht dürsten in Ewigkeit; sondern das Wasser, das ich ihm geben werde, wird in ihm eine

---

124 William G. T. Shedd, *The Doctrine of Endless Punishment* (Minneapolis: Klock & Klock Christian Publishers, 1886, 1980), S. 87f.

125 Einzige Ausnahmen z. B. in der Elberfelder Bibel sind Philemon 1,15 (»für immer«) und 1Tim 6,19 (»wirkliche«).

Quelle Wassers werden, das ins *ewige Leben* quillt« (Joh 4,14). Die Speise des ewigen Lebens wird der vergänglichen Speise gegenübergestellt: »Wirkt nicht für die Speise, die vergeht, sondern für die Speise, die da bleibt ins ewige Leben, die der Sohn des Menschen euch geben wird! Denn diesen hat der Vater, Gott, beglaubigt« (Joh 6,27).

Ewiges Leben zu haben bedeutet, nie verloren zu gehen: »... und ich gebe ihnen *ewiges Leben*, und sie gehen nicht verloren in Ewigkeit, und niemand wird sie aus meiner Hand rauben« (Joh 10,28). Das Wort beschreibt den ewigen Gott: Das Geheimnis, das »jetzt aber offenbart und durch prophetische Schriften nach Befehl des *ewigen Gottes* zum Glaubensgehorsam an alle Nationen bekannt gemacht worden ist« (Röm 16,26). Ewig bezeichnet Gottes ewige Macht: »... der allein Unsterblichkeit hat, der in einem unzugänglichen Licht wohnt, den kein Mensch gesehen hat noch sehen kann; ihm sei Ehre und *ewige Macht!*« (1Tim 6,16 SCH). Es beschreibt den ewigen Erwählungsratschluss Gottes: »Der hat uns gerettet und berufen mit heiligem Ruf, nicht nach unseren Werken, sondern nach seinem eigenen Vorsatz und der Gnade, die uns in Christus Jesus *vor ewigen Zeiten* gegeben« worden ist (2Tim 1,9). Das Wort wird benutzt, um die ewige Existenz des Geistes Gottes zu beschreiben: »... wie viel mehr wird das Blut des Christus, der sich selbst durch den *ewigen Geist* als Opfer ohne Fehler Gott dargebracht hat, euer Gewissen reinigen von toten Werken, damit ihr dem lebendigen Gott dient!« (Hebr 9,14). Es bezeichnet die Endlosigkeit des Neuen Bundes: »Der Gott des Friedens aber, der den großen Hirten der Schafe, unsern Herrn Jesus, von den Toten heraufgeführt hat durch das Blut eines *ewigen Bundes* ...« (Hebr 13,20).

Im Licht dieser Beweislage muss man Theorien, die eine ewige Strafe ablehnen und dazu biblischen Ausdrücken eine andere Bedeutung zuschreiben, als falsch verwerfen.

Die Bibel lehrt kein Ende der Strafe

Eine weitere Gruppe von Bibelstellen lehrt ebenfalls die ewige Strafe, und zwar jene Aussagen der Schrift, die ausdrücklich verneinen, dass die Qual der Gottlosen irgendwann aufhört. Mit anderen Worten: die Strafe ist ohne Ende.

Seine Worfschaufel ist in seiner Hand, seine Tenne zu reinigen und den Weizen in seine Scheune zu sammeln; die Spreu aber wird er verbrennen mit unauslöschlichem Feuer. (Lk 3,17; vgl. Mt 3,12)

Und wenn deine Hand dir Anlass zur Sünde gibt, so hau sie ab! Es ist besser für dich, als Krüppel in das Leben hineinzugehen, als mit zwei Händen in die Hölle zu kommen, in das *unauslöschliche* Feuer ..., wo ihr Wurm *nicht* stirbt und das Feuer *nicht* erlischt. (Mk 9,43.48)

Andere biblische Ausdrücke für ewig

Die Bibel benutzt verschiedene Ausdrücke, die auf viele unterschiedliche und mannigfaltige Weisen beschreiben, dass die Qualen der Hölle endlos sind und es für die Verdammten nicht die geringste Hoffnung gibt.

Der Sohn des Menschen wird seine Engel aussenden, und sie werden aus seinem Reich alle Ärgernisse zusammenlesen und die, die Gesetzloses tun, und sie werden sie in den Feuerofen werfen; da wird das Weinen und das Zähneknirschen sein. (Mt 13,41-42)

... und wird ihn *entzweischneiden* und ihm sein Teil festsetzen bei den Heuchlern; da wird *das Weinen und das Zähneknirschen* sein. (Mt 24,51)

Und den unnützen Knecht werft hinaus in *die äußere Finsternis;* da wird *das Weinen und das Zähneknirschen* sein. (Mt 25,30)

Solche Ausdrücke muss man zusammen mit den ernsten Ermahnungen der Schrift sehen, dass man um jeden Preis versuchen muss, diesem Gericht zu entrinnen. Betrachten wir z. B. die Ermahnung über die unverzeihliche Sünde, die wir in den Evangelien finden (Mt 12,31f und Mk 3,29):

Deshalb sage ich euch: Jede Sünde und Lästerung wird den Menschen vergeben werden; aber die Lästerung des Geistes wird nicht vergeben werden. Und wenn jemand ein Wort reden wird gegen den Sohn des Menschen, dem wird vergeben werden; wenn aber jemand gegen den Heiligen Geist reden wird, dem wird nicht vergeben werden, weder in diesem Zeitalter noch in dem zukünftigen. (Mt 12,31f)

Matthäus 26,24 und Markus 14,21 lehren dasselbe und sprechen davon, dass es für manche besser wäre, nie geboren zu sein:

> Der Menschensohn geht zwar dahin, wie von ihm geschrieben steht; doch weh dem Menschen, durch den der Menschensohn verraten wird! Es wäre für diesen Menschen besser, wenn er nie geboren wäre. (Mt 26,24 LUT)

Die gesamte Bibel sieht den Zustand des Menschen nach der Auferstehung immer als endgültig und ewig an. Die Schrift sagt eindeutig, dass die Gottlosen leibhaftig auferweckt werden, um den Zorn Gottes zu erleiden (Dan 12,1f; Joh 5,29, Apg 24,15). Wozu sollte Gott die Gottlosen von den Toten auferwecken, wenn die Strafe nicht ewig wäre oder wenn die Gottlosen einfach nur vernichtet würden?

Zwei verbreitete Irrlehren, die die ewige Strafe leugnen

Die oben dargestellte Beweislage räumt jeden Zweifel aus, dass die Schrift tatsächlich die endlose Qual der Gottlosen lehrt. Dennoch gibt es zwei Irrlehren, die dies bestreiten. Es ist darum nötig, kurz darauf einzugehen.

Die Allversöhnungslehre

Diese Lehre behauptet, dass eines Tages alle Menschen ohne Ausnahme gerettet würden. Dem steht das einstimmige Zeugnis der Schrift entgegen, dass es für die Menschen zwei gegensätzliche Schicksale gibt. Erinnern wir uns an die oben zitierten Bibelstellen über die Auferstehung der Gottlosen! Die Allversöhnungslehre beinhaltet auch die offenkundig absurde Lehre, dass sogar Satan gerettet wird. (Die Verdammten erleiden ja laut Matthäus 25,41 dasselbe Schicksal wie der Teufel und seine Engel.) Die Allversöhnungslehre muss ferner die Aussage Christi ignorieren, dass es für manche Menschen besser wäre, nie geboren zu sein (Mt 26,24). Wenn die Lehre der Allversöhnung wahr wäre, dann wäre es immer besser, geboren zu sein. Die Belege, die man für die Allversöhnung anführt, sind, wenn man sie ernsthaft untersucht, äußerst schwach. Allversöhner bemühen allgemein klingende biblische Begriffe (»alle Menschen«, »die Welt« usw.). Es ist schlicht eine Tatsache, dass solche Ausdrücke in der Schrift oft nicht »alle Menschen ohne Ausnahme« meinen, sondern vielmehr alle Auserwählten oder die weltweite Menschheit allgemein (und nicht nur die Juden speziell, wie es im Alten Bund der Fall war) oder alle Arten von Menschen. Man kann in Bezug auf die Erwählten sagen, dass alle Welt gerettet wird, ohne dass damit gemeint ist, dass jeder einzelne Mensch ohne Ausnahme gerettet würde.

Die Vernichtungslehre

Die Lehre der Seelenvernichtung (oder der bedingten Unsterblichkeit) ist eine ebenfalls populäre Irrlehre. Sie besagt, dass irgendwann nach einer Zeit der Bestrafung in der Hölle sowohl der Leib als auch die Seele der Gottlosen völlig ausgelöscht, also nicht mehr existieren werden. Unter der Strafe für die Sünde, den Tod und den zweiten Tod versteht man die endgültige Auslöschung bzw. völlige Vernichtung.

Verschiedene Überlegungen verdeutlichen, wie falsch diese Position ist. Erstens ist sie mit den Worten Christi unvereinbar, dass es für manche besser wäre, wenn sie nie geboren wären. Er hätte sonst ja sagen müssen, dass sie letztlich *sein werden, als wären sie nie geboren.*

Zweitens setzen Anhänger der Seelenvernichtungslehre die biblischen Ausdrücke, die das Verderben beschreiben, fälschlicherweise mit dem philosophischen Begriff der Vernichtung gleich.[126] »Verderben« bedeutet jedoch in der Bibel, wenn es für Strafe gebraucht wird, niemals völlige Auslöschung, sondern dass etwas zu Grunde gerichtet wird (2Thes 1,9; 2Petr 3,7).

Drittens stellt die Seelenvernichtungslehre die biblische Lehre über die Strafe auf den Kopf. Als Jesus stellvertretend die Strafe für unsere Sünden auf sich nahm, wurde er nicht vernichtet oder ausgelöscht. Er wurde bestraft, indem er an Leib und Seele Qualen litt. Er wurde nicht vernichtet.

Jegliche Lehre über die Liebe Gottes, die die ewige Strafe anzweifelt, ist eine Irrlehre. Eine solche Lehre verweichlicht Gott, indem sie seine vollkommene Gerechtigkeit zu gering schätzt und es verharmlost, wie abgrundtief böse Sünde ist. Wenn wir standhaft

---

126 Im Griechischen wird (wie auch im Englischen) für »Verderben« und »Vernichtung« ein und dasselbe Wort benutzt, wenn auch mit verschiedenen Bedeutungen, wie der Autor oben ausführt; das Deutsche differenziert hier mehr (Anm. d. Übers.).

an der Lehre der ewigen Strafe festhalten, darf man das nicht damit gleichsetzen, dass wir eine sadistische Lust daran hätten. In der ganzen Schrift warnt gerade Jesus Christus, der sich mit höchstem Recht »sanftmütig und von Herzen demütig« (Mt 11,29) nennen kann, am häufigsten, eindringlichsten und deutlichsten vor der Gefahr des ewigen Feuers.

KAPITEL 23

Der Himmel auf Erden?
Vernichtung oder Erneuerung?

Mit diesem Kapitel kommen wir zum Abschluss unseres Versuchs, die eschatologische Heilsbotschaft der Bibel leichtverständlich zu erklären. Hier wollen wir uns der Frage zuwenden, wo und in welchem Zustand die Gerechten die Ewigkeit verbringen werden. Für eine Antwort müssen wir über *die Lehre der erlösten Erde* nachdenken. Die biblische Prophetie fiebert einer erlösten Welt, einer erneuerten Erde entgegen, die das ewige Erbe des wahren Volkes Gottes sein wird. Diese Lehre ist sowohl dafür entscheidend, die christliche Eschatologie recht zu verstehen, als auch die christliche Hoffnung recht zu würdigen.[127]

Warum die Bibel diese Lehre notwendig macht

Die Bibel ist ein Buch über die Heilsgeschichte. Ihr Thema ist die Entfaltung des göttlichen Erlösungsplans für die Welt im Verlauf der Geschichte. »Erlösung« und dessen verwandte Begriffe »Errettung« und »Versöhnung« beinhalten jeweils die Wiederherstellung – den Rückkauf bzw. die Wiedererlangung – dessen, was gerettet, erlöst und versöhnt wurde.

Die Christenheit hat von Anfang an verstanden, dass beim Sündenfall mehr verloren ging und verdorben wurde als bloß der Geist oder die Seele Einzelner. Zu den frühesten Irrlehren, die die Christenheit energisch abwehrte, zählten der Doketismus und die Gnosis. Beide Irrlehren schlossen auf typisch griechische Weise das Fleisch – die materielle Seite des Menschseins – von der Teilhabe an der Erlösung aus. Dass man diesen Hang der Gnosis zur Vergeistlichung

---

127 Anthony A. Hoekema, *The Bible and the Future* (Grand Rapids: Eerdmans, 1979), S. 254f. Meine Ansicht zu diesem Thema verdanke ich zu einem großen Teil dieser exzellenten Abhandlung von Anthony Hoekema.

ablehnte, hatte überaus gute Gründe, die schon in der frühesten biblischen Darstellung der Erlösung zu finden sind.

Die Anfänge der Erlösung bei Mose

Das erste Buch Mose beginnt mit dem Schöpfungsbericht. Himmel und Erde wurden durch das direkte Handeln Gottes geschaffen. Dort findet sich der beständige Refrain, dass diese materielle Schöpfung gut war (1Mo 1,4.10.12.18.21.25). Dies gipfelt in der Aussage von 1. Mose 1,31 am sechsten Tag: »Und Gott sah alles, was er gemacht hatte, und siehe, es war sehr gut.«

Die darin enthaltene Beschreibung der Erschaffung des Menschen ist eng mit dieser materiellen Schöpfung verknüpft. 1. Mose 1,26-28 lautet:

> Und Gott sprach: Lasst uns Menschen machen nach unserem Bild, uns ähnlich; die sollen herrschen über die Fische im Meer und über die Vögel des Himmels und über das Vieh und über die ganze Erde, auch über alles Gewürm, das auf der Erde kriecht! Und Gott schuf den Menschen in seinem Bild, im Bild Gottes schuf er ihn; als Mann und Frau schuf er sie. Und Gott segnete sie; und Gott sprach zu ihnen: Seid fruchtbar und mehrt euch und füllt die Erde und macht sie euch untertan; und herrscht über die Fische im Meer und über die Vögel des Himmels und über alles Lebendige, das sich regt auf der Erde! (SCH)

1. Mose 2,4-25 bestätigt nochmals diese Beziehung zwischen Mensch und materieller Schöpfung. Dieser zweite Bericht beschreibt die Erschaffung des menschlichen Leibes. Er unterstreicht den irdischen Auftrag des Menschen und seine Verantwortung, den Garten Eden zu pflegen. Der Bericht stellt auch heraus, wie die Frau erschaffen wurde, die genau das ausfüllte, was Adam fehlte. Mose berichtet dabei auch, dass das erste Ehepaar nackt war.

Es überrascht darum nicht, dass der Sündenfall in 1. Mose 3 sowohl für die materielle Existenz des Menschen als auch für die materielle Schöpfung katastrophale Folgen hatte. Der Erdboden wird verflucht, bringt Dornen und Disteln hervor, und die Arbeit wird schweißtreibend. Adam schämt sich seiner Nacktheit. Für die Frau resultieren Schmerzen beim Gebären. Eine weitere schreckliche Folge ist der leibliche Tod: der Mensch kehrt wieder zum Staub zurück.

Die in 1. Mose 3,15 gegebene Urverheißung der Erlösung beinhaltet, dass diese Flüche rückgängig gemacht werden. Dort wird verheißen, dass der Same der Frau den Samen der Schlange besiegen wird – ein Mensch, von einer Frau geboren, wird der Retter sein. Zum Sieg – dem »Zertreten des Kopfes der Schlange« – muss gewiss auch gehören, dass dieser Retter das Böse rückgängig macht, das über den materiellen Leib und das materielle Umfeld des Menschen, die Erde, gekommen ist.

All dies wird durch die weitere Entfaltung des Erlösungsplans Gottes in den Büchern Moses bestätigt. Die Landverheißung ist Dauerthema bei Gottes Bündnissen mit Abraham (1Mo 12,1; 15,7.18; 17,8). Diese Verheißung wird durch die späteren heilsgeschichtlichen Entwicklungen nicht aufgehoben. Die Mosebücher präsentieren in ihren weitesten Ausblicken dem Volk Gottes das Land als endgültiges Erbe. In 5. Mose 30,1-10 – der Verheißung der Wiederherstellung Israels nach dem Babylonischen Exil – ist es immer noch das Gelobte Land, das ihnen als Erbe vor Augen geführt wird. Auch die heilsgeschichtlich späteren Erwähnungen des Landes zeigen, dass die Landverheißung nicht annulliert, sondern dahingehend erweitert oder verallgemeinert wurde, dass eine neue Erde verheißen wird.

Die Bilder von der Erlösung bei den Propheten

Das weitere Alte Testament setzt überall voraus, dass »das Land« oder die Erde der Ort ist, an dem Gottes erlöstes Volk lebt und den es schließlich als Erbe empfängt. Die Zahl der Belegstellen ist dementsprechend groß: Psalm 2,8; 10,16; 21,11; 25,13; 34,17; 37,9.11.22.29.34; 104,35; 109,15; 112,2; 119,119; Sprüche 2,21f; 10,30; 11,31; Jesaja 11,9; 14,1f; 42,4; 49,8; 57,13; 58,14; 60,21; 62,4.7; Jeremia 32,41; 33,11.15; Hesekiel 36,28; 37,14.25; 39,26; Daniel 2,35.44; 7,23; Sacharja 14,9.17.

Diese Texte zeigen, dass Errettung und Erlösung zweifellos mit der Erde zu tun hat – sowohl in Bezug auf den Ort des Geschehens als auch auf den Ort, an dem die Erlösten sich der Erlösung erfreuen. Dennoch werden manche einwenden: »Sprechen die Propheten nicht einfach von himmlischen Dingen, indem sie dafür Bilder aus der diesseitigen Welt verwenden? Können diese irdischen Bilder tatsächlich Grundlage für die Lehre von einer erlösten Erde sein?«

Es stimmt, dass man manche prophetischen Bilder im Alten Testament auf diese Weise deuten kann. Dennoch kann dieser Einwand nicht erklären, warum die Bibel durchgängig von »Land« als Erbteil spricht. Die biblische Lehre der Schöpfung betont so sehr die Begriffe von Erde und Land und ist so tief darin verwurzelt, dass man den irdischen Aspekt der Erlösung nicht wegerklären kann. Wenn man diese Betonung der Erde zugunsten einer »rein geistlichen« Sicht der Ewigkeit ablehnt, wirft dies ernsthafte Fragen auf. Auf welcher Grundlage kommen wir zu dem Schluss, dass die Ewigkeit nicht die Erde mit einbeziehen würde? Wir müssen hinterfragen, ob diese Schlussfolgerung nicht einem griechisch-philosophischen Denken entstammt. Wenn es stimmt, dass die Ewigkeit nicht irdisch ist, muss dies im Neuen Testament selbst begründet sein. Wir dürfen diese Ansicht nicht der Bibel aufgrund der Voreingenommenheit unseres eigenen Denkens aufzwingen.

Die Vorhersagen über die Erlösung im Neuen Testament

Wenn wir uns nun dem Neuen Testament zuwenden, entdecken wir jedoch nicht die geringste Tendenz, diese alttestamentliche Betonung der Erde als Ort der Erlösung zu vergeistlichen. Hierzu finden sich im Neuen Testament eine ganze Reihe sehr bedeutender Schlüsselstellen.

Matthäus 5,5: »Glückselig die Sanftmütigen; denn sie werden *das Land* erben«. Dieser Vers zitiert Psalm 37,11. Die hier stehenden Worte für »sanftmütig«, »erben« und »Land« (oder »Erde«) sind genau die Worte, die in der altgriechischen Übersetzung von Psalm 37,11 benutzt werden. Der Kontext von Matthäus 5,5 und insbesondere die anderen Seligpreisungen verdeutlichen, dass es sich bei diesem irdischen Erbe in Vers 5 in erster Linie um ein eschatologisches Ereignis handelt. In den Versen 3-9 und 19-20 ist parallel zu Vers 5 die Rede von einem zukünftigen, eschatologischen Empfangen des Königreichs des Himmels bzw. davon, wie man dort hineingelangt. Dies zeigt, dass sich Psalm 37,11 ebenfalls auf ein eschatologisches Ereignis beziehen muss. Jesus sagt nichts, was darauf schließen ließe, dass er diesen alttestamentlichen Vers über das irdische Erbe vergeistlichen würde. Der Schwerpunkt wird zwar ausgeweitet und verallgemeinert,[128] aber nicht vergeistlicht.

---

128 Wenn man in Psalm 37,11 »Land (d.h. Israel)« und in Matthäus 5,5 »(die ganze) Erde« übersetzen will, hieße das, dass Jesus die alttestamentliche Lehre bzgl. dem

Matthäus 6,10: »Dein Reich komme; dein Wille geschehe, wie im Himmel, so auch *auf Erden.*« Auch das Vaterunser verbindet das Tun des Willens des Vaters mit dem Kommen seines Reiches. Eindeutig gehört zum Kommen des vollendeten Reiches Gottes, dass sein Wille auf Erden vollkommen getan wird. An dieser Stelle weist nichts darauf hin, dass die irdischen Erwartungen des Alten Testament hier vergeistlicht würden. Vielmehr beinhaltet das Kommen des Reiches Gottes eben genau dies: die moralische Verwandlung der Erde.

Als nächstes kommen wir zu *Matthäus 13,38-41:*

> … der Acker aber ist die Welt; der gute Same aber sind die Söhne des Reiches, das Unkraut aber sind die Söhne des Bösen; der Feind aber, der es gesät hat, ist der Teufel; die Ernte aber ist die Vollendung des Zeitalters, die Schnitter aber sind Engel. Wie nun das Unkraut zusammengelesen und im Feuer verbrannt wird, so wird es in der Vollendung des Zeitalters sein. Der Sohn des Menschen wird seine Engel aussenden, und sie werden aus seinem Reich alle Ärgernisse zusammenlesen und die, die Gesetzloses tun, und sie werden sie in den Feuerofen werfen; da wird das Weinen und das Zähneknirschen sein. Dann werden die Gerechten leuchten wie die Sonne in dem Reich ihres Vaters. Wer Ohren hat, der höre«

Jesus erklärt die Symbole im Gleichnis vom Sämann in perfekter Übereinstimmung mit den irdischen Erwartungen des Alten Testaments. Der Acker, auf den das Wort Gottes gesät wird, ist die Welt. Dieser »Welt-Acker« wird anschließend in Vers 41 als das Königreich des Menschensohns bezeichnet. Die Wiederkunft Christi führt nicht zur völligen Vernichtung dieses »Welt-Ackers«, sondern zu seiner Reinigung. Durch diese Reinigung wird die Welt zum Reich des Vaters, in dem die Gerechten in der Auferstehungsherrlichkeit leuchten. Dieses Gleichnis setzt voraus, dass der Schauplatz des ewigen Reiches die verwandelte und erneuerte Welt sein wird.

> Jesus aber sprach zu ihnen: Wahrlich, ich sage euch: Ihr, die ihr mir nachgefolgt seid, auch ihr werdet in der Wiedergeburt, wenn der Sohn des Menschen auf seinem Thron der Herrlichkeit sitzen wird, auf

---

Land Israel auf eine weltweite Bedeutung ausdehnt; vgl. Offb 5,10 u. a.

zwölf Thronen sitzen und die zwölf Stämme Israels richten. Und ein jeder, der Häuser oder Brüder oder Schwestern oder Vater oder Mutter oder Kinder oder Äcker um meines Namens willen verlassen hat, wird hundertfach empfangen und ewiges Leben erben. (Mt 19,28-29)

Das Schlüsselwort hier lautet *Wiedergeburt*. Dieses Wort wird zweimal im Neuen Testament verwendet. In Titus 3,5 bezeichnet es die geistliche Neugeburt einzelner Christen, in Matthäus 19,28 die Neugeburt der Welt. Im direkten Kontext findet sich ein weiterer Hinweis, was das Wort »Wiedergeburt« hier bedeutet: der Zustand, den der Herr in Vers 28 mit »in der Wiedergeburt« beschreibt, bezeichnet er in Vers 29 als »ewiges Leben«. Diese Stelle bestätigt somit eindeutig die irdischen Erwartungen des Alten Testaments und lehrt uns, dass Gott nicht nur einzelne Menschen erneuern will, sondern auch die Welt.

Apostelgeschichte 3,21: »Den muss freilich der Himmel aufnehmen bis zu den Zeiten der *Wiederherstellung* aller Dinge, von denen Gott durch den Mund seiner heiligen Propheten von jeher geredet hat.« Diese Stelle bezieht sich ausdrücklich auf die Voraussagen und Erwartungen der alttestamentlichen Propheten. Petrus sagt hier, dass sie von »den Zeiten der Wiederherstellung aller Dinge« gesprochen haben. Diese Zeit betrachtet Petrus als noch zukünftig. Sie beginnt zu dem Zeitpunkt, wenn Jesus vom Himmel her wiederkehrt (Apg 3,19f). Die Bedeutung des Ausdrucks »Wiederherstellung« ist somit ganz klar. Die Wiederkunft Christi führt nicht zur Vernichtung aller Dinge, sondern zu deren Wiederherstellung. Was ist in Vers 21 mit »alle Dinge« gemeint? Dieser Ausdruck kann sich entweder auf die ganze Welt beziehen oder auf alles, was mit dem theokratischen Königreich Israels in Verbindung steht. Es ist denkbar, dass mit dem Ausdruck »alle Dinge« insbesondere das theokratische Königreich gemeint ist. Bei Christi Wiederkunft wird das Königreich Israels, das zur Zeit Nebukadnezars unterging, auf einer erlösten Erde in Herrlichkeit wiederhergestellt werden. Auch der Kontext in Apostelgeschichte 3 macht diese Annahme erforderlich, da dort die Rede von »allen Propheten« (3,18.24.25) und von der Erfüllung ihrer Weissagungen ist. Daher ist klar, dass sie die Wiederherstellung der Erde voraussagten.

Denn ich denke, dass die Leiden der jetzigen Zeit nicht ins Gewicht fallen gegenüber der zukünftigen Herrlichkeit, die an uns offenbart werden soll. Denn das sehnsüchtige Harren der Schöpfung wartet auf die Offenbarung der Söhne Gottes. Denn die Schöpfung ist der Nichtigkeit (o. Vergänglichkeit) unterworfen worden – nicht freiwillig, sondern durch den (o. um dessentwillen), der sie unterworfen hat – auf Hoffnung hin, dass auch selbst die Schöpfung von der Knechtschaft der Vergänglichkeit frei gemacht werden wird zur Freiheit der Herrlichkeit der Kinder Gottes. Denn wir wissen, dass die ganze Schöpfung zusammen seufzt und zusammen in Geburtswehen liegt bis jetzt. Nicht allein aber sie, sondern auch wir selbst, die wir die Erstlingsgabe des Geistes haben, auch wir selbst seufzen in uns selbst und erwarten die Sohnschaft: die Erlösung unseres Leibes (Röm 8,18-23).

Römer 8,18-23 ist einer der verständlichsten und wichtigsten Lehrabschnitte über die erneuerte Erde. Diese Lehre ist vielen Auslegern derart fremd, dass sie über diese eigentlich leichtverständliche Stelle eine Vielzahl von Meinungen produziert haben. Diese widersprüchlichen Umdeutungsversuche, was Paulus wohl damit gemeint haben könnte, was er hier schlicht »die Schöpfung« oder »die ganze Schöpfung« nennt, hat John Murray auf vortreffliche Weise zum Schweigen gebracht:

Der Begriff »Schöpfung« bezeichnet in Römer 1,20 den Schöpfungsakt; hier [in Römer 8] aber muss er das dadurch Geschaffene beschreiben. Die Frage ist: Wie viel der Schöpfung umfasst dieser Begriff? Man muss beachten, dass die Verse 20-23 die Bedeutung dieses Ausdrucks eingrenzen. Und am besten versteht man seine Bedeutung, wenn man anhand dieser Eingrenzung ausschließt, was er nicht bedeuten kann. Die Engel können nicht dazu gehören, weil sie nicht der Knechtschaft der Vergänglichkeit und Verwesung unterworfen sind. Satan und die Dämonen können nicht dazu gehören, denn weder sehnen sie sich nach dem Offenbarwerden der Söhne Gottes, noch werden sie Anteil an der »Freiheit der Herrlichkeit der Kinder Gottes« haben. Die Kinder Gottes können nicht dazu gehören, weil sie von »der Schöpfung« klar unterschieden werden (8,19.21.23). Es wäre zum Beispiel sinnlos zu sagen: »Nicht allein aber sie [die Schöpfung], sondern auch wir selbst« (V. 23), wenn das Seufzen der Schöpfung, von dem im vorangehenden Vers die Rede ist, die Gläubigen mit einschlösse. Die Menschheit im Allgemeinen kann nicht dazu gehören, weil man von ihr nicht sagen kann, sie sei »nicht freiwillig der Vergänglichkeit unterworfen worden«; die Menschheit wurde all dem Übel unterworfen, das sie ertragen muss, weil Adam freiwillig in Übertretung fiel. Die Ungläubigen können nicht dazu gehören, weil das sehnsüchtige Harren, von dem hier die Rede ist, sie nicht charakterisiert. Selbst diejenigen von ihnen, die derzeit noch ungläubig sind, sich aber in Zukunft bekehren werden, können nicht dazu gehören, weil sie in den Söhnen Gottes eingeschlossen sind, die in den Versen 19 und 21 von »der Schöpfung« unterschieden werden. Wir erkennen somit, dass die in den Versen 20-23 benutzten Begriffe alle vernunftbegabten Wesen der Schöpfung ausschließen. Folglich können wir darunter ausschließlich die nicht vernunftbegabte Schöpfung verstehen, die belebte wie unbelebte.[129]

Dieser Abschnitt lehrt folglich im einfachsten Sinne des Wortes, dass die materielle Schöpfung mit in die Herrlichkeit der Söhne Gottes eingehen wird. Diese Herrlichkeit wird in Vers 23 ganz klar mit der Erlösung des Leibes gleichgesetzt. Die herrliche Verwandlung bei der Wiederkunft Christi gestaltet die Leiber der Gläubigen um, aber sie wird auch die materielle Schöpfung verwandeln: Die Natur wird aus der Knechtschaft der Vergänglichkeit erlöst, in der sie sich jetzt befindet. Eine auferstandene Erde wird die Umgebung sein, derer sich die Söhne Gottes im Auferstehungsleib erfreuen werden.

Johannes 3,17: »Denn Gott hat seinen Sohn nicht in *die Welt* gesandt, dass er *die Welt* richte, sondern dass *die Welt* durch ihn gerettet werde.« Johannes 3,17 lehrt, dass die Erlösung der Welt das erklärte Ziel dessen ist, dass Gott seinen Sohn in die Welt sandte. Mit »Welt« muss in diesem Kontext natürlich in erster Linie die große Menge derer, die niemand zählen kann, gemeint sein, die durch Christi Tod errettet wurden und eines Tages die erlöste Menschheit bilden werden. Diese Stelle bezeugt allerdings auch den gemeinschaftlichen Charakter der Erlösung, die der Herr vollbracht hat. Eine solche gemeinschaftliche Rettung eines zusammengehörigen Volkes – einer ganzen neuen Menschheit unter dem Haupt des neuen Adam – ist untrennbar mit der Vorstellung verbunden, dass die materielle Schöpfung wiederhergestellt und diese neue Menschheit als Herrschaftsge-

---

129 John Murray, *The Epistle to the Romans, Bd. 1* (Grand Rapids: Eerdmans, 1965), S. 301f.

meinschaft darüber eingesetzt wird. Mit anderen Worten: Der Plan Christi lautete nicht, einzelne Individuen aus einer verdorbenen Welt zu retten und sie in den Himmel zu holen. Der Plan lautete, die Welt zu retten, und dies schließt auch die Erlösung der materiellen Schöpfung vom Verderben ein.

Dieser ist das Ebenbild des unsichtbaren Gottes, der Erstgeborene, der über aller Schöpfung ist. Denn in ihm ist alles erschaffen worden, was im Himmel und was auf Erden ist, das Sichtbare und das Unsichtbare, seien es Throne oder Herrschaften oder Fürstentümer oder Gewalten: alles ist durch ihn und für ihn geschaffen; und er ist vor allem, und alles hat seinen Bestand in ihm. Und er ist das Haupt des Leibes, der Gemeinde, er, der der Anfang ist, der Erstgeborene aus den Toten, damit er in allem der Erste sei. Denn es gefiel Gott, in ihm alle Fülle wohnen zu lassen und durch ihn alles mit sich selbst zu versöhnen, indem er Frieden machte durch das Blut seines Kreuzes – durch ihn, sowohl was auf Erden als auch was im Himmel ist. Auch euch, die ihr einst entfremdet und feindlich gesinnt wart in den bösen Werken, hat er jetzt versöhnt in dem Leib seines Fleisches durch den Tod, um euch heilig und tadellos und unverklagbar darzustellen vor seinem Angesicht, wenn ihr nämlich im Glauben gegründet und fest bleibt und euch nicht abbringen lasst von der Hoffnung des Evangeliums, das ihr gehört habt, das verkündigt worden ist in der ganzen Schöpfung, die unter dem Himmel ist, und dessen Diener ich, Paulus, geworden bin. (Kol 1,15-23 SCH)

Kolosser 1,15-23 ist ein ausführliches Loblied auf Christus. Es verherrlicht ihn als Haupt der alten Schöpfung (V. 15-17) wie auch der neuen (V. 18-23). Der Text lehrt schlicht die Erlösung der Schöpfung durch unseren Herrn. »Dieser ist ... der Erstgeborene, der über aller Schöpfung ist ...«; »alles ist durch ihn und für ihn geschaffen«. Wenn die Welt für Christus geschaffen wurde und er ihr Erstgeborener oder Erbe ist, ist es dann vorstellbar, dass Gott zuließe, dass sie am Ende infolge der Machenschaften Satans vernichtet würde? Die Antwort lautet natürlich Nein. Der Text macht auch weiter deutlich, dass Christus die erlöste Welt für sich gemacht hat und dass »alles ... was im Himmel und was auf Erden ist« (V. 16) durch ihn mit Gott versöhnt wurde (V. 20). Das ist keine Bestätigung für die Irrlehre der

Allversöhnung, sondern bedeutet etwas anderes. »Alles, was im Himmel und auf Erden ist« kann man nicht zufriedenstellend erklären, wenn die materielle Schöpfung nicht als solche erhalten bliebe und verwandelt würde.

Offenbarung 5,10: »... und du hast sie unserem Gott zu einem Königtum und zu Priestern gemacht, und sie werden über die Erde herrschen!«[130] Diese künftige Herrschaft setzt eindeutig die Wiederkunft Christi in Herrlichkeit voraus. Ebenso eindeutig führt die Wiederkunft Christi nicht dazu, dass die Christen für immer von der Erde evakuiert werden, sondern vielmehr dazu, dass sie ewig auf Erden herrschen werden. Auch hier wird die alttestamentliche irdische Perspektive nicht vergeistlicht, sondern universell erweitert und bestätigt.

Offenbarung 11,15: »Nun stieß der siebte Engel in die Posaune: da ließen sich laute Stimmen im Himmel vernehmen, die riefen: ›Die Königsherrschaft über *die Welt* ist an unsern Herrn und seinen Gesalbten gekommen, und er wird fortan als König in alle Ewigkeit herrschen!‹« (MEN). Dieser Vers bedeutet schlicht, dass Christus die Welt besiegt hat und für immer und ewig darauf regiert (mit seinem Volk: Offb 5,10; 22,5).

Offenbarung 21,24: » Und die Nationen werden in ihrem Licht wandeln, und die Könige der Erde bringen ihre Herrlichkeit zu ihr.« Offenbarung 21 beginnt mit den »neuen Himmeln und der neuen Erde« (V. 1-4). Was diese Begriffe bedeuten, werden wir noch weiter unten betrachten, aber Offenbarung 21,24 selbst weist schon in die entsprechende Richtung, wie dieser Vers zu verstehen ist. Die Erschaffung einer neuen Erde führt nicht dazu, dass die jetzige Erde oder ihre rechtmäßigen Bewohner zerstört würden. Die Völker und Könige der Erde bringen sogar im neuen Himmel und auf der neuen Erde ihre Herrlichkeit in die Stadt Gottes hinein.

---

130 Es gibt zu Offenbarung 5,10 eine Textvariante: Manche Handschriften überliefern das Verb »herrschen« im Präsens, was hieße: »sie herrschen auf Erden.« In diesem Fall sollte man jedoch keinen Zweifel hegen, welche Lesart richtig ist. Erstens spricht die äußere Bezeugung der alten Handschriften eindeutig zugunsten des Futur. Zweitens ist dies auch im Hinblick auf die innere Bezeugung durch den Kontext eindeutig der Fall. Die Offenbarung vertritt ausdrücklich nicht den Standpunkt, dass die Gläubigen jetzt auf Erden herrschen. Sie *leiden* jetzt auf Erden. Die Gesamtschau der Offenbarung verlangt zwingend das Futur.

Einwände gegen diese Lehre

Im Folgenden werden wir auf die drei wichtigsten Einwände gegen die Lehre der erneuerten Erde eingehen.

Einwand: Die Bibel lehrt die künftige Vernichtung des jetzigen Himmels und der jetzigen Erde

Der Einwand lautet, dass die Bibel die völlige Zerstörung oder Vernichtung des jetzigen Himmels und der jetzigen Erde lehrt. Es stimmt, dass die Bibel an einer ganzen Reihe von Stellen über die Zerstörung der Welt und das Kommen eines neuen Himmels und einer neuen Erde spricht (Jes 65,17; 66,22; Mt 24,35; 5,18; Mk 13,31; Lk 16,17; 21,33; 2Petr 3,7.10.13; Offb 20,11; 21,1).

Doch gibt es eine ganze Reihe von Gründen, die Vorstellung einer völligen Vernichtung zugunsten einer Zerstörung mit anschließender Wiederherstellung abzulehnen. Erstens besagt das Neue Testament ausdrücklich und direkt, dass die Erde erlöst und erneuert werden wird. Es ist einfach starrsinnig, auf einer Auslegung der o. g. Stellen zu beharren, die diesen klaren Aussagen widerspricht. Wenn es eine andere zufriedenstellende Erklärung gibt, die ohne solche Widersprüche auskommt, muss man sie vorziehen.

Zweitens: Die Parallele zum Auferstehungsleib der Gläubigen widerspricht der Vorstellung, dass die Erde vernichtet und ein völlig neues Universum erschaffen wird. Hoekema schreibt:

> Wir haben schon oben aufgezeigt, dass es zwischen dem jetzigen Leib und dem Auferstehungsleib sowohl Kontinuität als auch Diskontinuität geben wird. Die Unterschiede zwischen unserem jetzigen Leib und dem Auferstehungsleib, so wunderbar sie auch sind, heben die Kontinuität nicht auf: Wir sind es, die auferweckt werden, und wir sind es, die immerdar beim Herrn sein werden. Diejenigen, die mit Christus auferweckt werden, werden keine vollkommen neue Gruppe von Menschen sein, sondern dasselbe Volk Gottes, das auf dieser Erde gelebt hat. Aufgrund der Parallele sollten wir erwarten, dass die neue Erde von der jetzigen nicht völlig verschieden wäre, sondern es wird die jetzige Erde sein, die auf wunderbare Weise erneuert wurde.[131]

---

131 Hoekema, *The Bible and the Future*, S. 280f.

Hoekema trifft es auf den Punkt. Ist der neue Leib absolut neu, oder ist es der Leib, der zwar verdarb, aber nun erneuert wurde? Die Glaubensbekenntnisse von Westminster und London sagen treffend, dass es ein und derselbe Leib ist, jedoch in erneuerter Beschaffenheit und Natur. Es ist derselbe Leib. Obwohl der alte Leib tatsächlich durch den Tod zerstört wird, besteht doch eine Kontinuität zwischen diesem alten und dem neuen Leib, und der neue ist mit dem alten identisch. Mit der neuen Erde verhält es sich genauso. Sie ist die jetzige Erde, die aus der Zerstörung am Jüngsten Tag auferstanden ist (Röm 8,21-23).

Dass die Zerstörung der Welt nicht als deren vollständige Vernichtung zu verstehen ist, machen gerade zahlreiche derjenigen Stellen deutlich, die oben als Beleg für die Vernichtung zitiert werden. Wir kamen schon zu dem Schluss, dass die in Offenbarung 21,24 genannte Erde nicht komplett vernichtet wurde, weil dort die Völker und Könige der Erde erwähnt werden. Noch weit bedeutender ist der Kontext der Belegstellen aus 2. Petrus 3. Wenn überhaupt eine Bibelstelle die Vernichtung der jetzigen Erde zu lehren scheint, dann wohl diese. Doch man muss bedenken, dass die Zerstörung der jetzigen Welt und das Kommen der neuen Welt eine aufschlussreiche Parallele im Kontext von 2. Petrus 3 hat: Auch die alte, vorsintflutliche Welt wurde vor dem Kommen der jetzigen »vernichtet«. 2. Petrus 3,6-7 sagt, dass »… die damalige Welt, vom Wasser überschwemmt, unterging. Die jetzigen Himmel und die jetzige Erde aber sind durch dasselbe Wort aufbewahrt und für das Feuer aufgehoben zum Tag des Gerichts und des Verderbens der gottlosen Menschen«. Dass die alte Welt unterging, bedeutet nicht, dass sie völlig vernichtet wurde. Die Zerstörung der jetzigen Welt steht in 2. Petrus 3 parallel zur Sintflut, und daher bedeutet das künftige »Verderben« nicht, dass die Erde komplett vernichtet wird.

Drittens: Die Lehre von der Erlösung verlangt es abzulehnen, dass die Erde am Jüngsten Tag vernichtet wird. Viele neutestamentliche Stellen lehren, dass die Schöpfung als Ganze erlöst und mit Gott versöhnt wurde (Kol 1,15-23; Eph 1,10). Hoekema schreibt:

> Wenn Gott den jetzigen Kosmos vernichten würde, hätte Satan einen gewaltigen Sieg errungen. In diesem Fall hätte Satan nämlich den jetzigen Kosmos und die jetzige Erde derart erfolgreich verdorben, dass

Gott damit nichts anderes anfangen könnte, als sie vollständig auszulöschen, so dass sie nicht mehr existieren. Doch Satan hat eine entscheidende Niederlage erlitten. Gott wird den vollen Umfang dieser
Niederlage offenbaren, wenn er diese Erde erneuern wird, auf der Satan einst die Menschen verführte, und Gott wird schließlich alles von
ihr verbannen, was Folge der bösen Ränke Satans ist.[132]

Einwand: Der Ausdruck »neuer Himmel und neue Erde« bezieht sich auf die tausendjährige Herrschaft Christi (Jes 65,17-25)

Es ist nicht ungewöhnlich, dass sowohl Post- als auch Prämillennialisten viele der Stellen, die von der künftigen Herrlichkeit des Volkes
Gottes sprechen, auf die Erde im Millennium hin deuten, so wie sie
es verstehen. Gegen eine solche Deutung dieser Stellen kann man
eine ganze Menge Einwände erheben. Wir sahen schon in unserer
gesamten bisherigen Untersuchung viele Gründe dafür, sowohl den
Post- als auch den Prämillennialismus zu verwerfen. Wenn es kein
künftiges Millennium gibt, dann können sich diese Stellen natürlich nicht auf ein solches Zwischenreich beziehen. Viele dieser Stellen sprechen tatsächlich nicht von einer vorübergehenden oder tausendjährigen Herrschaft, sondern von einem *ewigen* Königreich auf
Erden. Die betreffenden Stellen setzen voraus, dass dieses künftige
Königreich vollkommen und ohne Sünde ist. Das Millennium aber
ist in keiner der chiliastischen Positionen ein sündloses und absolut
vollkommenes Königreich. Es kann darum nicht das sein, wovon
diese Stellen sprechen.

Jesaja 65,17-25 ist die schwierigste dieser Schriftstellen. Dort ist
vom neuen Himmel und der neuen Erde auf eine Weise die Rede, die
auf den ersten Blick einer ewigen Vollkommenheit nicht gerecht wird.

Denn siehe, ich schaffe einen neuen Himmel und eine neue Erde. Und
an das Frühere wird man nicht mehr denken, und es wird nicht mehr
in den Sinn kommen. Vielmehr freut euch und jauchzt allezeit über
das, was ich schaffe! Denn siehe, ich schaffe Jerusalem zum Frohlo-
cken und sein Volk zur Freude. Und ich werde über Jerusalem jubeln
und über mein Volk mich freuen. Und die Stimme des Weinens und

---

132 Ebd., S. 281.

die Stimme des Wehgeschreis wird darin nicht mehr gehört werden. Und es wird dort keinen Säugling mehr geben, der nur wenige Tage alt wird, und keinen Greis, der seine Tage nicht erfüllte. Denn der Jüngste wird im Alter von hundert Jahren sterben, und wer das Alter von hundert Jahren nicht erreicht, wird als verflucht gelten. Sie werden Häuser bauen und bewohnen, und Weinberge pflanzen und ihre Frucht essen. Sie werden nicht bauen und ein anderer bewohnt, sie werden nicht pflanzen, und ein anderer isst. Denn wie die Lebenszeit des Baumes wird die Lebenszeit meines Volkes sein, und meine Auserwählten werden das Werk ihrer Hände genießen. Nicht vergeblich werden sie sich mühen, und nicht zum jähen Tod werden sie zeugen. Denn sie sind die Nachkommen der Gesegneten des HERRN, und ihre Sprösslinge werden bei ihnen sein. Und es wird geschehen: Ehe sie rufen, werde ich antworten; während sie noch reden, werde ich hören. Wolf und Lamm werden zusammen weiden; und der Löwe wird Stroh fressen wie das Rind; und die Schlange: Staub wird ihre Nahrung sein. Man wird nichts Böses und nichts Schlechtes tun auf meinem ganzen heiligen Berg, spricht der HERR.

Die Verse 20-23 scheinen die Begriffe »neuer Himmel« und »neue Erde« für eine Ära zu verwenden, in der es den Tod immer noch gibt. Diese Schriftstelle spricht davon, dass die Angehörigen des Volkes Gottes außerordentlich lange leben werden und es unter ihnen auffallend wenige vorzeitige Todesfälle geben wird. Dennoch scheint diese Ausdrucksweise vorauszusetzen, dass es den Tod letzten Endes immer noch geben wird. Aufgrund dieses Sprachgebrauchs dient diese Stelle oft als der klassische Beweistext für die, die in der einen oder anderen Form an ein tausendjähriges goldenes Zeitalter glauben.

Gegen die chiliastische Deutung dieser Stelle kann man mehrere zwingende Argumente anführen:

- Erstens wird der Ausdruck »neuer Himmel und neue Erde« an jeder anderen Bibelstelle, wo er vorkommt, in Bezug auf die Ewigkeit und die vollkommen erlöste Erde verwendet (Jes 66,22-24, 2Petr 3,13; Offb 21,1).
- Zweitens scheint der Zustand, den Jesaja 65 beschreibt, nicht auf tausend Jahre begrenzt, sondern dauerhaft zu sein (V. 17b-18).

- Drittens wendet das Neue Testament diese Stelle auf die Ewigkeit an. Vers 19 lautet: »Und ich werde über Jerusalem jubeln und über mein Volk mich freuen. Und die Stimme des Weinens und die Stimme des Wehgeschreis wird darin nicht mehr gehört werden.« Offenbarung 21,4 greift diesen Vers auf: »Und er wird jede Träne von ihren Augen abwischen, und der Tod wird nicht mehr sein, noch Trauer noch Geschrei noch Schmerz wird mehr sein; denn das Erste ist vergangen.« Nur auf der vollends erlösten Erde (und nicht im Millennium) wird es kein Weinen und Wehklagen mehr geben.

- Viertens: Die vollkommenen Zustände, die Jesaja 65 beschreibt, widersprechen einer chiliastischen Deutung. Jesaja 65,25 sagt: »Wolf und Lamm werden zusammen weiden; und der Löwe wird Stroh fressen wie das Rind; und die Schlange: Staub wird ihre Nahrung sein. Man wird nichts Böses und nichts Schlechtes tun auf meinem ganzen heiligen Berg, spricht der HERR.« Erst die Ewigkeit macht allem Bösen und Schlechten auf Gottes heiligem Berg ein Ende.

Was sollen wir aber mit den Aussagen in diesem Abschnitt machen, die anscheinend besagen, dass es im neuen Himmel und auf der neuen Erde weiterhin den Tod geben wird? Wir müssen bedenken, dass es für die Auslegung alttestamentlicher Prophetie einen wichtigen Grundsatz gibt: Die alttestamentliche Prophetie sagt Gottes kommendes, herrliches Königreich oft mit Begriffen voraus, die dem Volk Gottes bekannt waren. Selbst wir können uns nicht vorstellen, wie eine Erde ohne Tod aussieht. Die alttestamentlichen Vorschattungen konnten diesen vollendeten Zustand erst Recht nicht in Vollendung beschreiben. Somit schilderten die Propheten das kommende Zeitalter als das größtmögliche Glück auf der Welt, wie wir sie kennen. Ein solches Glück wird bildhaft dargestellt als eine Welt, in der all die großen Sorgen und schlimmen Tragödien, die wir in dieser Welt erfahren, unbekannt sind. Dementsprechend sagt diese Stelle nicht ausdrücklich, dass es den Tod nicht mehr geben wird. Sie spricht vielmehr davon, dass man außerordentlich lange leben und es keinen vorzeitigen Tod mehr geben wird. Das Unbekannte wird mit Begriffen des Bekannten offenbart und die Zukunft mit Begriffen der Vergangenheit.

Hesekiels Prophetie des wunderbaren Tempels ist ein weiteres Beispiel für dieses Prinzip (Hesekiel 40-48). Insbesondere die Vorhersage von Sündopfern, die in diesem Tempel durch levitische Priester dargebracht werden, muss man auf dieser Grundlage erklären (43,18-27). Eine sture wörtliche Auslegung dieser Kapitel steht im krassen Widerspruch zu der Lehre des Neuen Testaments, dass das Opfer Christi ein für alle Mal geschehen und den alten Tieropfern weit überlegen ist und diese endgültig abgeschafft hat (denken wir dazu nur an Epheser 2 und den ganzen Hebräerbrief).

Einwand: Die Bibel lehrt, nicht die Erde, sondern den
Himmel als unsere Hoffnung und ewiges Erbe anzusehen
Unter vielen Christen besteht heute die starke Neigung, vom Himmel als dem Ort zu denken und zu sprechen, auf den Christen zustreben sollen. Ein Christ, der es gewohnt ist, den Himmel als sein Los zu betrachten, dürfte sich fragen, was denn mit den vielen Bibelstellen über den Himmel ist, die seinen Standpunkt scheinbar stützen.

Es gibt in der Tat eine enorme Menge von Bibelstellen, die vom Himmel sprechen. Viele davon scheinen den Christen darauf hinzuweisen, dass der Himmel sein Lohn sein wird. In das Himmelreich einzugehen ist sein Verlangen. Einen Schatz im Himmel zu haben ist das Ziel seiner Mühen auf Erden. Eine himmlische Heimat und Stadt sind seine Hoffnung. Er hat eine himmlische Berufung (Mt 5,3.10.12; 6,20; Phil 3,20; Kol 1,5; 2Tim 4,18; Hebr 3,1; 11,16; 12,22.) Solche Texte scheinen massiv und über jeden Zweifel erhaben zu beweisen, dass der Himmel unsere Hoffnung und unser Erbteil ist. So offensichtlich ein solcher Schluss auch sein mag, ist er dennoch falsch.

Erstens ist das Himmelreich nicht ein Reich, dessen Bereich oder Gebiet der Himmel ist. Wie wir schon in Kapitel 6 festgestellt haben, bezeichnet »Königreich« in der Bibel hauptsächlich eine Herrschaft und nicht einen Herrschaftsbereich. Das Himmelreich ist nicht der Bereich des Himmels; es ist das Reich, das vom Himmel aus regiert wird. Der Himmel ist der Thron Gottes. In Matthäus 5,34 merkt Jesus an: »Ich aber sage euch: Schwört überhaupt nicht! Weder bei dem Himmel, denn er ist Gottes Thron ...« Das Himmelreich schließt folglich die Erde und ihre Bewohner mit ein, und sie können in dieses Reich hineinkommen und darin leben, während sie immer noch auf Erden sind. Folgende neutestamentlichen Aussagen belegen das:

Ich sage euch aber, das viele von Osten und Westen kommen und mit Abraham und Isaak und Jakob zu Tisch liegen werden in dem Reich der Himmel ... (Mt 8,11)

Wahrlich, ich sage euch, unter den von Frauen Geborenen ist kein Größerer aufgestanden als Johannes der Täufer; der Kleinste aber im Reich der Himmel ist größer als er. Aber von den Tagen Johannes des Täufers an bis jetzt wird dem Reich der Himmel Gewalt angetan, und Gewalttuende reißen es an sich. (Mt 11,11-12)

Ein anderes Gleichnis legte er ihnen vor und sprach: Mit dem Reich der Himmel ist es wie mit einem Menschen, der guten Samen auf seinen Acker säte. (Mt 13,24)

Ich werde dir die Schlüssel des Reiches der Himmel geben; und was immer du auf der Erde binden wirst, wird in den Himmeln gebunden sein, und was immer du auf der Erde lösen wirst, wird in den Himmeln gelöst sein. (Mt 16,19)

Wehe aber euch, Schriftgelehrte und Pharisäer, Heuchler! Denn ihr verschließt das Reich der Himmel vor den Menschen; denn ihr geht nicht hinein, und die, die hineingehen wollen, lasst ihr auch nicht hineingehen. (Mt 23,13)

Zweitens muss man bedenken, dass der Ausdruck »himmlisch« nicht die Natur oder den Bereich von etwas bezeichnet, sondern den Ursprung. Der himmlische Mensch ist der *Mensch vom Himmel* (1Kor 15,47f). Die himmlische Vision bestand aus *Licht vom Himmel* (Apg 26,13.19). Die himmlische Berufung ist keine Berufung *zum* Himmel, sondern *vom Himmel*. Das himmlische Heimatland ist kein Land im Himmel, sondern ebenso ein *Land vom Himmel*. Das himmlische Reich ist das *Reich aus dem Himmel* und nicht das Reich im Himmel. Die himmlische Stadt ist eine Stadt, die vom Himmel von Gott herabkommt (Offb 3,12; 21,2).

Drittens muss man bedenken, dass der Schatz, der im Himmel für das Volk Gottes aufbewahrt wird, bei der Wiederkunft Christi vom Himmel herabkommt. Obwohl der Himmel im jetzigen Zeitalter der glückselige Aufenthaltsort der entschlafenen Gerechten ist, wird im kommenden Zeitalter der Himmel auf die Erde herabkommen. Unser Erbe ist im Himmel nur bis zum Jüngsten Tag aufbewahrt. Unser Schatz wird nur vorübergehend im Himmel verwahrt. Betrachten wir die zahlreichen Aussagen des Neuen Testaments hierüber:

... und seinen Sohn *vom Himmel her* zu erwarten, den er von den Toten auferweckt hat, Jesus, der uns vor dem kommenden Zorn rettet. (1Thes 1,10 MEN)

Denn der Herr selbst wird, sobald sein Weckruf ergeht, sobald die Stimme des Engelfürsten erschallt und die Posaune Gottes ertönt, *vom Himmel* herabkommen, und die Toten in Christus werden zuerst auferstehen. (1Thes 4,16 MEN)

... euch aber, den Bedrängten, Erquickung in Gemeinschaft mit uns zuteil werden zu lassen, wenn der Herr Jesus sich *vom Himmel her* mit den Engeln seiner Macht in loderndem Feuer offenbart ... (2Thes 1,7 MEN)

... zu einem unvergänglichen, unbefleckten und unverwelklichen Erbe, das *im Himmel* aufbewahrt ist für euch ... (1Petr 1,4 MEN)

Wer da überwindet, den werde ich zu einer Säule im Tempel meines Gottes machen, und er wird seinen Platz dort nie wieder verlieren, und ich werde auf ihn den Namen meines Gottes schreiben und den Namen der Stadt meines Gottes, des neuen Jerusalem, das *aus dem Himmel* von meinem Gott herabkommt, und auch meinen neuen Namen. (Offb 3,12 MEN)

Und ich sah *den Himmel* geöffnet, und siehe, ein weißes Pferd, und der darauf saß, heißt Treu und Wahrhaftig, und er richtet und führt Krieg in Gerechtigkeit. ... Und die Truppen, die *im Himmel* sind, folgten ihm auf weißen Pferden, bekleidet mit weißer, reiner Leinwand. (Offb 19,11.14)

Und ich sah die heilige Stadt, das neue Jerusalem, *aus dem Himmel* von Gott herabkommen, bereitet wie eine für ihren Mann geschmückte Braut. (Offb 21,2)

Und er führte mich im Geist hinweg auf einen großen und hohen Berg und zeigte mir die heilige Stadt Jerusalem, wie sie *aus dem Himmel* von Gott herabkam ... (Offb 21,10)

Die praktischen Schlussfolgerungen aus dieser Lehre

Diese Lehre liefert die Antwort auf das beste Argument von Prä- und Postmillennialisten

Wie lautet dieses Argument der Millennialisten? Es sind die zahllosen alttestamentlichen und neutestamentlichen Prophetien, die ein künftiges irdisches Königreich voraussagen. Manche Amillennialisten können keine zufriedenstellende Auslegung dieser Schriftstellen bieten. Sie versuchten, sie auf die Gemeinde im jetzigen Zeitalter oder auf den Himmel zu beziehen. Solche Auslegungen sind natürlich schwer nachvollziehbar – denn sie sind falsch! Nur die Lehre der neuen, ewigen Erde stellt eine angemessene Auslegung solcher Stellen dar.

Diese Lehre hilft, das zukünftige Leben richtig wertzuschätzen
Der Bibel zufolge sollen wir uns »der Hoffnung auf die Herrlichkeit Gottes rühmen« (Röm 5,2) und darauf freuen. Eines der größten Hindernisse, dieses Gebot zu befolgen, sind unsere unbiblischen Ansichten über das zukünftige Leben. Wir stellen uns darunter eine himmlische Existenz außerhalb von Raum und Zeit vor, die sich von unserem jetzigen Leben vollkommen unterscheidet. Da wir uns eine solche Existenz nicht vorstellen können, können wir uns darauf auch nicht so recht freuen. Weit besser ist da die Methode des Heiligen Geistes: Er ermuntert das Volk Gottes, sich das zukünftige Leben in bekannten Begriffen des jetzigen Lebens vorzustellen, nur in verherrlichter und erlöster Form. Gewisse Kirchenlieder bereiten mir deshalb ein wenig Bauchschmerzen. Hoekema bemerkt treffend:

> Aus gewissen Kirchenliedern gewinnt man den Eindruck, die verherrlichten Gläubigen würden die Ewigkeit irgendwo weit weg im Weltall in einer Art ätherischem Himmel verbringen. Die folgenden Zeilen aus dem Lied »My Jesus, I Love Thee« (»Mein Jesus, ich lieb dich«) scheinen diesen Eindruck zu vermitteln: »In mansions of glory and endless delight / I'll ever adore thee in heaven so bright.« (»In Wohnungen voll Herrlichkeit und endloser Wonne / werde ich dich im hell strahlenden Himmel für immer anbeten.«) Doch wird eine solche Vorstellung der biblischen Eschatologie gerecht?[133]

Diese Lehre hilft uns, das Heilswerk Christi zu verherrlichen
Jeder Christ erfreut sich am Heilswerk Christi – aber nur so weit, wie er es versteht. Mangelhafte Ansichten darüber, was Christus getan hat, schmälern zwangsläufig unsere Fähigkeit, ihn zu verherrlichen. Ein Arminianer meint, Christi Heilswerk mache Errettung lediglich

---

133 Ebd., S. 274.

möglich, vollbringe sie aber nicht. Bestimmte Calvinisten meinen, Christi Heilswerk rette nur eine kleine Gruppe vor dem allgemeinen Verderben der Welt. Das Ergebnis des Heilswerkes Christi ist nichts Geringeres als neue Himmel und eine neue Erde! Jesaja 66,22-23 erklärt: »Denn wie der neue Himmel und die neue Erde, die ich mache, vor mir bestehen, spricht der HERR, so ... wird alles Fleisch [eine erneuerte Welt!] kommen, um vor mir anzubeten, spricht der HERR.«

BIBELSTELLENVERZEICHNIS

Buchempfehlung

Gregory K. Beale

Der Tempel aller Zeiten

*Die Wohnung Gottes und
der Auftrag der Gemeinde –
eine biblisch-heilsgeschichtliche Studie*

Betanien Verlag 2011
Paperback · 492 Seiten
ISBN 978-3-935558-95-2
Sonderpreis 15,90 Euro

In der gesamten Bibel repräsentiert der Tempel Gottes Ziel mit seinem Volk: in ihrer Mitte zu thronen und zu wohnen, um als Schöpfer und Erlöser angebetet zu werden und seine Herrlichkeit in die ganze Schöpfung hinausstrahlen zu lassen. Von Eden bis zur letzten Seite der Offenbarung lässt sich dieser rote Faden verfolgen. In diesem Buch zeigt Gregory Beale diesen roten Faden und eine erstaunliche Fülle an biblischen und auch antiken kulturellen Zusammenhängen von Eden über die Wohnung Gottes und das in Christus bereits angebrochene Heil bis zur Vollendung auf. Wofür Adam, Israel und der Tempel unvollkommene Schatten waren, das hat Christus vollkommen zu erfüllen begonnen. Auch die Gemeinde gehört schon jetzt zu diesem Tempel, und das hat auch ganz praktische Konsequenzen für das Leben als Christ.

Beantwortet werden dabei auch zentrale Fragen der Eschatologie (biblische Zukunftslehre) und des Lebens als Christ wie z.B:

- Wird es einen wiederaufgebauten Tempel in Israel geben?
- In welchen Tempel setzt sich der Antichrist?
- Wie ist der Tempel aus Hesekiel und Offb. 11 zu verstehen?
- Was ist mit den Wiederherstellungsverheißungen für Israel?
- Was bedeutet es - auch für unsere Praxis -, dass Jesus Christus und seine Gemeinde der wahre Tempel sind?

»Dieses Buch … liefert ein Vorbild dafür, wie man biblische Theologie betreiben soll.« (Donald A. Carson)

Weitere Bücher vom Betanien Verlag

Kim Riddlebarger
Streitfall Millennium
Wird es Gottes Reich auf Erden geben?
Paperback · 347 Seiten · ISBN 978-3-945716-10-6 · 9,90 Euro
Was ist mit den »1000 Jahren« aus Offenbarung 20 gemeint? Der Autor untersucht die ganze Bibel und das Thema Prophetie systematisch. Viel Einleuchtendes über Israel, Drangsal, Entrückung und Endzeitzeichen wird dabei deutlich und nebenbei die reformierte Theologie und das Reich Gottes erklärt.

Hans-Werner Deppe
Die große Drangsal
Was sind die »dreieinhalb Jahre« und was ist mit der Entrückung?
Din A5 geheftet · 48 Seiten · ISBN 978-3-945716-71-7 · 3,50 Euro
Was sind die »große Drangsal« und die dreieinhalb Jahre aus Daniel, Matthäus 24 und der Offenbarung? Diese Frage ist von großer Bedeutung für die biblische Endzeitlehre – und für eine Einordnung der Zeit, in der wir leben.

Dennis E. Johnson
Der Triumph des Lammes
Ein Kommentar zum Buch der Offenbarung
Gebunden · 480 Seiten · ISBN 978-3-935558-30-3 · 15,90 Euro
Endlich ein reformatorischer Offenbarungs-Kommentar auf Deutsch! Der Autor erklärt ausführlich die im Alten Testament begründete Bildersprache und lässt das Buch der Offenbarung so auf unser Herz wirken, dass wir den Herrn Jesus Chritsus mehr lieben, fürchten, erwarten und vertrauen.

Geerhardus Vos
Das Reich Gottes und die Gemeinde
Was Jesus über den Zusammenhang von Reich und Gemeinde lehrt
Paperback · 120 Seiten · ISBN 978-3-945716-03-8 · 9,90 Euro
Der Princeton-Theologe Geerhardus Vos (1862–1949) gilt als »Vater der Biblischen Theologie«. Dieses Buch ist sein erstes auf Deutsch erschienenes Werk und eine meisterhafte Darstellung der Reichs-Gottes-Lehre Jesu.

Thomas Schreiner & Ardel Caneday
Mit Ausharren laufen
Gibt es Heilsgewissheit ohne Heiligung?
Paperback · 350 Seiten · ISBN 978-3-935558-90-7 · 9,90 Euro
Die Bibel lehrt, dass es ohne Heiligung und Ausharren keine Errettung gibt. Wie ist das mit der Sicherheit des Heils zu vereinbaren? Eine gründliche und sehr aufschlussreiche biblische Untersuchung.